진정한
유법천지를 향하여
有 法 天 地

대한민국의 미래를 위한 충언忠言 **하**

진정한 유법천지有法天地를 향하여 하

발행일	2019년 9월 20일		
지은이	문도연		
펴낸이	손형국		
펴낸곳	(주)북랩		
편집인	선일영	편집	오경진, 강대건, 최예은, 최승헌, 김경무
디자인	이현수, 김민하, 한수희, 김윤주, 허지혜	제작	박기성, 황동현, 구성우, 장홍석
마케팅	김회란, 박진관, 조하라, 장은별		
출판등록	2004. 12. 1(제2012-000051호)		
주소	서울시 금천구 가산디지털 1로 168, 우림라이온스밸리 B동 B113, 114호		
홈페이지	www.book.co.kr		
전화번호	(02)2026-5777	팩스	(02)2026-5747

ISBN	979-11-6299-842-7 04300 (종이책)	979-11-6299-843-4 05300 (전자책)
	979-11-6299-844-1 04300 (세트)	

이 도서의 국립중앙도서관 출판예정도서목록(CIP)은 서지정보유통지원시스템 홈페이지(http://seoji.nl.go.kr)와
국가자료공동목록시스템(http://www.nl.go.kr/kolisnet)에서 이용하실 수 있습니다.
(CIP제어번호: CIP2019036912)

진정한
유법천지를 향하여
有 法 天 地

천강 문도연

대한민국의 미래를 위한 충언忠言

조선 왕조 500년을 지탱한 정신적 유산 유학,
선학의 가르침으로 걷는 인의仁義와 왕도王道의 길

북랩 book Lab

사람이 배우지 않으면 말과 소에게 옷을 입혀놓은 것과 같고, 어두운 밤길을 걷는 것과 같으며, 마침내는 짐승만도 못한 존재가 되고 만다. 그래서 사람은 모름지기 배워야 하는 것이며 이를 위해 필자가 이 책 세 권(상, 중, 하)를 써서 후세에 남기고자 한다. 이 책을 읽고 자기 것으로 만들면 세상에 둘도 없는 보배가 될 것이요, 읽지 않고 버려두면 한낱 종이 뭉치가 될 것이다. 온 국민이 읽으면 도의(道義)와 민족정기(民族正氣)가 되살아나 국가의 기강이 바로 서고 그 올바른 기운이 세계만방에 퍼져서 후세에까지 인류에게 길이 전해질 것이다.

필자가 인류역사상 가장 위대한 최고의 스승이라고 생각하는 분이 바로 맹자 님이시다. 『孟子』의 원문은 어디를 가도 손쉽게 구할 수가 있고, 또 수많은 출판사에서 『孟子』라는 책을 출판해 왔다. 하지만 맹자 님의 후계자라고 자부하는 필자는 『孟子』에 관한 역해만큼은 세상 그 누구에게도 양보하고 싶지 않은 최고의 역해본을 남기고 싶었다. 비록 지면상 빼버린 구문이 몇 구절 있긴 하지만 필자의 이 역해본은 그런 의미에서 단순한 한 권의 책이 아닌 맹자 님의 육성을 그대로 담은, 온 인류가 길이길이 소장해야 할 진정한 성경(聖經)이요, 최고의 보배라고 감히 생각해본다. 읽어보시면 아시겠지만 기존의 역해서들에서는 설명이 충분치 못하거나 애매한 부분들에 대해서 일일이 '보충설명'을 해서 독자들의 이해를 돕도록 배려했다. 수많은 이 땅의 젊은이가 이 책을 열 번씩만 읽는다면 우리나라는 호연지기가 넘치는 대장부들로 가득 차서 전 인류를 영도할 것이라고 믿어 의심치 않는다. 그리고 성리학이 무엇이며 성학십도의 가르침이 무엇인지 눈여겨보시길 바란다.

차 례

제10장

인류 최고의 스승 맹자

　유교는 공맹사상(孔孟思想)이라 부르는 것이 상례인데, 이 '공맹'
은 말할 것도 없이 유교(儒敎)의 조종(祖宗)인 공자(孔子)와 공성(孔聖)
의 다음가는 아성(亞聖)으로 널리 존숭되는 맹자(孟子)이다. 오늘날
공자가 유교의 조종(祖宗)으로 높이 존숭되는 것은 맹자의 덕이 절
대적으로 크고, 맹자가 아성(亞聖)으로 존숭되는 것은 당송팔대가
의 필두인 한퇴지(韓退之 : 韓愈)의 공이 크다. 한퇴지(한유)에 이르러
서 더욱 크게 주목을 받기 시작하여 송유(宋儒)에 이르러서는 반석
의 지위에 올라 후학들에 의해 존숭 됨이 공자에 못지 않았다.
그러나 그 후 명태조(明太祖 : 洪武帝)는 일찍이 『孟子』를 읽고 "임금이
신하를 초개(草芥 : 풀이나 티끌)와 같이 볼 때에는 신하는 임금을 원
수와 같이 본다."고 한 대목을 보고 신하들이 마땅히 입에 올려서
는 안 될 말이라 하여 맹자에 대한 배향(配享)을 중지시키고, 그 명
령에 대해서 간(諫)하는 자가 있으면 대불경(大不敬)의 죄로 처벌한
다는 조(詔 : 조서)를 낸 일까지 있었다고 한다. 물론 그 뒤에 맹자에
대한 배향(配享)은 부활(復活)하였지만 명태조(明太祖 : 주원장)는 끝내
유신(儒臣)에 명하여 『孟子』의 내용 중 집권자에게 불편한 구절을 제

거케 하여 맹자절문(孟子節文)을 지었으며 제거된 팔십오조(八十五條)는 과거(科擧)의 시험문제에도 출제가 금지되었다고 한다. 이처럼 맹자께서 전제 사회의 집권자에게서 박해를 받았다는 것은 그의 사상에 민본주의(民本主義)라든가 혁명사상(革命思想)이 깃들어 있었기 때문이었다. 그것은 현대적 의미에서의 민주주의나 민중혁명과는 차이가 있지만 눈여겨 볼만한 대목인 것이다. 중국의 작가 노신(魯迅)은 『孟子』와 같은 위대한 고전을 제대로 공부하지 못해 성학(聖學)의 진수를 모르는 불학무식한 자로서, 옛날 극심한 흉년에 부모가 죽어가는 모습이 너무 안타까워 자신의 허벅지살을 떼어서 봉양했던 지극히 희귀한 사례를 꼬집어, 그의 작품 「광인일기」를 통해서 그것이 마치 유교 문화의 전체인 양 조상들이 물려주신 위대한 인의 도덕 사상을 '식인도덕'이라고 단정하면서, 공맹 두 분을 능멸한 인물을 사람들이 이상한 눈초리로 쳐다본다는 등의 망발을 늘어놓은 소인배였다. 전승문화(傳承文化)의 전면적인 파괴가 과연 옳은 것인지, 유교의 고전(古典)에 대한 새로운 연구는 오늘날 심각한 사조(思潮)의 와중(渦中)에서 온고이지신(溫故而知新)으로써의 가치를 지니고 있을 것이다. 더구나 자기네 문화의 몰락(沒落)을 예견하는 서구(西歐)의 지성들 사이에서 동양문화에 대한 관심이 날로 고조(古調)되고 있는 때에 동양의 고전에 대한 우리 스스로의 검토(檢討)는 그 의의(意義)가 매우 크다고 하겠다.

맹자 7편은 총 260장으로 구성되어 있는데 이것을 편차 순으로 번역하지 않고 정치사상(政治思想), 윤리사상(倫理思想), 교육사상(敎育思想), 이단론(異端論) 등으로 총 260장을 새로운 편차로 정해서 분별하였다. 맹자(孟子)의 이름은 가(軻)이며 중국 전국시대(中國 戰國時

代)의 사상가(思想家)로써 공자(孔子)의 손자인 자사(子思)의 문인에게 배워 전국(戰國)의 여러 나라를 주유(周遊)하며 제후(諸侯)들에게 유세(遊說)하였으나 뜻대로 되지 않아 고국으로 돌아와 강학(講学)과 저술(著述)로 생애를 마쳤다. 공자(孔子)의 사상을 계승·발전시켜 인간의 도덕적 기준으로서 인의(仁義)를 중시하고 도덕성립의 근거로서 성선설(性善說)을 내세웠다. 또 도덕(道德)에 의거한 정치, 즉 덕치주의(德治主義)를 주장하고 민본주의(民本主義) 요소가 곁들인 왕도정치사상(王道政治思想)을 역설하였다. 공맹(孔孟)으로 병칭 될 정도로 유교(儒敎)에 끼친 그이 공(功)과 유교에서 차지하고 있는 그의 비중(比重)은 크다. 그는 도덕적 경제적 사회 개량론자였고, 귀족적 특권정치의 근본적인 부정론자였으며, 왕자중심적 민본주의적 인정론자(王者中心的 民本主義的 仁政論者)였으며, 이상주의자(理想主義者)였고 평화주의자(平和主義者)였으며 효지상주의자(孝志上主義者)였다. 맹자(孟子)는 이기적 부국강병 주의가 가장 패배한 이력복인(以力服人)의 패도정치(覇道政治)가 난무하는 전국시대에 공자(孔子)의 도(道)를 계승한 인의(仁義)의 도덕을 내세워 이익 추구(利益推究)를 배격하였는데 이것이 바로 맹자의 중의경리사상(重義輕利思想)이다. 공자가 이상적인 정치형태로 본받으려 한 것이 시경(詩經)이나 서경(書經)의 고전(古典)에 나타난 고지성왕(古之聖王: 요, 순, 우, 탕, 문, 무)의 치세법(治世法)이었는데 맹자의 이상(理想)도 그와 같은 것이었다. 맹자가 주장한 도덕정치(덕치주의)는 정치학을 윤리학으로 취급한 플라톤이나 국가를 도덕적 법칙의 객관적 실현으로 본 헤겔과 공통점이 많다. 맹자는 일찍이 국가의 3대 요소를 '영토, 인민, 정치'라고 했는데, 민위귀·군위경(民爲貴·君爲輕)이라 하여 백성이 가장 귀중한 존

진정한 유법천지有法天地를 향하여 하

재임을 역설한 바 있다. 그리고 집권자를 향하여 강력하게 여민동락(與民同樂 : 백성과 더불어 즐거움을 함께함)을 해야 한다고 주장했다. 그래서 백성들의 고통을 돌보지 않고 즐거움을 함께하지 않는 패역무도(悖逆無道)한 군주는 천명(天命)을 거역한 군주이기 때문에 하늘의 버림을 받아야 마땅하고, 천자(天子)의 자격을 갖춘 새로운 지도자가 군주의 지위에 올라야 한다고 공자의 천명사상보다 진일보한 천명사상(天命思想)을 주장했던 것이다. 이처럼 맹자는 역성혁명(易姓革命)을 시인하는 발언을 하여 혁명사상(易姓革命)을 주창했다. 역성혁명이란 왕조의 교체를 의미한다. 민심을 배반하고 덕이 없는 집권자는 천심(天心)마저 잃어 하늘의 버림을 받고 천명(天命)이 민심(民心)을 얻은 딴 유덕자(有德者)에게로 넘어간다는 것이다. 이것은 천심이 민심에 말미암는 까닭이다. 이처럼 천명사상과 민본사상이 결합하여 역성혁명시인사상(易姓革命是認思想)으로 발전했다. 은나라 탕왕(湯王)의 하나라 폭군 걸(桀) 토벌과 주나라 무왕(周 武王)의 은나라 폭군 주(紂) 토벌은 하극상(下剋上)을 싫어하는 유가사상(儒家思想)으로서는 설명이 거북한 사건이 아닐 수 없는데, 맹자의 이 민본사상과 천명사상이 이 사건의 설명에 등장하는 것이다. 그렇다고는 하나 이는 민심을 배반한 지도자를 타도하기 위해 백성들이 스스로 궐기해야 한다고 주장했다기보다는 지도자의 근신과 반성을 촉구하는 경계이론으로 역성혁명을 시인한 것이라고 보는 것이 더 타당할 것이다.

맹자께선 왕도주의(王道主義)의 정치 이론을 제창하였는데 여기서 왕도(王道)란 이제삼왕(二帝三王)이라 불리는 요, 순, 우, 탕, 문, 무(堯, 舜, 禹, 湯, 文, 武)의 고지성왕(古之聖王)들이 천하를 다스리던 도

(道), 즉 그 방법을 말한다. 그런데 왕도주의 정치를 인정(仁政)이라고 일컬은 것으로 보더라도 왕도(王道)는 실은 인(仁)과 의(義)를 말함이며, 왕도(王道)의 반대는 무력과 힘을 앞세우는 패도(覇道)이다. 인민들은 왕자(王者)에게는 심복(心服)하나 패자에게는 심복하지 않는다. 춘추시대(春秋時代)에는 자기의 명예심과 욕망을 채우기 위한 패자(覇者)라 하더라도 겉으로는 인의(仁義)의 이름을 빌리는 것을 잊지 않았는데 맹자 때 열국(列國)의 군주들은 모두 다 인의(仁義)의 이름마저도 미워하고 오직 귀히 여기는 것은 이익(利益)뿐이었다. 그런 까닭에 맹자께서 인의지상주의(仁義至上主義)를 내세우시면서 공리주의(이익 추구)를 철저히 배격하신 것이다. 그러면 고지성왕(古之聖王)의 치세법(治世法)을 이상으로 삼고 있는 맹자의 왕도주의(王道主義)의 핵심적인 내용은 무엇인가. 그것은 한마디로 인의(仁義)의 덕치(德治)를 시행하여 인민의 생활을 안정시키고 배움을 일으켜 인륜효제(人倫孝悌)의 도(道)를 밝히자는 것이다. 또 인민들은 항산(恒産 : 어떤 직업이나 소득을 통한 안정된 삶)이 없으면 항심(恒心 : 언제나 가지고 있는 떳떳한 마음, 즉 도덕심)이 있을 수 없다고 했는데, 이는 일정한 생계가 유지되지 않으면 착한 본심을 견지하기가 어렵다는 뜻이다. 그리고 경제적 풍요 속에서도 교육이 없으면 세상이 끝없이 어지러워진다고 하시면서 교육의 중요성을 강조하셨다. 또 맹자께선 처음으로 정전제(井田制)를 주창하시어 적은 세금과 가벼운 형벌을 주장하였고, 도덕적 완선(完善)의 길로 갈 수 있는 인간 본연의 능력에 대한 믿음을 성선설(性善說)로써 확고히 하였으며, 도덕의 경제적 기초를 중요시하였다. 그리고 비전오살(非戰惡殺 : 전쟁을 꾸짖고 살인을 미워함)의 평화주의자였다. 일찍이 "순하인야여하인야(舜何人也予何人

也 : 순임금은 어떤 사람이고 나는 또 어떤 사람인가) 순인야아역인야(舜人
也我亦人也 : 순도 사람이며 나도 역시 사람이다)"라고 자신 있게 말씀하
신 후 학문에 정진하여 드디어 동양 최고의 성인이신 순임금과 공
자를 넘어서 인류 최고의 스승이 되셨다. 맹자 님의 호연지기는 온
우주에 가득 차고도 남으며, 그분의 밝은 덕은 온 우주의 구석구
석까지 다 비추고도 남을만한 것이었다. 그분의 문학적 소양은 대
영제국이 자랑하던 셰익스피어를 훨씬 능가하고도 남음이 있었고,
말씀의 논리정연함은 소크라테스나 플라톤이 따를 바가 아니었다.
  공자 님의 진퇴와 언행 등에서 적지 않은 결함을 보았음에도 변
호하여 높이 떠받듦이 마치 조부모를 받듦과 다르지 않았다. 공자
께서 그 당시 사람들이나 열국의 제후들에게 받았던 대우나 존경
심, 또 그 무게감이나 영향력보다 맹자께서 그 당시 사람들이나 열
국의 제후들에게 받았던 존경심이나 그 영향력 혹은 무게감이 훨
씬 더 컸음을 우리는 여러 가지 사적을 통하여 확인할 수가 있다.
맹자께선 그 살벌한 전국시대 속에서도 천하의 모든 인민과 열국
의 모든 제후가 고개를 숙이지 않는 사람이 없었고 그 누구도 감
히 맞서는 사람이 없을 정도로 그 덕과 영기가 신묘한 성인이셨다.
지금까지 아성(亞聖)으로서 공자 님의 뒤에 섰음은 그분의 크기가
제대로 평가받지 못했기 때문이다. 자, 그러면 이제 그분의 위대한
정신세계로 들어가 보기로 하자. 그래서 온 국민이 맹자께서 말씀
하셨던 〈호연지기〉를 길러 동방예의지국의 위상을 되찾아 파멸
의 구덩이로 향하는 온 인류에게 모범을 보여 인륜·도덕이 무엇인
지를 알려야 할 것이다.

1부

정치사상
政治思想

1. 이상주의(理想主義)

一. 중의경리(重義輕利)

맹자의 최대 특징 중 하나는 공리주의(이익 추구)를 배척한 것에 있다. 공자 역시 의(義)를 중히 알고 이(利)를 싫어했지만 중의경리 (重義輕利) 사상은 맹자에 이르러 특별히 강력한 색채를 띠고 있다. 맹자께선 이(利)를 악의 근본으로 볼 정도로 싫어하셨는데, 인권투쟁이나 계급투쟁을 유발하는 것도 바로 이 권리의 관념인 이(利)라는 것으로, 각 사람의 도덕적인 발전이 완선(完善)이라는 목표에 도달한다면 거기서 무슨 권리를 위한 투쟁이 필요하겠느냐는 것이 맹자의 태도이다. 그래서 맹자께선 권리사상(權利思想)을 배척하셨다. 재상자(在上者)가 이(利)를 추구하면 재하자(在下者)도 따라서 권리를 주장할 것이니 이렇게 윗사람과 아랫사람이 서로 이익을 취한다면 나라가 위태로워질 것이라는 그분의 말씀은 재하자(在下者)의 권리투쟁을 예방하기 위해서는 먼저 재상자(在上者)가 이익 추구를 단념해야 한다는 것이다. 관념론과 인격주의, 도덕주의를 뒷받침으로 하여 공리주의와 권리사상을 배척하는 맹자는 인(仁)과 의(義)라는 인간의 근본적 도덕 감정을 중시했다. 그러면서 그분은 인(仁)과 의(義)의 구체적인 면(面)을 제시하였다. 맹자에 의하면 인(仁)은 안택 (安宅 : 사람이 편안히 쉴 수 있는 집)이고, 의(義)는 정로(正路 : 사람이 올바르게 걸어가는 길)이며, 재상자(在上者)로서 죄 없는 자를 한 사람이라도 죽이지 않는 것이 인(仁)이요, 자기 소유가 아닌 남의 것을 함부로 빼앗지 않는 것이 의(義)라고 했다.

(1) 인의지상주의(仁義至上主義)

⊛ 맹자가 양(梁)나라의 혜왕(惠王)을 만났다. 왕 왈 "선생께서 천리를 멀다 않고 찾아오셨으니 역시 우리나라에 이익을 주시려는 것입니까?" 맹자 왈 "왕께서는 왜 하필이면 이익을 말씀하십니까? 오직 인(仁)과 의(義)가 있을 뿐입니다. 왕께서 '어떻게 하면 내 나라에 이로울까?' 하시면 대부들은 '어떻게 하면 내 집안에 이로울까?' 하며, 사(士)나 서인(庶人)들은 '어떻게 하면 내 한 몸에 이로울까?' 하여 웃사람과 아랫사람이 서로서로 이익만을 취하게 되니, 그렇게 되면 나라가 위태로워질 것입니다. 만승(萬乘)의 나라에서 그 임금을 죽이는 자는 반드시 천승(千乘)의 집안사람이고, 천승의 나라에서 그 임금을 죽이는 자는 백승의 집안사람입니다. 만(萬) 가운데서 천(千)을 취해 가지고 있고, 천(千) 가운데서 백(百)을 취해 가지고 있으니 적다고는 할 수 없건만, 만일 의(義)를 뒤로 미루고 이익을 앞세우는 짓을 한다면 마저 다 빼앗지 않고는 만족하지 않을 것입니다. 어진 사람으로서 자기 어버이를 버리는 자는 아직 없고, 의로운 사람으로서 자기 임금을 가볍게 여기는 이는 아직 없습니다. 왕께서는 오직 인(仁)과 의(義)를 말씀하실 일이지 하필이면 왜 이익을 말씀하십니까?"

(2) 이익경시사상(利益輕視思想)

⊛ 송경(宋牼)이 초나라로 가고 있는데 맹자께서 석구(石구)에서 그를 만났다.

맹자 왈 "선생은 어디로 가시는 길입니까?"

송경 왈 "내가 진나라와 초나라가 전쟁을 시작했다는 소문을 듣고 이제 초나라 왕을 만나 그를 타일러서 전쟁을 그만두게 하려고 합니다. 초나라 왕이 싫어하면 내 진나라 왕을 만나 그를 설복해서 전쟁을 그만두게 할 작정이오. 두 왕 중에 한 분이라도 뜻이 맞는 분이 있겠지요."

"저는 그 자세한 내용은 묻지 않겠습니다. 다만 그 요지를 듣고 싶습니다. 두 왕을 설복하는데 무슨 방법으로 하시렵니까?"

"나는 그 전쟁이 불리(不利)하다는 것을 말하려고 합니다."

"선생의 뜻하시는 바는 훌륭하십니다. 그러나 선생의 설득 방법은 옳지 못합니다. 선생이 이익을 가지고 진·초 두 나라의 왕을 설복하시면 진·초 두 나라의 왕은 그 이익을 기뻐하여 삼군의 싸움을 중지시킬 것입니다. 그러면 삼군의 병사들도 싸움의 중지를 즐거워하고 이익을 기뻐할 것입니다. 남의 신하가 이익됨을 품고서 자기 임금을 섬기고, 남의 자식 된 자가 이익됨을 품고서 자기 아비를 섬기고, 남의 아우 된 자가 이익됨을 품고서 자기 형을 섬긴다면 이것은 군신과 부자와 형제가 모두 인과 의를 버리고 이익을 염두에 두고 서로 접촉하는 것입니다. 그러고서도 망하지 않는 자는 아직 있어 본 적이 없습니다. 선생이 인(仁)과 의(義)를 가지고 진·초 두 나라의 왕을 설복하시면 진·초 두 나라의 왕은 인(仁)과 의(義)를 기뻐하여 삼군의 싸움을 중지시킬 것입니다. 그러면 삼군의 병사들도 싸움의 중지를 즐거워하고 인(仁)과 의(義)를 기뻐할 것입니다. 남의 신하 된 자가 인과 의를 사모하여 자기 임금을 섬기고, 남의 자식 된 자가 인과 의를 사모하여 자기 아비를 섬기고, 남의 아우 된 자가 인과 의를 사모하여 자기 형을 섬긴다면 이것은 군신과 부자와 형제가 이익을 버리고 인(仁)과 의(義)를 사모하여 서로 접촉하는 것입니다. 그리고도 왕 노릇 하지 못한 자는 아직 있어 본 적이 없습니다. 왜 하필이면 이익을 말씀하십니까?"

(3) 인의의 정의 一(仁義의 正義 一)

⊛ 맹자께서 말씀하셨다. "자포자(自暴者)와는 함께 이야기할 것이 못 되고, 자기자(自棄者)와는 함께 일을 도모할 것이 못 된다. 입을 열면 예(禮)와 의(義)를 비방하는 것을 자포(自暴)라 한다. 또 자기 몸은 인(仁)에 살고 의(義)에 따름에 능하지 못하다고 하는데 이것을 자기(自棄)라 한다. 인(仁)은 사람이 편안히 쉴 수 있는 집이요, 의(義)는 사람이 올바르게 걸어가는 길이다. 편안한 집을 텅 비워놓고 살지 않으며, 올바른 길을 버리고 따라가지 않으니 슬프도다."

〈보충설명 : 자포자(自暴者 : 스스로 자기를 해치는 사람, 즉 도덕을 처음부터 가치 없는 것으로 보는 일종의 포악자로 아예 예(禮)와 의(義)를 비방하는 못된 놈. 자기자(自棄者 : 스스로 자기를 버리는 사람, 즉 도덕의 아름다움과 가치를 인정은 하지만 스스로는 실천을 게을리하는 사람으로 도덕을 지키면서 사는 것을 포기한 덜된 놈.)〉

(4) 인의의 정의 二(仁義의 定義 二)

제나라 왕자 점이 물었다.

"선비는 무엇을 일삼아야 합니까?"

맹자 왈 "뜻을 높이 가져야 합니다."

"'뜻을 높이 가져야 한다.' 함은 무엇을 말하는 것입니까?"

"인(仁)과 의(義)에 뜻을 둘뿐입니다. 한 사람이라도 죄 없는 자를 죽이는 것은 인이 아닙니다. 자기 소유가 아닌 것을 빼앗는 것은 의가 아닙니다. 살 집이 어디 있는가 하면 인이 바로 그 집이요, 갈 길이 어디 있는가 하면 의가 바로 그 길입니다. 인(仁)에 살고 의(義)를 따라가면 대인(大人)의 할 일은 다 갖추는 것이 됩니다."

(5) 공리주의 비판(功利主義 批判)

🦋 맹자께서 제나라 선왕을 만났을 때 말씀하셨다. "왕께서 만약 커다란 궁전을 지으시려면 반드시 목공의 장을 시켜서 커다란 목재를 구하여 오도록 하실 것입니다. 목공의 장이 커다란 목재를 얻어오면 왕께서는 기뻐하시면서 그 목재가 제구실을 해낼 수 있다고 생각하실 것입니다. 그런데 목공이 잘못하여 그 커다란 목재를 깎아서 작게 만들어버리면 왕께서는 성을 내시면서 그 목재는 제구실을 해낼 수 없다고 생각하실 것입니다. 어떤 사람이 어려서 인의의 도를 배워 장년이 되어 그 배운 것을 실행하려고 하는 것을 왕께서 '잠시 네가 배운 것을 버려두고 나를 따르라.'고 말씀하신다면 어떠하겠습니까. 이제 여기에 백옥이 있다면 그것이 비록 20만 냥짜리나 된다 하더라도 반드시 옥 다루는 사람을 불러다가 갈고 다듬게 할 것입니다. 그런데 나라를 다스리는 일에 대하여만은 '잠시 네가 배운 것을 버려두고 나를 따르라.'고 말씀하신다면 옥 다루는 사람에게 옥 다듬는 것을 가르치는 것과 무엇이 다르겠습니까?"

〈보충설명 : 맹자는 스스로를 나라를 잘 다스리는 큰 재목, 즉 매우 현명한 인재로 자처하면서, 자신의 주장인 인의(仁義)의 도를 채택하지 않고 이익을 내세우는 공리주의에만 관심을 기울이는 왕을

쓸만한 목재를 함부로 깎아내서 작게 만들어 버리는, 아무것도 모르는 목공에 비유한 것이다.〉

(6) 이익 배격, 도덕 강조(利益 排擊, 道德 强調)

㉘ 맹자께서 말씀하셨다. "닭 울 무렵부터 일어나서 꾸준하게 선(善)을 추구하는 사람은 순(舜)의 무리고, 닭 울 무렵부터 일어나서 꾸준하게 이익을 추구하는 자는 도척(盜跖)의 무리다. 순과 도척의 구별을 알고자 한다면 다른 방법이 따로 있는 것이 아니다. 이익(利益)을 추구하느냐 선(善)을 추구하느냐의 구별에 달려있는 것이다."

〈보충설명 : 여기서 말하는 바는 물론 생존을 위해 열심히 일하는 가난한 서민들은 해당되지 않는 말이다.〉

二. 이상주의(理想主義)

　이상주의(理想主義)란 궁극적인 가치나 절대적인 목적에의 접근 내
지 실현 가능성과 인격이나 기타 완성 가능성에 대한 신뢰를 토대
로 하여 모든 실천을 이 이념적 목적에 따라서 규제하려고 하는 세
계관 또는 인생관을 말한다. 그리하여 이상주의는 현실을 넘어선
가치를 중시하며 현실의 악(惡)이나 추(醜)를 경시하는 점에서 현실
주의와 대립한다. 또 종국적 가치에 대하여 긍정적인 태도를 취하
는 점에서는 회의주의나 상대주의와 대립하며, 인간의 자력(自力)에
의한 노력을 중시하는 점에서는 신비주의와 대립하는 것이다. 맹자
의 이상주의도 이 이상주의의 철학적 정의에 부합한다. 맹자는 구
극적(궁극적)인 가치나 절대적인 목적으로서 고지성왕(古之聖王)의 치
세법(治世法)을 그 모범으로 하는 왕도정치를 내세웠으며 이러한 왕
도정치(王道政治)의 완성 가능성에 대한 신뢰를 성선설(性善說)로써
확고히 하였다. 맹자는 또한 세속적인 현실주의와의 대결을 통해
서 이상주의자로서의 그의 면모를 여실히 드러내고 있다.

　속물들의 허영심을 통박하고 세속적인 부귀와 권세를 경시(輕視)
하면서 이러한 세속을 넘어선 세속 밖의 딴 세계가 있음을 그는 설
명하고 있다. 공리주의가 온통 현실사회를 뒤덮고 있던 당시 인간
의 도덕적 완성 가능성에 대한 확고한 신념 하에 인의도덕(仁義道
德)의 완전한 실현을 보이는 진실한 세계가 따로 있는 것으로 그는
믿었다. 그리고 그 진실의 세계를 지향하는 인간의 노력을 중시하
고 그 노력의 효과가 필연코 있을 것이라는 신념을 굽히지 않았다.
결국 그의 그러한 노력이 헛되지 않아 인의도덕의 사상이 당(唐)나

라 때 꽃이 피고, 송대(宋代)에 이르러 드디어 열매를 맺고 후세에까지 이어져 우리 동양문화의 뿌리가 된 것이다. 『孟子』 전편을 통해서 느낄 수 있는 그의 자신 있는 태도와 불굴의 주장은 그가 회의주의자나 상대주의자가 아닌 이상주의자였음을 보여준다. 시경(詩經) 대아(大雅) 문왕(文王) 편에 "영언배명 자구다복(永言配命 自求多福) - 천명의 도리에 길이 짝 맞추어 스스로 많은 복을 불러들였네."라는 구절이 있고, 서경(書經) 상서(商書) 태갑(太甲)에는 "천작얼 유가위, 자작얼 불가활(天作孼 猶可違, 自作孼 不可活) - 하늘이 내린 재화(災禍)는 피할 수가 있지만 스스로가 불러들인 재화를 피할 길이 없다."라는 구절이 있는데 이 두 구절이 다 『孟子』의 글 한 장(章) 속에 나란히 인용되어 있다. 이것은 인간 스스로의 노력을 중시한 말들이다. 시경(詩經)이나 서경(書經)은 공·맹(孔孟)이 이상(理想)으로 여기는 고지성왕(古之聖王)들의 치세법(治世法)과 그 치세법의 근저에 있는 천명사상(天命思想)을 찾아볼 수 있는데 인간의 자력에 의한 중요성을 인식한 시경의 전통이 『孟子』에 이르러 더욱 뚜렷이 표명되었으니 맹자의 사상을 이상주의(理想主義)라고 이름 붙일 수 있는 근거는 이러한 데에도 있는 것이다. 공자는 모든 부분에 있어 달통하고 원숙한 경지에 이른 거대한 그릇이고, 맹자는 인의지상주의적인 유교적 틀 안에 갇혀 있는 다소 경직되고 미숙한 사람으로 훨씬 작은 그릇이라고 생각하는 사람들이 많은데 사실은 그렇지가 않다. 맹자야말로 공자보다도 훨씬 더 넓고 크고 깊은 곳까지 살펴서 보다 명료하고 보다 확고하게 인간의 도리(道理)를 밝혀서 후세 사람들에게 그 가르침을 남기셨는데, 그 가르침들은 이 혼란한 21세기를 정화시키고 구원하는데 있어 인류가 남긴 모든 종교나 사상이나 철학 중에서 가장 중요하고 가장 위대하고 가장 아름다운 가르침이라고 필자는 확신하기 때문에『孟子』전편을 이 책에 싣고 있는 것이다. 이것은 결코 지난 시대의 한낱 낡은 유물이 아니고 현재에 있어서나 영원히 먼 미래에 있어서까지 인간 세상을 올바르게 다스리는 가장 중요한 지침서이며, 개인의 인격수양을 위해서도 가장 중요한 지침서가 될 것이다.

(1) 부귀권세(富貴權勢) 밖의 딴 세계

※ 맹자께서 말씀하셨다. "한 씨와 위 씨의 모든 산을 다 준다 하여도 반갑지 않게 여기는 사람이 있다면, 그 사람은 남보다 훨씬 뛰어난 인물이다."

(2) 세속을 초월한 진실(眞實)의 세계

※ 맹자께서 말씀하셨다. "참된 명예를 존중하는 사람은 천승의 나라도 사양할 수 있지만, 그런 명예를 존중하는 사람이 아니면 한 대그릇의 밥과 한 나무 그릇의 국물에도 탐내는 빛을 얼굴에 나타낸다."

(3) 순(舜)의 이상생활(理想生活)

※ 맹자께서 말씀하셨다. "순이 마른 밥을 먹고 푸성귀로 요기하던 시절에는 평생을 그렇게 마칠 것 같더니 또 그가 천자(天子)가 되어서는 화려하게 수놓은 옷을 입고 거문고를 타며 두 여인이 시종하였는데 마치 본래부터 그러한 것을 가지고 살아오던 것 같이 자연스러웠다."

(4) 세속(世俗)과의 부조화(不調和)

❀ 맹자께서 말씀하셨다. "군자(공자)께서 진(陳)나라와 채(蔡)나라에서 횡액을 당하신 것은 그쪽 상하군신과의 교제가 없었기 때문이다."

〈보충설명 : 그 당시 진·채 두 나라에는 부덕(不德)한 소인배뿐이어서 군자(君子)를 못 알아보아 공자와 교제할 만한 인물이 없었기 때문에 그들에 의해 횡액을 당했다는 말이다. 그러나 그러한 세속과의 부조화를 조금도 거리낄 까닭이 없다는 것이 맹자(孟子)의 신념이었다.〉

(5) 이상(理想)과 현실의 괴리(乖離)

❀ 맹자께서 말씀하셨다. "왕공귀인(王公貴人)을 설득할 때에는 그를 가벼이 여기고 그의 으리으리한 위세에 눈을 팔지 말아야 한다. 나는 뜻을 얻어 출세를 하더라도 집의 높이가 여러 길이 되고 서까래 머리가 여러 자나 되는 집을 짓고 살지는 않을 것이다. 나는 뜻을 얻어 출세를 하더라도 음식을 사방 열 자나 되는 상에 놓고 시중드는 미녀를 수백 명씩 두는 짓을 하지는 않는다. 또 나는 뜻을 얻어 출세를 하더라도 크게 즐기며 술 마시고 차마를 달리며 사냥하는데 뒤따르는 수레와 말들이 수천이나 되는 그런 따위의 짓은 하지 않는다. 그에게 있는 것은 다 내가 하지 않는 것들이고, 나에게 있는 것은 다 옛 성현의 법도인데 내가 무엇 때문에 그들을 부러워하고 두려워하겠는가?"

(6) 이상주의(理想主義)의 고고성(孤高性)

❀ 맹자께서 말씀하셨다. "요·순 때부터 은나라 탕왕 때까지 500년인데 우왕이나 고요(순의 중신) 같은 분은 성인(요·순)의 모습을 보고서 알았고, 탕왕 같은 분은 성인(요·순)의 행실을 듣고서 알았다.

탕왕 때부터 문왕 때까지는 500여 년인데 이윤(탕왕의 중신)과 내주(탕왕의 중신) 같은 분은 성인(탕왕)의 모습을 보고서 알았고, 문왕(文王) 같은 분은 듣고서 알았다. 또 문왕 때부터 공자 때까지가 500여 년인데 태공망(문왕의 중신인 강태공)과 산의생(문왕의 4대 중신 중 하나) 같은 분은 성인(문왕)의 모습을 보고서 알았고, 공자 같은 분은 듣고서 알았다. 그런데 공자 때부터 지금까지는 백여 년이 겨우 조금 넘었을 뿐이다. 성인이 살던 세대에서 이토록이나 가깝고 성인이 살던 고장에서 이토록 가깝건만, 그런데도 그분의 도를 아는 사람이 없는 것을 보니 아마 앞으로는 듣고서(읽고서) 알 사람이 있을 것 같지 않구나."

2. 민본주의(民本主義)

一. 여민동락(與民同樂)

맹자께선 올바른 정치는 백성들과 함께 즐거움을 같이 하고, 백성들을 잘 보살펴 주는 것이어야 한다고 주장했다. 민심을 잃고 나면 왕 혼자서는 어떤 즐거운 일인들 즐거울 수 있겠느냐는 것이다. 그리고 여민동락(與民同樂)한 고지성왕의 모범을 그는 주(周)나라의 문왕(文王)에게서 찾았다. 공자께선 주공(문왕의 아들이며 무왕의 동생)을 사모하였는데, 맹자께선 문왕을 존숭하였으며 여민동락의 모범을 당시의 제후(작은 나라의 왕)들에게 제시할 때에 꼭 문왕을 그 예로 들었다.

(1) 문왕(文王)의 여민동락(與民同樂)

⊛ 맹자께서 양나라의 혜왕을 만났는데 왕은 연못가에 서서 작은 기러기들과 크고 작은 사슴들을 돌아보면서 말하였다.

"현자도 역시 이런 것을 즐깁니까?"

맹자가 답하시길 "현자가 된 후에라야 이런 것을 즐길 줄 알지요. 불현자는 이런 것을 가지고 있다 하더라도 즐길 수 없습니다. 시에 이런 구절이 있습니다. '영대를 지어볼까 생각하고 시작하여 한편으로 터 닦으며 그 둘레에 표를 하니 인민들이 모여들어 힘을 모아 빨리 지어 역사(役事)한 지 며칠 안 돼 벌써 다 지어졌네. 계획하고 시작할 때 서두를 것 없다 해도 인민들이 자식같이 몰려들어

서둘렀네. 어느 날 우리 임금 영유에 나오시니 길들은 사슴들은 엎드린 채 안 놀라며 암사슴 수사슴 윤이 흐르고 백조는 학학 회디희도다. 어느 때 우리 임금 영소에 나오시니 아아 그득하다 뛰어노는 물고기들.' 문왕은 인민들의 힘으로 대도 쌓고 못도 파고 하였으나 인민들은 그것을 기쁘고 즐겁게 여겨 그 대를 영대라 부르고 그 못을 영소라 부르며 그 안에서 사슴 떼와 물고기들이 뛰놀고 있는 것을 즐겨 하였습니다. 문왕과 같은 옛날의 어진 분들은 인민들과 함께 즐거움을 서로 나누었기 때문에 이처럼 능히 즐길 수가 있었던 것입니다. 탕서에 이런 말이 있습니다. '이놈의 해(걸왕)는 어느 때나 없어진담. 우리들도 차라리 너와 함께 망하련다.' 인민들이 함께 망하기를 원한다면 비록 대와 못과 새와 짐승이 있다 한들 어찌 혼자서 즐길 수 있겠습니까?"

〈보충설명 : 탕서(湯誓 : 夏나라 王朝의 마지막 임금이자 폭군인 걸왕을 쳐서 쓰러뜨려 중국 최초의 역성혁명을 이룩한 탕 임금의 맹세를 기록한 글)의 내용은 서경(書經) 속에 나와 있으며 그 글 가운데 걸왕의 학정을 미워한 인민들의 말이 있고, 맹자는 그것을 인용하였는데 여기서 걸은 스스로 '해가 없어져야 내가 망할 것이다.'라고 자부하였다. 그래서 인민들이 '이 해는 어느 때나 없어지려나, 우리도 너와 함께 망하리라.'라고 했던 것이다.〉

(2) 여민동락(與民同樂)은 왕자(王者)에의 통로

※ 맹자께서 제의 선왕을 만나 말씀하시길 "왕께서는 전일 장포에게 음악을 좋아하노라고 말씀하셨다던데 그런 일이 있으셨습니까?" 왕은 얼굴빛이 변하여 부끄러워하면서 "과인이 선왕의 음악을

능히 좋아한다는 것이 아닙니다. 다만 세속에 유행하는 음악을 좋아하는 것일 뿐입니다."

"왕께서 그처럼 음악을 좋아하신다면 제나라가 천하의 왕 노릇하는 것도 멀지 않은 일입니다. 지금의 음악도 고전의 음악과 마찬가지입니다."

"그 까닭을 들려주실 수 있습니까?"

"혼자서 음악을 즐기는 것과 사람들과 함께 음악을 들으며 즐기는 것 중 어느 쪽이 더 즐겁겠습니까?"

"사람들과 함께 즐기는 것만 못하겠지요."

"소수의 사람과 함께 음악을 들으며 즐기는 것과 다수의 사람과 함께 음악을 들으며 즐기는 것 중 어느 쪽이 더 즐겁겠습니까?"

"다수의 사람과 함께 즐기는 것만이야 못하겠지요."

"그러면 제가 음악에 대하여 말씀드리겠습니다. 이제 왕께서 여기서 음악을 연주하신다고 합시다. 백성들이 왕의 종소리 북소리와 피리 소리를 듣고 모두 골치를 앓고 미간을 찌푸리면서 서로 이렇게 중얼거립니다. '우리 임금은 북장구도 좋아하네. 어째서 우리를 이 지경까지 만드실까. 아버지와 아들은 서로서로 못 만나고 형제와 처자는 뿔뿔이 흩어지니.' 또 이제 왕께서 여기서 사냥을 하신다고 합시다. 백성들이 왕의 차마 소리를 들으며 깃발이 으리으리하게 아름다운 것을 보고 모두 골치를 앓고 미간을 찌푸리면서 서로 이렇게 중얼거립니다. '우리 임금은 사냥을 꽤나 좋아하네. 어째서 우리를 이 지경까지 만드실까. 아버지와 아들은 서로서로 못 만나고 형제와 처자는 뿔뿔이 흩어지니.' 이것은 다른 이유가 있는 것이 아닙니다. 인민들과 함께 즐거움을 같이 하지 않기 때문입니다. 이제 왕께서 여기서 음악을 연주하신다고 합시다. 백성들이 왕의 종소리 북소리와 피리 소리를 듣고, 모두 벙실벙실 얼굴에 희색을 나타내면서 서로 이렇게 말합니다. '우리 임금은 다행히 옥체 안녕하신 거로다. 어쩌면 저렇게 북장구를 잘 치실까?' 또 이제 왕께서 여기서 사냥을 하신다고 합시다. 백성들이 왕의 차마 소리를 들으며 깃발이 으리으리하게 아름다운 것을 보고 모두 벙실벙실 얼굴에 기쁜 빛을 나타내면서 서로 이렇게 말합니다. '우리 임금은 다행히 옥체 안녕하신 거로다. 어쩌면 저렇게도 사냥을 잘하실까?' 이렇게 되는 것은 별다른 이유가 있는 것이 아닙니다. 인민들과 함께 즐거움을 같이 하기 때문입니다. 이제 왕께서 백성들과 함께 즐거움을 같이 하신다면 정말 참다운 왕 노릇을 하실 수 있을 것입니다."

(3) 문왕(文王)의 원유(苑囿)는 인민과의 공유물

🏵 제나라 선왕이 맹자께 물었다.

"문왕의 원유(苑囿 : 새나 짐승을 놓아 기르는 동산)는 사방 70리나 되었다 하는데 사실입니까?"

"옛 기록에 있습니다."

"그렇게까지 컸습니까?"

"인민들은 오히려 그것이 작다고 생각했습니다."

"과인의 원유(苑囿)는 사방 40리밖에 안 되는데 인민들은 오히려 그것이 크다고 생각하니 왜 그렇습니까?"

"문왕의 원유는 사방 70리지만, 나무꾼, 사냥꾼이 마음대로 드나드는 등 그것을 인민들과 함께 쓰셨으니 인민들이 그것을 작다고 생각하는 것이 또한 의당하지 않습니까? 제가 처음 제나라의 국경에 도달했을 때 저는 제나라의 엄중한 국법이 무엇인가를 물어본 후에 감히 들어왔습니다. 그때 듣기에는 관문 안에 사방 40리의 원유(苑囿)가 있는데 그 안에 있는 사슴을 죽인 자는 살인죄와 마찬가지로 다스린다고 했습니다. 그렇다면 그것은 사방 40리나 되는 함정을 나라 안에 파놓은 셈이니 인민들이 그것을 크다고 생각하는 것이 또한 의당하지 않습니까?"

(4) 낙이천하(樂以天下)인가 우이천하(憂以天下)인가

꠲ 제나라 선왕이 맹자를 설궁에서 만났다.

왕 왈 "현자도 역시 이러한 즐거움이 있습니까?"

맹자 왈 "물론 있습니다. 다만 인민들은 이러한 즐거움을 못 가지면 임금을 비방하는 것입니다. 이러한 즐거움을 못 가지게 되었다고 임금을 비방하는 것은 잘못이지만, 인민들의 웃사람이 되어가지고 인민들과 함께 즐거움을 같이 하지 않는 것 역시 잘못입니다. 임금이 인민들의 즐거움을 즐기면 인민들 역시 그 임금의 즐거움을 즐기고, 임금이 인민들의 근심을 근심하면 인민들 역시 그 임금의 근심을 근심합니다. 즐거움을 즐기되 온 천하 사람들과 함께하며, 근심을 하되 온 천하 사람들과 함께하면, 그러고서도 왕 노릇을 하지 못한 사람은 아직 있어 본 일이 없습니다. 옛날에 제(齊)의 경공(景公 : 선왕의 십대조)이 안자(晏子 : 이름은 영, 제나라 대부로 공자보다 조금 선배인 동시대의 인물)에게 묻기를 '나는 전부산과 조무산을 유람하고 바다를 따라 남쪽으로 내려가 낭야까지 가보고 싶은데, 내 자신이 어떠한 태도를 취해야 선왕들의 유람과 견줄 수 있게 될 까요?’ 그런즉 안자는 이렇게 대답하였습니다. ‘정말 훌륭하신 질문입니다. 천자(天子 : 큰 나라의 황제)가 제후에게로 가는 것을 순수(巡狩)라고 하는데 순수란 지키고 있는 곳을 순시(巡視)하는 것입니다. 그리고 제후가 천자(天子)를 뵙는 것을 술직(述職)이라고 하는데 술직이란 자기가 맡고 있는 직무를 보고하는 것입니다. 그러니 어느 것이나 일거리 아닌 것이 없습니다. 봄에 경작하는 모양을 시찰하여 부족한 것을 보급해주고, 가을에는 추수하는 형편을 순시하여 모자라는 것을 보조하여줍니다. 하나라 때 속담에 이런 말이 있습니다. ‘우리 임금이 놀지 않으시면 우리가 어떻게 쉴 수 있나. 우리 임금이 즐기시지 않으시면 우리가 어떻게 도움을 받을 수 있을까? 옛적에는 이와 같이 한번 놀고 한번 즐기는 것이 다 제후들의 본보기가 되었던 것입니다. 그러나 지금은 그렇지 않습니다. 임금이 행차하면 수많은 수행원이 따라가서 인민들이 먹을 양식을 징발하여 굶주리는 사람이 먹지도 못하고 노동하는 사람이 쉬지도 못합니다. 게다가 임금의 수행원은 눈 흘기며 질시하여 서로를 헐뜯으며 민심에 악영향을 끼치고 있으니 인민들은 이리하여 나쁜 짓을 저지르게 됩니다. 그런데 임금은 선왕(고지성왕)의 교훈을 버리고 인민을 학대하며 음식을 물같이 낭비합니다. 유(流)하며 연(連)하며 황(荒)하며 망(亡)하여 제후들의 걱정거리가 되었습니다. 물 흐름을 따라 뱃놀이하며 흘러내려 가서 돌아올 줄 모르는 것을 유(流)라 하고, 산 높음을 따라 산 놀이하며 연속 올라가서 올 줄 모르는 것을 연(連)이라 합니다. 짐승사냥에 넋을 잃어 세월 가는 줄 모르는 것을 황(荒)이라 하고, 술을 즐기며 싫증 나는 줄 모르는 것을 망(亡)이라고 합니다. 선왕들은 유련(流連) 하는 놀이와 황망(荒亡) 하

진정한 유법천지有法天地를 향하여 하

는 행동이 없었습니다. 오직 왕께서 행동하시기에 달렸습니다.' 경공(景公)이 안자(晏子)의 이 말을 기뻐하셔서 전국에 널리 훈령을 내리시고 대궐에서 몸소 들 밖 민가에 머무르시면서 민생고를 살피셨습니다. 그리하여 비로소 나라 창고를 열어 인민들의 곤궁을 덜어주었습니다. 그리고 태사(太師)를 불러 '그대는 나를 위하여 군신(君臣)이 서로 기뻐하는 음악을 지어주오.' 하시니 치소와 각소가 곧 그 음악입니다. 그 가사는 이렇습니다. '임금의 욕심을 간하여 막는다고 그것을 누가 어찌 허물하리오. 임금의 욕심을 간하고 막는 것은 임금을 좋아하는 것입니다.'"

(5) 국토방위(国土防衛)도 인민과 함께

※ 등나라 문공이 맹자께 물었다.

"우리 등나라는 소국입니다. 제나라와 초나라 같은 대국 사이에 끼어 있습니다. 제나라를 섬길 것입니까? 초나라를 섬길 것입니까?"

맹자가 답했다.

"그런 문제의 대책에 대해서는 내가 어떻다고 할 수 있는 일이 아닙니다. 그래도 듣는 것을 그치지 않으신다면 한 가지 대책이 있습니다. 연못을 더 파고 성곽을 더 쌓아서 인민들과 함께 나라를 지키되, 죽는 한이 있더라도 인민들이 가버리지 않는다면 한 번 해봄직한 일입니다."

(6) 국토방위(国土防衛)와 인민(人民)

❀ 등나라 문공이 묻기를 "등은 소국입니다. 힘을 다하여 대국을 섬기는 데도 침략을 면할 수가 없으니 어떻게 하였으면 좋겠습니까?"

맹자가 답하길 "옛날 태왕이 빈에서 사실 적에 적인(狄人 : 북쪽 오랑캐)들이 침입해오므로 가죽과 비단으로 그들을 섬겼으나 그들의 침략을 면할 수 없었으며, 개와 말로 그들을 섬겼으나 그들의 침략을 면할 수 없었으며, 아름다운 구슬과 보옥으로 그들을 섬겼으나 그들의 침략을 면할 수 없었습니다. 태왕은 마침내 노인들을 모아 놓고서 '적인(狄人)들이 원하는 것은 우리들의 토지인 것이오. 나는 들었소이다. 군자는 사람을 길러내는 그 토지 때문에 도리어 사람을 해치지는 않는다고 하오. 그대들은 주군(主君)이 없는 것을 걱정할 것 없소. 나는 다른 곳으로 가버리겠소.' 하시고 빈을 떠나 양산을 넘어 기간 밑에다 도읍을 차리고 살았습니다. 빈에 살던 인민들이 '그이는 어지신 분이다. 놓쳐서는 안 되지.' 하면서 그를 뒤따른 것이 시장에 사람들이 모여들듯 많았던 것입니다. 어떤 사람들은 '대대로 지켜온 토지이므로 혼자 마음대로 어찌할 수는 없는 것입니다. 죽는 한이 있더라도 떠나서는 안 됩니다.'라고도 하니 왕께서는 이 두 가지 가운데서 한 가지를 택하도록 하십시오."

二. 민본주의(民本主義)

중국에서 천(天)의 관념은 가족의 관념과 결합하여 정치상 새로운 신명사(新名祠)를 만들어냈다. 천자(天子)라는 것이 그것이다.

천자정치(天子政治)는 특정한 한 사람에게 천의(天意)를 대행시키는 정치이다. 양계초 같은 사람은 이것을 간접적 천치주의(天治主義)라고 이름 붙였다. 그런데 천의(天意)의 대행자인 천자(天子)의 개폐(改廢)는 천의(天意)에 따르게 되어있는데, 그 천의(天意)는 곧 민의(民意)에 의탁해서 나타난다는 것이다. 이렇게 하여 천치주의(天治主義)와 민본주의(民本主義)가 결합하는데 이것이 천자민본주의(天子民本主義)이며 이것이 유교의 천명정치사상의 중요한 특색이다. 이 특색이 그대로 맹자에게 계승된 것이 맹자의 민본주의이다. 주(周)나라 문왕(文王)의 아들이요 무왕(武王)의 아우이며 주(周)나라 문물제도의 완성자로서 높이 평가될 뿐만 아니라 공자에 의한 유교 사상의 집대성(集大成)에 있어 교량 역할을 한 것으로 알려지고 있는 주공(周公)은 하·은(夏·殷)의 혁명의 역사를 통해서 천명(天命)이 절대불가변이 아닌 것으로 생각하였다. 그는 천(天)에 대합하는 것으로서 민(民)을 설정하였는데 이것이 후세 유교의 중민(重民) 애민(愛民)사상의 연원이 된 것이다.

(1) 인민(人民)의 가치(價値)

❀ 맹자께서 말씀하셨다. "제후의 보배는 세 가지이니 영토와 인민과 정사(政事)다. 금은보화를 보배로 삼는 사람은 앙화가 반드시 그 몸에 미치게 될 것이다."

(2) 가장 귀한 것은 인민(人民)

맹자께서 말씀하셨다. "인민이 가장 귀중하고 사직(社稷)이 그다음이고 임금이 가장 경(輕)한 존재. 그런 까닭으로 인민대중에게 신임을 얻으면 천자가 되나, 천자에게 신임을 얻으면 제후가 되고 제후에게 신임을 얻으면 대부가 될 뿐이다."

(3) 국민전체의사(国民全体意思)의 존중

❀ 맹자께서 제나라 선왕을 만나 말씀하시길 "소위 오래된 나라라는 것은 큰 나무가 있다는 것을 말하는 것이 아닙니다. 대대로 내려오는 오랜 신하가 있다는 것을 말하는 것입니다. 그런데 왕께서는 믿을 만한 신하조차 없습니다. 어제 등용한 신하가 오늘 없어진 것도 모르시는 형편입니다." 왕 왈 "내 어찌하면 처음부터 그들의 무능함을 알고 등용하지 않을 수 있겠습니까?"

"임금이 어진 인물을 등용할 때에는 어쩔 수 없어서 등용하는 것처럼 하여야 합니다. 지체 낮은 사람을 높은 사람 위에 앉히고, 생소한 남을 가까운 친척 위에 올려세우려는 것이니 어찌 신중히 하지 않을 수 있겠습니까? 가까운 신하들이 모두 '그 사람 어진 사람이올시다.' 하더라도 아직 등용하는 것은 옳지 않습니다. 여러 대부가 모두 '어진 사람이올시다.' 하더라도 아직 안됩니다. 온 국민이 다 '어진 사람이올시다.' 하면 그때 비로소 그 사람을 잘 살펴보아서 그가 참으로 어진 인물임을 알게 된 뒤에 등용하십시오.

가까운 사람들이 모두 '그 사람 나쁜 사람이올시다.' 하더라도 그 말을 듣지 마십시오. 여러 대부가 모두 '나쁜 사람이올시다.' 하더라도 듣지 마십시오. 온 국민이 다 '나쁜 사람이올시다.' 하면 그때 비로소 그 사람을 잘 살펴보아서 그가 참으로 나쁜 인물임을 알게 된 뒤에 제거하십시오.

가까운 사람들이 모두 '그 사람 죽여야 합니다.' 하더라도 그 말을 듣지 마십시오. 여러 대부가 모두 '죽여야 합니다.' 하더라도 듣지 마십시오. 온 국민이 다 '죽여야 합니다.' 하면 그때 비로소 그 사람을 잘 살펴보아서 그가 참으로 죽여 마땅한 인물임을 알게 된 뒤에 죽이십시오. 그렇게 되면 '국민이 그 사람을 죽인 것이다.'라고 말할 수 있습니다. 이와 같이 한 연후라야 비로소 인민의 부모가 될 수 있는 것입니다."

(4) 실민심(失民心)은 실천하(失天下)

❀ 맹자께서 말씀하셨다. "걸·주가 천하를 잃은 것은 그 인민을 잃은 까닭이다. 그 인민을 잃은 것은 그 민심을 잃은 까닭이다. 천하를 얻는 데는 그 방법이 있다. 그 인민을 얻으면 곧 천하를 얻을 수 있다. 그 인민을 얻는 데는 방법이 있다. 인민이 갖고 싶어 하는 것을 모아다 주고, 인민이 싫어하는 것을 베풀지 않도록 할 뿐이다. 인민이 인정(仁政)에 귀복하는 것은 마치 물이 낮은 곳으로 흘러내리고 짐승이 넓은 들판으로 달리는 것과 같다. 그러므로 연못으로 물고기를 몰아다 주는 것은 수달이고, 숲속으로 참새를 몰아주는 것은 새매이고, 탕왕 무왕에게 인민을 몰아주는 것은 걸·주이다. 이제 천하의 임금들 가운데서 인도(仁道)를 좋아하는 이가 있다면 딴 임금들이 모두 그를 위해서 인민을 몰아다 줄 것이다. 그러면 그는 왕 노릇을 안 하려 하더라도 어쩔 수 없이 왕이 되고야 말 것이다. 그런데 오늘날 천하에 왕 노릇을 하고자 하는 자들

은 마치 7년 묵은 병(病)에 3년 묵은 쑥을 갑자기 구하는 것 같다. 진실로 지금부터라도 쑥을 구해 묵히도록 하지 않으면 종신토록 3년 묵은 쑥을 얻지는 못할 것이다. 이와 마찬가지로 진실로 지금부터라도 인정(仁政)에 뜻을 두지 않으면 종신토록 근심하고 욕보다가 죽음과 멸망의 구렁에 빠지고 말 것이다. 시(詩)에 '그 어찌 착하다 할 수 있으리, 서로 더불어 깊은 물에 빠짐을.'이라고 하였으니 바로 이점을 두고 한 말이다."

(5) 민본주의 국제법 一(民本主義 国際法 一)

⑧ 제나라가 연나라를 쳐서 승리하였다. 제 선왕이 맹자께 묻기를 "어떤 사람은 과인에게 연나라를 차지하지 말라고 하고, 어떤 사람은 과인에게 아주 차지해 버리라고 합니다. 만승의 큰 나라가 똑같은 만승의 큰 나라를 쳐서 50일 만에 대승하였으니 사람의 힘으로써는 이렇게까지 되지 않았을 것인즉 차지해 버리지 않으면 반드시 하늘의 재앙이 생길 것입니다. 차지해 버리는 것이 어떻겠습니까?"

맹자가 답하시길 "차지해서 연나라 인민들이 기뻐한다면 차지하십시오. 옛사람 중에 그렇게 한 사람이 있었습니다. 무왕이 그올시다. 차지해서 연나라 인민들이 기뻐하지 않는다면 차지하지 마십시오. 옛사람 중에 그렇게 한 사람이 있었습니다. 문왕이 그올시다. 만승의 나라로 같은 만승의 나라를 치는 데 연나라 인민들이 대그릇에 담은 밥과 물그릇에 담은 음료수를 가지고 왕의 군대를 환영한 것이 어찌 다른 이유가 있었겠습니까. 수화(水火)와 같은 학정(虐政)을 피하려고 한 것입니다. 그런데 만일 연나라를 차지한 뒤에 물이 점점 더 깊어지고 불이 점점 더 뜨거워진다면 연나라 인민들의 마음은 딴 나라로 다시 옮겨갈 따름입니다."

(6) 범성 동일론(凡聖 同一論)

⌘ 저자(儲子 : 제나라 때 인물)가 맹자께 묻기를 "왕이 사람을 시켜 선생을 몰래 보게 하였는데 과연 보통 사람들과 다른 점이 있으십니까?"

맹자가 답하시길 "무슨 까닭으로 보통 사람들과 다르겠소. 요임금과 순임금도 보통 사람과 같소이다."

〈보충설명 : 요임금·순임금과 같은 고지성왕(古之聖王)이라 해서 특별히 범인(凡人)과 다른 것이 아니라는 이 맹자의 자각은 그의 민본주의 사상이나 성선설과 연관시켜 보면 흥미로운 일이다. 그는 누구든지 성인이 될 수 있는 소질을 가지고 있다고 하였다. 이러한 그의 범성동일론은 그의 평등사상의 일면을 보여준다.

누구든 도덕 수련을 통해서 성인이 될 수 있다는 것이며 또 누구든 덕이 있는 자가 하늘의 명을 받아 통치자가 된다는 천명사상(天命思想)에서 그 유덕(有德) 여부의 평가가 민의(民意)를 근거로 하는 천의(天意)에 의해서 이루어진다고 하는 점을 고려할 때 맹자의 범성동일론의 의의는 크다고 하겠다. 맹자는 또 "순은 어떤 사람이고 나는 또 어떤 사람이냐, 순도 사람이며 나도 사람이다."라고 자신 있게 말했다. 이처럼 성인(聖人)에 이르는 문호를 활짝 만인에게 공개하여 범인에게도 용기를 부어 주는 것이 바로 맹자의 이상과 같은 말인 것이다. 이 얼마나 위대한 생각인가. 그분의 이러한 사상을 이어받아 송(宋)의 정이천(程伊川)도 "사람은 누구나 성인이 되어야 한다. 군자(君子)의 학문은 성인이 된 뒤에 그쳐야 한다."고 하였고, 명(明)나라 때의 양명학(陽明学 : 왕양명이 주창. 실천을 중시했음)을 일관하는 전통도 "배워서 성인에 이르러야 한다."는 것이었다. 이를 어찌 위대한 사상이라 하지 않을 수 있겠는가.〉

(7) 호걸(豪傑)의 기개(氣槪)

❀ 맹자께서 말씀하셨다. "문왕이 나오기를 기다려 비로소 분발하는 것은 평범한 사람이다. 그러나 호걸이라 불리는 사람은 비록 문왕이 아니더라고 스스로 깨닫고 느껴서 분발하는 것이다."

(8) 민본주의(民本主義)와 천명사상(天命思想)

❀ 만장이 묻기를 "요임금이 천하를 순에게 주었다는 것이 사실입니까?"

맹자가 답하시길 "아니다. 천자(天子)가 천하를 남에게 주지는 못한다."

"그러면 순(舜)이 천하를 차지한 것은 누가 준 것입니까?"

"하늘이 준 것이다."

"하늘이 주었다는 것은 하늘이 이래라저래라 자세히 명령을 내리신 것인가요?"

"아니다. 하늘은 말을 하지 않는다. 행동과 사실을 가지고 그 뜻을 보여줄 따름이다."

"행동과 사실을 가지고 그 뜻을 보여준다는 것은 어떻게 되는 것입니까?"

"천자(天子)는 사람을 하늘에 천거할 수는 있으나 하늘로 하여금 무리하게 그에게 천하를 주도록 할 수는 없다. 제후는 사람을 천자에게 천거할 수는 있으나 천자로 하여금 무리하게 그에게 제후의 지위를 주도록 할 수는 없다. 대부는 사람을 제후에게 천거할 수는 있으나 제후로 하여금 무리하게 그에게 대부의 지위를 주도록 할 수는 없다. 옛날에 요임금이 순을 하늘에 천거하였더니 하늘이 그를 받아들이신 다음 그를 인민들 앞에 내놓았는데 인민들이 그를 받아들였다. 그러므로 '하늘은 말을 하지 않고 행동과 사실을 가지고 그 뜻을 보여줄 따름'이라고 하는 것이다."

"감히 여쭈어보겠습니다. 그를 하늘에 천거하였더니 하늘이 그를 받아들이신 다음 그를 인민들 앞에 내놓았는데 인민들이 그를 받아들였다는 것은 어떻게 되는 것인지 좀 알고 싶습니다."

"그를 시켜 제사를 주관하게 하였는데 모든 것이 예법에 맞고 나쁜 일이 없었으니 이는 모든 신이 그 제사를 수납한 것으로 그것은 하늘이 그를 받아들인 것이다. 또 그를 시켜 나랏일을 주관하게 하였는데 나랏일이 잘 다스려져서 인민들이 그에게 심복하였으니 그것은 인민들이 그를 받아들인 것이다. 하늘이 천하를 그에게 주었으며 인민들이 그에게 천하를 주었으니 그런 까닭으로 '천자가 천하를 남에게 주지는 못한다.'고 하는 것이다. 순이 섭정(攝政 : 임금을 대신하여 정치를 함)으로 요임금을 28년 동안이나 도왔으니 그것은 사람이 할 수 있는 일이 아니고 하늘이 시킨 것이다. 요임금이 돌아가시자 3년 상을 끝내고 난 순은 요임금의 아들을 피해서 남하(南河 : 땅 이름)의 남쪽으로 갔다. 그런데 천하의 제후들이 조근(朝覲 : 조정에 나아가 임금을 뵙고 인사하는 것)을 할 땐 요임금의 아들한테 가지 않고 순에게로 갔고, 덕을 구가하는 사람들도 요임금의 아

들을 구가하지 않고 순을 구가하였다. 그런 까닭으로 '하늘이 시킨
것이다.'고 하는 것이다. 그렇게 된 연후에 중원으로 들어가서 천자
의 지위에 오른 것이다. 만일 요임금이 돌아가셨을 때 바로 요임금
의 궁전에 거처하면서 요임금의 아들을 핍박하고 천자의 위(位)에
올랐다면야 그것은 찬탈이지 하늘이 준 것은 아니다. 태서(泰誓)에
'하늘이 보는 것은 우리 인민들이 보는 것을 따르고, 하늘이 듣는
것은 우리 인민들이 듣는 것을 따른다.'고 한 것은 이 점을 두고 말
한 것이다."

3. 천명사상(天命思想)과 혁명사상(革命思想)

一. 천명사상(天命思想)

하늘, 즉 천(天)이 우주 만물의 주재자(主宰者)로서 우주 만물을 창조, 지배, 감독한다는 것이 천명사상의 주제(主題)이다. 천(天)은 자기의 중자(衆子 : 여러 아들)인 인민 가운데서 인민들이 가장 덕망 있게 생각하는 사람, 즉 유덕(有德) 한 사람에게 명(命)하여 천(天)을 대신하여 인민을 통치하는 자가 곧 천자(天子)이다. 청말민국초(淸末民國初)에 중국에서 가장 뛰어난 학자였던 양계초(梁啓超)는 하늘의 아들인 천자(天子)에 의한 정치 즉 천자정치(天子政治)를 천명정치사상(天命政治思想)의 내용으로 보고 있으며 간접적 천치주의라고 이름 붙이고 있다. 이 천자(天子)는 천(天)과 다름없는 경지에 도달하여 저 요임금 순임금과 같이 '자기의 훌륭한 덕의 빛이 사해 바깥까지 도달케' 해야 되고 수덕(修德) 하는 것을 잠시도 잊어서는 안 되며 그것을 백성들에게 인정받아야 한다. 또 천명사상(天命思想)과 민본주의(民本主義)의 결부는 천의(天意)의 표현이 민의(民意)에 말미암는다는 면에서 잘 나타나고 있다. 여기서 천자(天子)가 되자면 또 천자가 된 뒤에 그것을 유지하자면 끊임없는 도덕적 노력이 필요하다는 것을 통해 천명사상과 도덕주의의 결부를 중요시하고 있는 것이다.

(1) 천명(天命) 아닌 것이 없다.

🕸 맹자께서 말씀하셨다. "인간지사 천명 아닌 것이 없다. 그러나 그 올바른 천명(天命)을 순리로 받아들여야 한다. 그러므로 천명을 아는 사람은 무너져가는 담장 아래 서지 않는다. 할 수 있는 도리를 다하고 죽는 것은 올바른 천명이고, 죄짓고 붙들려 죽는 것은 올바른 천명이 아니다."

(2) 천명(天命)은 어찌할 수 없는 것

🕸 만장이 묻기를 "'사람들 사이에는 우임금 대(代)에 이르러 덕이 쇠퇴하였다. 현명한 인물에게 천자의 위(位)를 전하지 않고 아들에게 전하였다.'라는 말이 있사온데 사실 그렇습니까?"

맹자 왈 "그렇지 않다. 하늘이 현명한 인물에게 전하려고 하면 현명한 인물에게 전하여주고, 하늘이 아들에게 전하려고 하면 아들에게 전하여 준다. 옛날에 순임금은 우를 하늘에 천거한 지 17년 만에 돌아가셨다. 순임금이 돌아가시자 3년 상을 치르고 우는 순임금의 아들을 피하여 양성으로 갔는데 온 천하의 인민들이 그를 따라갔다. 그것은 마치 요임금이 돌아가신 뒤에 인민들이 요임금의 아들을 따라가지 않고 순을 따라간 것과 같다. 우임금이 익을 하늘에 천거한 지 7년 만에 돌아가셨다.

우임금이 돌아가시자 3년 상을 치르고 익은 우임금의 아들을 피해 기산 북쪽으로 갔는데 조정에 나와 뵈옵거나 소송 사건의 재판을 청원하는 사람들이 익에게 가지 않고 우임금의 아들인 계(啓)에게로 가서 말하기를 '우리 임금님의 아드님이시다.' 하며, 덕을 구가하는 사람들이 익을 구가하지 않고 계(啓)를 구가하면서 말하기를

'우리 임금님의 아드님이시다.' 하였다. 계는 현명하여 능히 삼가서 우임금의 도(道)를 계승할 수 있었다. 그리고 익(益)이 우임금을 보좌한 것은 그 햇수도 짧아서 인민들이 그 은택을 입은 기간도 그리 오래지 않았다. 순·우와 익이 임금을 보좌한 햇수의 오래고 짧음과 임금의 아들들이 잘나고 못난 것은 다 천명이라 사람의 힘으로는 어찌할 수 없는 일이다. 하려고 하지 않아도 그렇게 되는 것이 천(天)이요, 부르려고 하지 않아도 저절로 닥쳐오는 것이 명(命)이다. 일개의 필부로서 천하를 차지하게 되는 사람은 그 덕이 반드시 순·우와 같아야 하고 게다가 또 천자가 그를 천거해야만 되는 것이다. 그래서 중니(仲尼 : 공자)는 천하를 차지하지 못했던 것이다. 대대로 천하를 차지하여 오다가 하늘의 버림을 받은 자는 걸·주와 같은 자이다. 익과 이윤(伊尹)과 주공은 천하를 차지하지 못하였다. 이윤(伊尹)은 탕임금을 보좌하여 천하의 왕 노릇을 하게 하였다. 탕임금이 돌아가시자 태정(太丁 : 탕임금의 太子)은 왕위에 오르기 전에 죽었고, 외병(外丙 : 태정의 아우)은 왕위에 오른 지 2년 만에 죽고 중임(仲壬 : 태정의 아우)은 4년 만에 죽었다. 그 후 왕위에 오른 태갑(태정의 아들)이 탕임금의 제도규범을 파괴하였다. 그래서 이윤이 태갑을 동(桐)이란 곳으로 3년간 추방하였는데 태갑이 자기의 과거를 뉘우치고 스스로 수양하여 동에서 인도(仁道)를 행하고 의(義)로운 데로 따라 옮기기를 3년, 그럼으로써 자기에게 준 이윤의 훈계(訓戒)를 잘 들었다. 그리하여 태갑은 다시 은나라의 수도인 박(亳)으로 되돌아오게 되었다. 주공(周公)이 천하를 차지하지 못한 것은 익의 한나라에서의 경우, 이윤의 은나라에서의 경우와 같았다.

공자께서도 '당·우(唐·虞:요·순)는 선양하였고 하후·은·주(夏后·殷·周)

는 아들이 계승하였지만 그 의의(意義)는 한 가지다.'고 말씀하셨다."

(3) 임금은 천의(天意)의 대행자(代行者)

✤ 제나라 선왕이 묻기를 "이웃 나라와 사귀는데 방법이 있습니까?"

맹자 왈 "있습니다. 오직 인자(仁者)라야 큰 나라로서 작은 나라를 섬겨낼 수 있습니다. 그렇기 때문에 탕임금이 갈나라를 섬겼고, 문왕이 곤이(昆夷)를 섬긴 것입니다. 오직 지자(智者)라야 작은 나라로서 큰 나라를 섬겨낼 수 있습니다. 그렇기 때문에 大王(태왕 : 문왕의 조부인 고공단보를 의미함. 여기서 大는 太와 같음)이 훈육(하나라 시절에 있었던 북방의 오랑캐)을 섬겼고, 구천이 오나라를 섬긴 것입니다. 큰 나라로서 작은 나라를 섬기는 사람은 하늘의 도리를 즐기는 사람이고, 작은 나라로서 큰 나라를 섬기는 사람은 하늘의 도리를 두려워하는 사람입니다. 하늘의 도리를 즐기는 사람은 천하를 보존할 것이고, 하늘의 도리를 두려워하는 사람은 자기 나라를 보존할 것입니다. 시(詩)에 '하늘의 무서움을 두려워하여 이제 자기 나라를 보존하도다.'라고 하였습니다."

왕 왈 "훌륭한 말씀입니다. 그런데 과인에게는 못된 버릇이 있으니 과인은 용맹한 것을 좋아합니다."

맹자 왈 "왕께서는 소용(小勇 : 필부의 용)을 좋아하시는 일이 없으시길 바랍니다. 칼자루를 어루만지며 험상궂게 노려보면서 '네놈이 어찌 감히 나를 당할 것이냐!'라고 하는 것 따위는 필부의 용맹입니다. 이것은 겨우 한 사람만을 대적하는 용기에 불과합니다. 그러하오니 왕께서는 용맹을 크게 부리시기 바랍니다. 시(詩)에 '왕께서 한번 불끈 성이 나셔서 그의 군대 전투태세 갖추어 거(莒) 나라를 범(犯)하는 것 막아버리고 주(周)나라의 복지를 두터이 하여 온 천하 사람들의 바람에 대답하였노라.'라는 구절이 있는데 이것은 문왕(文王)의 용맹입니다. 문왕이 한번 성을 내어 천하의 인민을 편안하게 하여 주었습니다. 또 서(書)에는 '상천(上天)이 하토(下土)의 인민(人民)을 내실 적에 그중에서 그들의 임금과 스승이 되어 그들을 지도할 군사(君師)를 마련하였다. 이것은 그 군사로 하여금 상제(上帝)를 대신하여 사방의 인민을 총안(寵安 : 사랑하여 편안케 함) 하기 위해서다. 죄 있는 자를 처벌하고 죄 없는 자를 애호하는 것은 오직 나(武王)의 책임이니 온 천하의 인민들이 어찌 감히 하늘의 뜻을 무시하고 못된 짓을 함부로 할 수 있으랴'라고 하셨습니다. 한 사람일지라도 천하를 횡행하고 다니는 자가 있으면 무왕은 그것을 자기의 수치로 여기셨습니다. 이것이 무왕의 용맹이었습니다. 무왕이 또한 한번 성을 내서 천하의 인민을 편안하게 하여 주었습니다. 이제 왕께서도 또한 한번 성을 내셔서 온 천하의 인민을 편안하게 하여 주신다면 인민들은 오직 왕께서 용맹한 것을 좋아하지 않을까 걱정할 것입니다."

(4) 천명사상(天命思想)과 도덕주의(道德主義)

❀ 맹자께서 말씀하시길 "임금이 인정(仁政)을 베풀면 그 나라가 번영하고 인정(仁政)을 베풀지 않으면 욕을 본다. 이제 욕보는 것을 싫어하면서 인정(仁政)을 베풀지 않고 있는 것은 마치 습한 곳을 싫어하면서 낮은 곳에 있는 것과 같다. 만일 욕보는 것이 싫다면 덕을 귀중하게 여기고 인재를 존중하는 것보다 더 좋은 길은 없다.

현자(賢者)가 벼슬자리에 앉고 유능한 인재가 직분을 맡아서 나랏일이 평온무사하면 그때에 이르러서 나라의 정교(政敎)와 형벌을 강명(講明)하면 비록 대국(大國)이라 할지라도 반드시 그 나라를 두려워할 것이다. 시(詩經)에 '하늘이 장맛비를 내리기 전에 뽕나무 뿌리를 캐서 창문을 단단히 얽어매어 대비하면 이제 아래 있는 사람들이 누가 감히 나를 업신여기리.'라고 하였는데, 공자께서도 '이 시를 지은이는 도리(道理)를 알고 있는 사람일 게다. 그 나라를 잘 다스릴 줄만 안다면야 누가 감히 그를 업신여기겠는가.'라고 말씀하셨다. 이제 나라가 적국 외환이 없이 평온무사하면 그때에 이르러서 태만하게 향락만 일삼으니 이것은 제 손으로 화를 부르는 것이다. 화니 복이니 하는 것이 제 손으로 불러들이지 않은 것이 없다. 시에도 '천명의 도리에 길이 짝 맞추어 스스로 많은 복을 불러들인다.'라고 하였으며, 태감에도 '하늘이 내리는 재화(災禍)로부터는 피할 수가 있지만 스스로가 불러들이는 재화(災禍)로부터는 도망갈 길이 없다.'고 하였는데 이점을 두고 한 말이다."

(5) 성공(成功)하고 못하는 것도 천명(天命)

❀ 등나라 문공이 물었다. "제나라 사람들이 설(薛)에다 성을 쌓으려고 합니다. 나는 무척 겁이 납니다. 어떻게 하면 좋겠습니까?"

맹자가 답하시길 "옛날에 태왕(大王)이 빈(邠)에서 살 적에 적인(狄人)들이 침입해왔기 때문에 그곳을 버리고 기산(岐山) 밑에 가서 살았습니다. 그곳을 택해서 취했던 것이 아니고 부득이해서 그랬던 것입니다. 다만 착한 일을 행하면 후세의 자손들 중에서 반드시 왕자(王者)가 생겨날 것입니다. 군자가 착한 사업을 일으켜 그 실마리가 뻗어 나가게 하는 것은 그 뒤를 계승해 나갈 수 있게 하기 위해 서입니다. 성공하고 못하는 것은 천명(天命)에 달려 있습니다. 주군 께선 저 제나라 사람들을 어찌하실 것입니까. 그저 힘써 착한 일 을 행하실 수밖에 없습니다."

(6) 궁(窮)과 달(達)이 모두 운명(運命)

❀ 맹자께서 송구천에게 말씀하셨다. "당신은 유세(遊說)하기를 좋아하시오. 내가 당신에게 유세하는데 관해서 말씀드리리다. 제 후들이 말을 알아주어도 태연하여야 하고 말을 알아주지 않더라 도 태연하여야 하오."

"어떻게 하여야 태연해질 수 있습니까?"

"덕을 존중하고 의를 즐겨하면 태연해질 수 있소. 그러므로 선비 는 궁해져도 의를 잃지 않고 영달해도 정도(正道)에서 벗어나지 않 는 것이오. 궁해져도 의를 잃지 않기 때문에 선비는 자기의 본성 을 유지하고, 영달해도 정도에서 벗어나지 않기 때문에 백성들이 실망하지 않는 것이오. 옛날 사람들은 뜻을 이루지 못하면 자신의 덕을 닦아서 세상에 그의 덕이 뚜렷이 나타났소. 궁해지면 혼자서 자신을 선하게 해나갔고, 영달하면 천하를 함께 선하게 해나갔소 이다."

二. 혁명사상(革命思想)

민위귀(民爲貴 : 인민이 가장 귀한 존재)라고 하여 민본주의를 주장한 맹자는 은나라의 탕왕의 방걸(放桀)과 주나라 무왕의 벌주(伐紂)를 정당한 행위로 보면서 다음과 같이 논했다. "인도(人道)를 해치는 자를 적(賊)이라 하고, 의리(義理)를 해치는 자를 잔(殘)이라 하며, 이러한 잔적(殘賊)은 왕이 아닌 일개의 필부에 불과하다. 일부(一夫) 주(紂)를 죽였다는 말은 들었어도 임금을 살해했다는 말은 아직 듣지 못하였다."라고 하면서 역성혁명을 시인했다. 그러나 맹자의 이러한 역성혁명의 시인은 학정에 시달리는 당시의 인민을 향하여 직접 정권교체를 선동하는 인민봉기 이론은 아니었다. 천자(天子)가 그 직무를 소홀히 하고 학정을 자행하여 민심을 잃으면 하늘의 명을 받은 다른 왕자(王者)에게 멸망당하고 만다는 것을 일러주어 선정으로 돌아서기를 바라는 마음에서 경고를 하였던 것이다.

(1) 군신관계(君臣關係)의 상대성(相對性)

⑧⑧ 맹자께서 제나라 선왕에게 말씀하기를 "임금이 신하 보기를 자기의 수족과 같이 여기면 신하는 임금 보기를 부모같이 여깁니다. 임금이 신하 보기를 견마(犬馬)같이 여기면 신하는 임금 보기를 길가에 지나가는 보통 사람 같이 여깁니다. 임금이 신하 보기를 풀잎이나 티끌 정도로 여기면 신하는 임금 보기를 원수와 같이 여깁니다."

왕이 "예기(禮記)에는 옛 임금을 위해서 복(服)을 입는다고 했는데 어떻게 하여야 옛 임금을 위해서 복을 입게 됩니까?"

맹자가 답하시길 "간언(諫言)이 그 임금에 의해서 실행되고 진언 (進言)이 그 임금에게 용납되어 그 은택이 인민에게 미치는 사람이 어떤 사정으로 그 나라를 떠나가게 되었습니다. 그랬더니 그 임금 은 사람을 시켜 국경을 넘어갈 때까지 그를 인도하여주고, 또 그가 가는 곳에 그보다 앞질러 연락하여 잘 추천하여 줍니다. 그리하여 떠나간 지 3년이 되어도 돌아오지 않게 되면 그때서야 비로소 그에 게 주었던 전록(田祿)과 주택(住宅)을 회수합니다. 신하를 대하는 임 금의 이와 같은 태도를 삼례(三禮)라 합니다만 이와 같이 후(厚)하게 대우하니 옛 신하가 옛 임금을 위하여 복(服)을 입는 것입니다. 지 금은 신하가 되어서 간언을 하여도 실행되지 않고 진언을 하여도 용납되지 않아서 그 은택이 인민들에게 미치지 않습니다. 어떤 사 정으로 그 나라를 떠나가게 되면 임금은 그 신하를 찾아 붙들려고 하고, 또 그가 그는 곳까지 쫓아가서 괴롭힙니다. 그리고 주었던 전록과 주택은 그가 떠나간 날 바로 회수해 버립니다. 이것을 구수 (원수)라 하는 것입니다. 구수에게 무엇 때문에 복을 입겠습니까?"

(2) 상하관계(上下關係)의 상대성(相對性)

⑱ 추나라와 노나라 사이에 전쟁이 일어났다. 추나라 목왕이 맹 자에게 묻기를 "우리 쪽의 상관(上官)으로서 전사한 자가 33인이나 되는데 누구 하나 상관을 구하고자 목숨을 바친 자가 없습니다. 이 괘씸한 놈들을 사형(死刑)에 처해 버리자니 다 죽일 수도 없고, 죽이지 않으면 자기들의 상관이 전사하는 것을 흘깃흘깃 질시하면 서 구해낼 마음을 안 가질 것입니다. 이 일을 어찌하면 좋겠습니 까?"

맹자 왈 "흉년이나 기근이 든 해에 주군의 인민들 중에서 노약자들은 진구렁창에 굴러 들어가 죽고, 장정들이 뿔뿔이 사방으로 흩어져 가버린 것이 수천 명이 됩니다. 그렇건만 주군의 양곡 창고는 빽빽이 들어차 있는데도 그 상관들은 이런 사정을 주군께 말씀드리지 않고 모른 척하였으니 이는 웃사람이 태만하여 아랫사람을 못살게 한 것입니다. 증자께서는 이런 말씀을 하셨습니다. '경계할지어다. 경계할지어다. 네게서 나간 것은 네게로 돌아오는 것이다.' 인민들은 이제야 자기네가 당한 것을 되갚을 수 있게 된 것입니다. 주군께서는 그들을 허물하지 마십시오. 주군께서 인정(仁政)을 베푸시면 인민들은 웃사람에게 친절하게 굴고 웃사람을 위해 죽게 될 것입니다."

(3) 왕자(王者)에 대한 가혹한 추궁

✽ 맹자께서 제나라 선왕에게 "왕의 신하 중에 자신의 처자를 그의 친구에게 부탁하고 초나라에 유학 간 사람이 있는데 그 사람이 돌아와서 본즉 그의 친구가 자기 처자를 얼리고 굶주리게 하여 놓았다면 왕께서는 그 친구를 어떻게 처분하시겠습니까?"

왕 왈 "절교하여 자리에서 추방하겠습니다."

맹자 왈 "옥관이 재판사무를 관리하지 못한다면 왕께서는 그 옥관을 어떻게 처리하시겠습니까?"

왕 왈 "그런 자는 파면하여 버립니다."

맹자 왈 "나라 안이 잘 다스려지지 않는다면 왕께서는 그 책임을 어떻게 하시겠습니까?"

이에 왕이 좌우에 있는 신하들을 돌아보면서 딴말을 하였다.

(4) 위정자(爲政者)에 대한 신랄한 추궁

⌗ 맹자께서 평육지방에 들려 그곳의 대부 공거심에게 말씀하시 길 "그대의 부하 중에 창을 든 병졸이 하루에 세 차례나 자기의 대 오에서 뒤떨어지면 군법에 의하여 파면하시겠습니까? 그냥 두시겠 습니까?"

"세 차례나 기다릴 것도 없습니다."

"그렇다면 그대가 대오에서 뒤떨어진 것은 한두 가지가 아닙니 다. 흉년이나 기근이 든 해에 그대가 관할하고 있는 인민들 중에서 노약자들은 진구렁창에 들어가 죽고 장정들이 사방으로 뿔뿔이 흩어져 가버린 자가 수천 명이나 됩니다."

"그것은 나 거심으로서는 어떻게 해볼 수 있는 일이 아닙니다."

"여기 남의 소와 양을 인수받아 그 임자를 위하여 길러주는 사 람이 있다면 그는 반드시 소나 양을 기르기 위하여 목장과 목초를 구하여야 할 것입니다. 만일 목장과 목초를 구하다가 얻지 못하면 그때에는 그 소와 양을 임자에게 도로 돌려보낼 것입니까? 그렇지 않으면 우두커니 선 채 그 소와 양이 죽어가는 꼴을 그대로 볼 것 입니까?"

"그것은 나 거심의 죄입니다."

맹자께서 그 후에 왕을 만나서 "왕의 고을을 다스리는 사람 중 에 제가 아는 사람으로는 다섯이 있습니다. 그런데 그 가운데서 자 기의 잘못을 아는 사람은 오직 공거심 한 사람뿐입니다."라고 말하 면서 거심과의 이야기를 쭉 되풀이하였더니 왕이 "그것은 과인의 죄입니다." 하였다.

(5) 역성혁명(易姓革命)의 시인(是認) 一

❀ 제 선왕이 묻기를 "탕임금이 걸을 내쫓고, 무왕이 주를 정벌했다는데 그런 일이 있었습니까?"

맹자 왈 "옛 기록에 있습니다."

"신하로서 그 임금을 살해하는 것이 용서될 수 있을까요?"

"인도(人道)를 해치는 자를 적(賊)이라 하고, 의리(義理)를 해치는 자를 잔(殘)이라 합니다. 잔적(殘賊)을 일삼는 자는 이것을 일부(一夫 : 평범한 한 남자)라고 합니다. 일부(필부) 주를 죽였다는 말은 들었어도 임금을 살해했다는 말은 아직 듣지 못했습니다."

(6) 역성혁명(易姓革命)의 시인(是認) 二

❀ 제 선왕이 경(卿)에 대하여 물었다. 맹자께서 대답하여 묻기를 "왕께서는 어떤 경에 대하여 물으시는 것입니까?"

왕 왈 "경(卿)에도 다른 것이 있습니까?"

"다른 것이 있습니다. 귀척(貴戚 : 친족)의 경이 있고 이성(異姓 : 타성)의 경이 있습니다."

"귀척의 경에 대해서 묻고 싶습니다."

"국군(왕)에 큰 과오가 있으면 간하고 그것을 되풀이하여도 들어주지 않으면 그들은 국군(왕)의 지위를 다른 사람으로 바꾸어 버립니다."

왕은 발끈하여 얼굴색이 변하였다.

"왕께서는 이상하게 여기지 마십시오. 왕께서 제게 물으시는 것인데 제가 감히 바른말로 대답하지 않을 수 없습니다."

왕이 얼굴빛을 가라앉히고 나서 다시 이성(타성)의 경(卿)에 대해 물었다.

"국군(왕)에 과오가 있으면 간하고, 그것을 되풀이하여도 들어주지 않으면 떠나버립니다."

(7) 역성혁명(易姓革命)의 신중성

✽ 공손축이 묻기를 "이윤이 '나는 부정한 일을 그냥 보고 견딜 수 없다.'고 말하고 태갑(太甲)을 동으로 쫓아냈는데 인민들이 크게 좋아라 했고, 태갑이 현명해지자 다시 돌아오게 하였는데 인민들이 크게 기뻐하였습니다. 현명한 사람으로서 남의 신하가 되었을 때 그 임금이 현명치 못하다면 본래 쫓아내기 마련입니까?"

맹자 왈 "이윤과 같은 생각으로라면 괜찮지만 이윤과 같은 생각이 없다면 찬탈이다."

4. 왕도주의(王道主義)

　『孟子』에 등장하는 인물 가운데서도 가장 중요한 세 인물인 제나라 선왕, 양나라 혜왕, 등나라 문공에게 설한 맹자의 정치사상의 요점은 왕도(王道)에 있다. 왕도(王道)란 고지성왕(古之聖王)들이 천하를 다스리던 방법을 말하는데 바로 인(仁)과 의(義)를 중시하는 통치 철학이다. 그것은 중의경리(重義輕利)의 인의지상주의로서 현실이나 세속을 비판하는 이상주의라고 할 수 있다. 덕행(德行)으로써 인정(仁政)을 행하여 인민을 심복(心腹)시키는 것이 왕도(王道)다. 맹자는 민본주의(民本主義), 천명사상(天命思想), 혁명사상(革命思想)에 대하여 많은 논의를 하였으며, 여민동락(與民同樂)하는 애민사상(愛民思想)을 강조했다. 또 경제생활을 안락하게 하여 본심(本心)을 안정시키고 교육을 진흥하여 인륜효제(人倫孝悌)의 도(道)를 밝히는 것이 왕도정치(王道政治)의 실현을 위한 구체적 내용이었다. 그리고 되도록 형벌을 가볍게 하고 세금을 적게 물게 하여, 빈부의 격차를 줄이고 전쟁이 없는 평화주의를 표방했다.

一. 왕도정치(王道政治)와 경제(經濟)

맹자께선 그의 궁극적인 목표인 왕도정치의 실현과 도덕 사회의 완성을 위해서는 무엇보다도 우선 인민의 경제적인 안정이 급한 문제라고 생각하였다. 경로사상의 토대도 민중의 경제 안정에 있는 것으로 보았다.

(1) 생활의 안정과 교육의 진흥(振興)
〈무농(務農)과 흥학(興學)〉

※ 양 혜왕이 말하기를 "과인은 나라를 다스리는 데 온 마음을 다 쏟고 있습니다. 하내(河內) 지방이 흉년이 들면 그곳 인민들을 하동(河東) 지방으로 옮기고, 하동 지방의 곡식을 하내 지방으로 옮깁니다. 하동 지방에 흉년이 들어도 역시 그와 같이합니다. 그런데 이웃 나라의 정치를 살펴보면 과인의 마음 쓰는 것만큼 하는 사람이 없는데 이웃 나라의 인민이 더 줄지 않고 우리나라의 인민이 더 늘지 않는 것은 무슨 까닭입니까?"

맹자가 답하시길 "왕께서는 전쟁을 좋아하시니 전쟁에 비유하여 설명하겠습니다. 북소리가 울려 백병전(白兵戰)이 벌어졌을 때 갑옷을 내던지고 창칼을 질질 끌면서 달아나는데 어떤 자는 백 보를 달아나서 멎고 어떤 자는 오십 보를 달아나서 멎었습니다. 이때 오십 보 달아난 자가 백 보 달아난 자를 비웃는다면 어떠하겠습니까?"

"그야 안 될 말이지요. 다만 백 보가 아닐 뿐이지 그것도 역시 달아난 것입니다."

"왕께서 이런 이치를 아신다면 인민이 이웃 나라보다 많기를 바라지 마십시오. 농사철을 어기지 않게 하면 곡식은 이루 다 먹을 수 없을 만큼 넉넉하게 될 것이요, 가는 그물을 못에 넣지 않게 하면 물고기는 이루 다 먹을 수 없을 만큼 넉넉하게 될 것입니다. 그리고 도끼를 적절한 때에 한하여 산림(山林)에 넣게 하면 임목(林木)은 이루 다 쓸 수 없을 만큼 넉넉하게 될 것입니다. 곡식과 물고기가 이루 다 먹을 수 없을 만큼 넉넉하고 재목이 이루 다 쓸 수 없을 만큼 넉넉하다면 이것은 인민들이 산 사람을 부양하고 죽은 사람을 장사지내는 데 섭섭함이 없도록 하여 주는 것입니다. 산 사람을 부양하고 죽은 사람을 장사지내는 데 유감이 없도록 하는 것이 왕도정치의 시작입니다. 오묘(五畝)의 택지에다 뽕나무를 심으면 50대의 노인이 비단옷을 입을 수 있을 것이요, 닭·돼지·개 등의 가축을 기르는데 그 번식시기를 잃지 않게 하면 70대 노인이 고기를 먹을 수 있을 것이요, 백묘(百畝)의 전답을 가진 경작자에게서 농번기를 빼앗지 않는다면 수 명의 식구를 가진 가구가 굶주리지 않게 될 것입니다. 그리고 학교 교육을 신중하게 실시하고 효제(孝悌)의 도를 되풀이하여 가르친다면 반백(半白)의 노인이 짐을 지거나 이고서 길에 다니지는 않게 될 것입니다. 70대 노인이 비단옷 입고 고기를 먹으며, 일반 인민이 주리지 않고 헐벗지 않게 되고서도 왕 노릇 하지 못한 사람은 아직 있어 본 일이 없습니다. 개와 돼지가 사람이 먹을 양식을 먹어도 제지할 줄 모르며, 길에 굶어 죽은 시체가 널려 있어도 나라 쌀을 풀어낼 줄 모르고, 사람이 죽으면 '내 죄가 아니다. 해가 흉년이 든 탓이다.'라고 말하니 이것은 사람을 찔러 죽이고는 '내가 죽인 것이 아니다. 칼이 죽인 것이다.'라고 하는 것과 무엇이 다르겠습니까? 왕께서 흉년에다 허물을 뒤집어씌우지만 않으시면 곧 천하의 인민이 모여오게 될 것입니다."

<보충설명 : 1정(一井)은 900묘(畝)인데 900묘를 9등분하여 8농가에게 사전(私田)으로 100묘씩 나누어주고, 그 가운데 남은 한 칸인 100묘를 공전(公田)으로 하여 8농가가 서로 조력하여 경작해서 조세로 내게 하는 것이 정전법(井田法)에 의한 조법(助法)이다. 그리고 이러한 정전법에 의한 세제(稅制)를 정전제(井田制)라 하는데 이는 인민들의 경제 안정을 위해서 맹자께서 처음으로 주창하신 것이다.>

(2) 세제(稅制)의 정리(整理)

※ 맹자께서 말씀하셨다. "현인을 존경하고 재능 있는 사람에게 일을 시켜서 재덕(才德)이 뛰어난 사람이 벼슬자리에 있으면 온 천하의 선비들이 다 기뻐하여 그 나라의 조정에 서기를 바랄 것이다. 시장에서는 점포세는 징수하되 물품세는 징수하지 않거나, 간편한 시장단속법 정도나 제정하고 때에 따라서는 점포세조차도 징수하지 않으면 온 천하의 상인들이 다 기뻐하여 그 나라의 시장에 상품 두기를 바랄 것이다. 관문에서는 조사는 하되 통행세를 징수하지 않으면 온 천하의 여행자들이 다 기뻐하여 그 나라를 통과하기를 바랄 것이다. 농민에게는 공전(公田) 경작에 조력할 의무만 부과하고 따로 사전에 대한 세(稅)를 걷어 들이지 않으면 온 천하의 농민들이 다 기뻐하여 그 나라의 들에서 농사짓기를 바랄 것이다. 주택에 대하여는 부포(夫布)나 리포(里布)와 같은 부과세를 받지 않으면 온 천하의 인민이 다 기뻐하여 그 나라의 백성이 되기를 바랄 것이다. 참으로 이 다섯 가지를 실행할 수 있다면 이웃 나라의 인

민들이 그를 부모처럼 우러러보게 될 것이다. 그 자제들을 거느리고 부모를 공격하는 일은 인간이 탄생한 이래로 아직 성공한 사람이 없다. 이렇게 되면 천하에 대적할 자 없을 것이니 그러고서도 왕 노릇 하지 못한 자는 아직 있어 본 일이 없다."

(3) 정전법(井田法)과 학교교육(學校敎育)

❀ 등나라 문공이 나라 다스리는 법을 묻자 맹자께서 말씀하시길 "인민의 농사일을 소홀히 하여서는 아니 됩니다. 시경(詩經)에 '낮에는 너 가서 띠풀을 하고 밤이면 너 새끼 꼬아서 네 집 지붕 서둘러 이어놓아라. 그래놓고 비로소 백곡의 씨를 뿌려라.'라고 하였습니다. 일반 인민들이란 항산(恒産)이 있는 자는 항심(恒心)이 있고, 항산이 없는 자는 항심도 없는 것입니다. 만일 항심이 없어 바깥 유혹에 마음이 흔들리면 방탕, 편벽, 사악, 사치 등 못할 짓이 없습니다. 그러니 이러한 일반 인민이 죄에 빠진 연후에 뒤따라가서 처벌한다면 그것은 인민을 그물 쳐서 잡는 것입니다. 어찌 어진 사람이 임금의 자리에 있으면서 인민들을 그물 쳐서 잡는 일을 할 수 있겠습니까? 그러므로 현명한 임금은 반드시 공손하고 검약하여 아랫사람에게도 예로써 대하며 인민들에게서 거둬들이는 데도 한계가 있습니다. 용자(龍子: 옛 현인)는 '농지를 다스리는 데는 조법(助法)보다 좋은 것이 없고 공법(貢法)보다 나쁜 것은 없다.'고 말했습니다. 공법(貢法)이란 여러 해의 평균 수확을 비교하여 가지고 그것을 일정한 조세 기준으로 삼는 것입니다. 풍년에는 낱알이 마구 흩어질 정도이므로 세를 많이 받아내도 포악하다는 원성은 없을 텐데 그럴 때에는 적게 받아 가고, 흉년에는 그 수확이 전지(田地)에

줄 거름값에도 모자라는데 그럴 때에는 반드시 조세 기준에 꽉 찬 정액을 받아 갑니다. 그래서 인민들의 부모가 되어가지고 인민들이 1년 내내 뼈 빠지게 일을 해도 제 부모조차 봉양할 수 없도록 하며, 게다가 일시적 구급책으로 자본을 대부하여 다음 해에 이자를 빨아들여 부담을 더욱 늘게 하여 늙은이와 어린것들이 개천이나 구렁에 굴러 들어가 죽도록 만든다면 인민의 부모라고 할 것이 어디 있습니까? 그리고 상, 서, 학, 교(庠, 序, 學, 校)를 설치하여 인민들을 가르치십시오. 상(庠)이란 노인을 존경한다는 뜻이요, 교(校)란 인민을 교도한다는 뜻이요, 서(序)란 활쏘기를 익힌다는 뜻입니다. 하(夏)나라에서는 교(校)라 하였고, 은나라에선 서(序)라 하였고, 주(周)나라에서는 상(庠)이라고 하였습니다. 또 학(學)이라고 하는 것은 하, 은, 주 3대가 공통된 국학(國學) 제도였습니다. 이 모든 것은 다 인륜(人倫)을 밝히기 위한 것이었습니다. 인륜이 위에서 밝혀지면 소민(小民)들은 아래서 친목하게 됩니다. 다른 나라에 왕자(王者 : 왕도를 실천하고자 하는 훌륭한 왕)가 나오면 반드시 이리로 와서 이 법을 본받아 갈 것이니 그렇게 되면 그 왕자(王者)의 스승이 되는 것입니다. 시(詩)에서 '주나라는 비록 오래된 나라지만 천명(天命)을 받은 것은 새로운 일이라고 하였는데 문왕(文王)을 두고 한 말입니다. 주군께서도 지금까지 말씀드린 바를 힘써서 실행하시면 역시 주군의 나라를 새롭게 만드실 것입니다." 하셨다.

(4) 세제(稅制)의 문란은 왕도정치의 붕괴

❀ 대영지가 묻기를 "구분의 일의 세법을 실시하고 관문과 시장에서의 징세를 폐지해 버리는 것은 지금 바로 실행할 수는 없습니

다. 그러니 조금 경감했다가 내년까지 기다린 후에 폐지하도록 하는 것이 어떻겠습니까?"

맹자가 답하시길 "이제 여기 매일 그 이웃의 닭을 훔치는 사람이 있는데 어떤 사람이 그에게 '그것은 군자가 할 짓이 아니오.' 하고 일러주자 '그러면 그 수효를 줄여서 한 달에 닭 한 마리씩을 훔치다가 내년까지 기다린 후에 그만두도록 하십시다.'라고 대답했습니다. 만약에 그것이 옳지 않다는 것을 안다면 당장에 빨리 그만둘 일이지 왜 내년까지 기다려야 한단 말입니까?"

(5) 제도 확립(制度確立)의 중요성(重要性)

❀ 자산(子産 : 정나라 때의 명재상 공손교)이 정(鄭)나라의 정치를 맡아서 할 때 자기가 타는 수레로 진수와 유수에서 사람들을 건너주었다. 맹자께서 이를 논평하여 "은혜로우나 정치는 할 줄 모르는구나. 11월이면 인도교가 완성될 것이고, 12월이면 차교가 완성될 것이니 그렇게 되면 인민들은 물 건너는 것을 근심하지 않게 된다. 군자가 그 정치를 공평하게 하면 길을 가면서 오가는 사람들을 좌우로 물리치고 다녀도 괜찮은 것이다. 어떻게 한 사람 한 사람을 다 건네다 줄 수 있겠는가. 그러므로 정치를 하는 사람이 그런 식으로 사람마다 다 기뻐하게 해주려고 한다면 날마다 그 일만 하여도 시간이 모자랄 판이다."라고 하였다.

〈보충설명 : 매년 11월과 12월은 농한기이기 때문에 그런 얕은 물이 흐르는 강물 정도는 능히 공사를 하여 다리를 놓을 수 있다는 뜻이다.〉

(6) 경로사상(敬老思想)의 토대는 민중(民衆)의 경제안정(經濟安定)

❀ 맹자께서 말씀하시길 "백이는 주(紂)를 피해 북쪽 바닷가에서 살았는데, 문왕이 일어났다는 소식을 듣고 '어찌 그에게 의지하지 않으리요, 나는 서백(문왕)이 노인을 잘 봉양하는 사람이라고 들었다.'고 말했다. 천하에 노인을 잘 봉양하는 사람이 있으면 어진 사람들도 그를 자기가 몸을 의지할 곳으로 생각하는 것이다. 이른바 서백이 노인을 잘 봉양한다는 것은 그가 백성들의 전지(田地)와 택지(宅地)의 면적을 제정하고서 그들에게 뽕나무를 심고 가축을 기르는 것을 가르쳐 그들의 처자를 인도하여 그들의 부모를 봉양하게 만드는 것이다. 50대의 노인이 되면 비단옷이 아니면 따뜻하지 않으며, 70대의 노인은 고기가 아니면 배부르지 않다. 따뜻하지 않고 배부르지 않은 것을 얼고 굶주리는 것이라고 한다. 문왕의 인민 가운데 얼고 굶주리는 노인이 없었다는 것은 이를 두고 한 말이다." 하셨다.

〈보충설명 : 왕위를 사양한 백이와 숙제는 조국(고죽국)의 동쪽 바닷가에서 살다가 문왕에게 가서 의지하고 있었는데, 후에 문왕의 아들인 무왕이 주(紂)를 토벌하려 함에 비록 폭군이라 하여도 그래선 안 된다고 만류하다가 듣지 않자, 수양산(首陽山) 깊숙이 들어가 고사리를 캐 먹다 굶어 죽었다고 전해진다(사마천의 『史記』 周本記에 적혀 있음). 희창(姬昌 : 문왕)은 은(殷)나라의 마지막 왕인 폭군 주(紂) 밑의 한 제후로서 중원의 서부가 되는 기산(岐山) 일대를 근거로 강태공을 얻은 후 덕치를 행하면서 앞으로 천하를 다스릴 기반을 구축하였다. 강태공은 대를 이어 무왕에게도 충성을 다했는데, 이 문

왕의 아들 희발(姬發 : 무왕)이 부왕인 문왕의 뜻을 이어 주(紂)를 정
벌하여 천하를 차지하였다. 그래서 문왕 때에 수천명(受天命) 한 것
을 무왕 때에 봉천명(奉天命) 했다고 일컬어진다.〉

(7) 양노(養老)를 잘함은 왕자(王者)에의 길

❀ 맹자께서 말씀하시길 "백이는 주(紂)를 피하여 북쪽 바닷가에
서 살았는데 문왕이 일어났다는 소식을 듣고 '어찌 그에게 의지하
지 않으리요, 나는 서백(문왕)이 늙은이를 잘 길러주는 사람이라고
들었다.'고 말했다. 태공도 주(紂)를 피하여 동쪽 바닷가에 살았는
데 문왕이 일어났다는 소식을 듣고 나서 '어찌 그에게 의지하지 않
으리요, 나는 서백(西伯 : 서쪽 지역 제후)이 늙은이를 잘 길러주는 사
람이라고 들었다.'고 말했다. 이 두 노인은 천하의 대노들이었는데
그들이 그에게 의지하게 되었으니 그것은 온 천하의 부로(父老)들이
그에게 의지한 것이다. 온 천하의 부로들이 그에게 의지하였으니
그 자제들은 어디로 가겠는가. 제후들 가운데서 문왕과 같은 정치
를 실행하는 사람이 있다면 7년 못 가서 반드시 온 천하를 다스리
게 될 것이다." 하셨다.

(8) 민생문제(民生問題)의 해결(解決)

❀ 맹자께서 말씀하셨다. "인민을 편안하게 해주기 위해서 인민
을 부리면 비록 힘이 들더라도 원망하지 않는다."

二. 왕도정치(王道政治)와 인정(仁政)

맹자께선 늘 가까이 있는 대상에 대한 인심(仁心), 즉 그 대상의 불행을 차마 보지 못하는 마음인 불인지심(不忍之心 : 측은지심)을 점차 먼 데로 확충해 나가는 것을 인정(仁政)이라 보고 왕자(王者 : 왕도정치를 실현할 수 있는 훌륭한 왕)가 될 수 있는 길이라고 하셨다. 그리고 인정(仁政)은 곧 애민(愛民) 하는 정치인 것이다.

(1) 왕도정치(王道政治)의 가능 근거

※ 제나라 선왕이 묻기를 "제나라 환공(桓公)과 진나라 문공(文公)의 사적에 관하여 말씀을 들려주시겠습니까?"

맹자가 답하시길 "중니(공자)의 문도들 중에는 환공과 문공의 사적에 관하여 말을 한 사람이 없었습니다. 그래서 후세에 전술되지 않았습니다. 저도 그에 관하여는 아직 들어본 일이 없습니다. 그래도 제게 꼭 무슨 이야기든지 듣지 않고는 그만둘 수 없으시다면 왕도(王道)에 관해 말씀드리겠습니다."

"도대체 어떠한 덕이 있어야 왕자(王者)가 될 수 있습니까?"

"인민을 애호 보전하고서 왕 노릇을 한다면 아무도 그것을 못하게 막아낼 수 없습니다."

"과인 같은 사람도 인민을 애호 보전할 수 있습니까?"

"하실 수 있습니다."

"무엇을 보고 내가 할 수 있다는 것을 아십니까?"

"제가 호흘에게서 이런 얘기를 들은 바가 있습니다. 왕께서 당상(堂上)에 앉아 계실 적에 소를 끌고 당하(堂下)를 지나가는 자가 있었는데 왕께서 이것을 보시고 '소는 어디로 끌려가는 것인고?' 소 끌고 가는 자 대답하기를 '흔종(제물에 쓰이는 소·양 따위의 짐승을 죽여서 새로 주조된 새 종의 갈라진 틈을 그 피로 바르는 종교적 의식)하는데 쓰려고 합니다.', '그만두어라. 나는 그 소가 부들부들 떨면서 죄도 없이 사지(死地)에 나가는 정상을 차마 볼 수 없노라.', '그러면 흔종하는 것을 그만두오리까?', '어떻게 그만둘 수가 있겠는가. 양하고 바꾸려무나.'라고 말씀하신 일이 있었다는 이야기입니다. 과연 그러한 일이 있었습니까?"

"그런 일이 있었습니다."

"그러한 마음이면 넉넉히 왕 노릇을 하실 수 있습니다. 백성들은 다 왕께서 물건에 인색하셔서 그런 것이라고 합니다만, 저는 진실로 왕께서 그 정상을 차마 볼 수 없어서 그러신 줄로 알고 있습니다."

왕 왈 "참으로 그렇습니다. 정말 그렇게 말하는 백성들도 있습니다만, 제나라가 비록 작다 하더라도 내 어찌 한 마리의 소를 아끼겠습니까. 그저 그 소가 부들부들 떨면서 죄도 없이 사지(死地)에 나가는 것을 차마 볼 수 없어서 양과 바꾸라고 한 것입니다."

"왕께서는 백성들이 왕께서 물건에 인색하신 것이라고 하는 것을 괴이하게 생각하지 마십시오. 작은 것을 가지고 큰 것과 바꾸셨으니 그들이야 왕의 참뜻을 어찌 알겠습니까. 왕께서 만약 죄도 없이 사지에 나가는 것을 측은히 여기셨다면 소와 양에 어찌 구별이 있겠습니까?"

왕이 웃으면서 말하길 "그것 참 무슨 마음에서였던가. 나는 재물이 아까워서 소와 양을 바꾸도록 한 것은 아닙니다. 그러나 백성들이 나를 보고 인색하다고 생각하는 것도 무리가 아니군요."

"비관하실 것은 없습니다. 그것이야말로 바로 인술입니다. 소는 눈으로 보시고 양은 미처 못 보신 때문입니다. 군자가 금수를 대함에 있어서는 그 산 모습을 보고는 그 죽어가는 꼴을 차마 보지 못하고 그 비명을 듣고는 그 고기를 차마 먹지 못하는 것입니다. 그런 까닭으로 군자는 푸줏간을 멀리하는 것입니다."

왕이 기뻐하면서 "시(詩)에 '다른 사람이 마음먹고 있는 바를 나는 그것을 헤아려 아노라.' 하였는데 선생을 두고 한 말일 것입니다. 내가 그 일을 해놓고 돌이켜 그 이유를 알아보아도 내 마음에 납득되는 바가 없었는데, 선생께서 말씀하여 주시니 '아, 그랬었구나.' 하고 내 마음에 그 소에 대한 가엾은 생각이 다시 떠오르는 바가 있습니다. 그러한 마음이 왕 노릇 하는데 합당한 까닭은 무엇입니까?"

"어떤 사람이 왕께 아뢰기를 '제 힘은 3천 근은 넉넉히 들 수 있어도 새 날개 하나를 들기에는 부족하고, 제 시력(視力)은 가느다란 터럭의 끄트머리는 넉넉히 살필 수 있어도 수레에 가득 실은 장작더미를 보지는 못합니다.'고 한다면 왕께서는 정말이라고 믿으시겠습니까?"

"안 될 말이지요."

"이제 왕의 은혜가 금수에게까지 베풀어지고 남으면서 왕의 공덕이 백성들 위에는 나타나지 않는 것은 바로 무슨 까닭입니까? 그렇다면 새 날개 하나가 들리지 않는 것은 힘을 쓰지 않기 때문이고, 수레에 가득 실은 장작더미가 보이지 않는 것은 시력을 쓰지 않기 때문이고, 백성들이 애호 보전되지 않는 것은 은혜를 베풀지 않기 때문입니다. 그러므로 왕께서 참다운 왕 노릇을 하지 않으심은 안 하시는 것이지 할 수 없어서가 아닙니다."

"하지 않는 것과 할 수 없는 것은 그 내용이 어떻게 다릅니까?"

"태산을 겨드랑에 끼고서 북해를 뛰어넘는 것을 '나는 못 한다.' 고 남들에게 말한다면 그것은 정말 할 수 없는 것입니다. 그러나 '어른에게 허리를 굽혀 절하는 것을 나는 못 한다.'고 남들에게 말한다면 그것은 하지 않는 것이지 할 수 없는 것은 아닙니다. 그러므로 왕께서 참다운 왕 노릇을 하지 않으심은 태산을 겨드랑에 끼고 북해를 뛰어넘는 것처럼 정말 할 수 없는 것을 하지 않고 있는 부류의 것은 아닙니다. 왕께서 참다운 왕 노릇을 하지 않으심은 이 것은 허리를 굽혀 어른에게 절하는 것과 같이 쉽게 할 수 있는 것을 하지 않고 있는 부류의 것입니다. 우리 집 노인 어른을 공경하여 그 마음을 남의 집 노인 어른에게까지 미쳐가게 하고, 우리 집 어린아이들을 사랑하여 그 마음을 남의 집 어린아이들에게까지 미쳐가게 하면 천하는 손바닥 위에서 마음대로 움직일 수 있듯 잘 다스려질 것입니다. 시(詩)에 '올바른 모범을 아내에게 보이고 형이나 아우에게 그 모범이 미쳐가니 이리하여 나라를 잘 다스리도다.' 라 하였으니 그 뜻하는 바는 어떤 눈 가까이 있는 대상에 대한 사랑과 동정의 마음씨를 들어 올려서 또 다른 대상들에게 베풀어 나간다는 것입니다. 그러므로 은혜를 미루어 나가면 온 세상을 편안하게 보전할 수 있고, 은혜를 미루어 나가지 않으면 처자조차도 애호 보전할 길이 없는 것입니다. 옛 성현이신 저 문왕이 지금 사람보다 크게 월등한 까닭은 다름이 아니라 그가 가까운 데서 실천하는바 사랑의 행위를 먼 데까지 잘 미루어 나갔다는 것뿐입니다. 이

제 왕의 은혜가 금수에게까지 베풀어지고도 남으면서 왕의 공덕이 백성들 위에 나타나지 않는 것은 바로 무슨 까닭입니까? 저울로 달아본 후에라야 가볍고 무거운 것을 알게 되고 자로 재어본 후에라야 길고 짧은 것을 알게 되는 것입니다. 모든 물건이 다 이와 같이 저울이나 자로 경, 중, 장, 단을 재어보기 전에는 알 수 없는 것인데 마음이란 그 경중을 헤아리기 어렵기가 더욱 심한 것입니다. 왕께서는 금수를 사랑하는 마음과 백성을 사랑하는 마음이 어느 마음이 더 중한 것인가를 청컨대 잘 헤아려 살피십시오."

(2) 소국(小國)에도 가능한 왕도정치

⑧ 만장이 묻기를 "송나라는 소국(小國)입니다. 이제 왕도정치를 실시하려고 하는데 제나라나 초나라가 그것을 미워하여 송나라를 치게 된다면 어떻게 합니까?"

맹자가 답하시길 "탕임금은 박에 계셨는데 갈나라와는 이웃이었다. 갈백이 방종무도하고 제사를 지내지 않아서 탕임금이 사람을 시켜서 물었다. '왜 제사를 지내지 않으오?' 그랬더니 '희생(제물에 쓰이는 소나 양)을 바칠 수 없기 때문이오.' 탕임금이 사람을 시켜 갈백에게 소와 양을 보내주었다. 갈백은 그것을 먹어버리고 또 제사를 지내지 않았다. 탕임금은 또 사람을 시켜서 그것을 물었다. '왜 제사를 지내지 않으오?' 그랬더니 '제곡을 바칠 수 없기 때문이오.' 탕임금이 박의 민중들을 시켜서 갈백을 위해 농사를 지어주게 하였는데 그 가운데 노약자들은 일꾼들에게 밥을 날라다 주었다. 그랬더니 갈백은 자기 인민들을 거느리고 나와 술이니 밥이니 수수니 쌀을 가진 사람들을 위협하여 그들이 가진 것을 빼앗고, 그나마 주지 않는 사람은 죽이고서 그 아이가 가진 것마저 빼앗았다. 서(書經)에 '갈백이 먹을 것 나르는 사람과 원수가 되었다.'고 한 것은 이를 두고 한 말이다. 갈백이 그 어린아이를 죽였기 때문에 탕임금이 그를 쳤는데 온 천하 사람들이 모두 '천하를 스스로의 부로 삼아 이것을 가지려는 것이 아니고, 인민을 위해 원수를 갚아준 것이다.'라고 말하였다. 탕임금은 최초의 정벌을 갈나라로부터 시작하였다. 11차의 정벌을 감행했는데 천하에 그를 대적할 자가 없었다. 그가 동쪽으로 향하여 정벌하면 서이(西夷)가 원망하였고, 남쪽으로 향하여 정벌하면 북적(北狄)이 원망하였으니 '왜 우리를 뒤로 미루시나.'라고 까지 말하였다. 인민들의 그에 대한 기대는 마치 큰 가뭄이 비를 바라는 것 같았다. 시장으로 모여드는 무리도 변함이 없었고, 밭에서 김매는 사람들도 그냥 일을 하고 있었다. 그 나라의 폭군을 죽여서 그 나라의 인민들을 위로하여 주는 것이 제때에 비를 내리는 것 같아서 인민들이 크게 기뻐하였던 것이다."

(3) 가능성(可能性)과 실천(實踐)

❀ 맹자께서 말씀하셨다. "왕이 지혜롭지 않은 것을 이상하게 여길 것 없다. 비록 천하에서 가장 쉽게 생장하는 것이 있다 해도 하루 동안만 햇빛을 쪼이고 열흘 동안을 계속 차게 하면 잘 생장해 나갈 것이 없다. 내가 왕을 만나보는 기회도 역시 드문데다, 내가 물러 나온 뒤에 차게 하는 자가 있을 것이니 나 혼자서 (왕도정치에 대한 올바른 지혜를) 싹트도록 해준들 무엇이 되겠는가. 이제 저 바둑 두는 기술이라는 것은 대단치 않은 기술이지만 전심해서 바둑에만 뜻을 다하지 않으면 터득할 수 없다. 혁추를 시켜서 두 사람

에게 바둑을 가르친다고 하자. 그중 한 사람은 전심해서 바둑에만 뜻을 다하여 오직 혁추의 말만을 듣는데, 다른 한 사람은 그의 말을 듣는다고는 하지만 마음 한구석에는 '기러기와 따오기가 날아온다면' 하고 생각하여 주살 맨 활을 당겨 그것을 쏘아 맞힐 궁리나 한다면 이 사람은 앞의 사람과 같이 배운다고는 하지만 그 사람만 할 수 없다. 그것은 그의 지혜가 같지 않기 때문인가. 그렇지는 않은 것이다."

(4) 인정(仁政)은 왕자(王者)에의 길

❀ 양혜왕이 말하기 "우리 진(晉 : 晉)나라가 천하의 최강국이었던 것은 선생께서도 잘 아시는 바입니다. 그러던 것이 과인의 대에 와서는 동쪽으로는 제(齊)나라와의 전쟁에 지고 큰아들이 그 전쟁에서 죽었습니다. 그리고 서쪽으로는 진(秦)나라에게 땅을 700리나 빼앗기고, 남쪽으로는 초(楚)나라에게 욕을 보았습니다. 과인은 이것을 부끄럽게 생각합니다. 죽은 사람을 위해서라도 한 번 설욕을 하고 싶습니다. 어떻게 하였으면 좋겠습니까?"

맹자께서 대답하시길 "땅은 백 리만 되면 왕 노릇을 할 수 있는 것입니다. 왕께서 만일 인민들에게 인정(仁政)을 베풀어 형벌을 되도록 없애고 세(稅)를 경감하여 주시면 인민들은 깊이 밭 갈고 잘 가꾸어 김매고, 장정들은 일 없는 날을 이용해서 효, 제, 충, 신(孝, 悌, 忠, 信)을 배워 집안에서는 부형을 섬기고 밖에 나가서는 웃어른을 섬기게 될 것입니다. 그렇게 되면 몽둥이를 들고서도 능히 진(秦)나라와 초(楚)나라의 견고한 갑옷과 예리한 병기를 때려 치게 할 수 있습니다. 그네들은 자기 나라 인민들의 농경시기를 빼앗아 밭 갈

고 김매어 부모를 봉양할 수 없도록 만들고 있습니다. 그래서 부모
는 추위에 얼고 굶주리며, 형제와 처자는 뿔뿔이 흩어져 버립니다.
그네들이 제나라 인민들을 곤경에 빠뜨리고 있는데 왕께서 가셔
서 징벌하신다면 대체 누가 왕께 대적하겠습니까? 그러므로 '인자
(仁者)는 무적(無敵)이다.' 하는 것입니다. 왕께서는 이 점을 의심하지
마십시오." 하셨다.

　〈보충설명 : 진(晉)나라에는 원래 위(魏) 氏, 한(韓) 氏, 조(趙) 氏의
세 권신 가문이 있었는데, 이 삼가(三家)가 합동하여 진(晉)을 멸망
시키고, 그 영지(領地)를 나누어 가졌다. 그래서 이것을 삼진(三晉)이
라고도 한다. 혜왕의 나라는 위(魏) 씨들이 세운 양(梁)이지만, 이런
까닭으로 해서 왕 자신이 진(晉)이라고 부른 것이다.〉

　(5) 인애(仁愛)의 정치(政治)

　⚙ 맹자께서 말씀하셨다. "요임금과 순임금의 도(道)로도 인정(仁
政)을 행하지 않으면 천하를 화평하게 다스리지 못한다. 이제 어진
마음과 어질다는 소문이 있으면서 인민이 그 은택을 입지 못해서
후세에 모범이 될 수 없는 것은 선왕(先王)의 도(道)를 실천하지 않
기 때문이다. 그래서 '실천이 따르지 않는 한낱 착하기만 한 것(도선
徒善)으로는 정치를 하기에 부족하고, 실행이 따르지 않는 한낱 형
식만 갖춘 법도(法度), 즉 도법(徒法)만으로는 그것이 저절로 운영되
어 나가지는 못한다.'고 한 것이다. 시(詩)에도 '틀리지도 않고 잊지
도 않으면서 옛 법도를 좇아 말미암는다.'고 하였다. 선왕(先王: 요,
순, 우, 탕, 문, 무)의 법도(法度)를 따르고서 과오를 범한 사람은 아직
없다. 성인(聖人)이 이미 시력(視力)을 다 쓰고서 그에 이어 컴퍼스와

곡척(ㄱ자 모양의 굽은 자)과 먹줄을 써서 사각과 원과 수평과 직선을 만들었으니 그 만들어진 것은 넉넉하여 이루 다 쓸 수가 없다. 이미 청력(聽力)을 다 하고서 그에 이어 육률(六律)을 써서 오음(五音)을 바로잡았으니 그 바로잡아진 것은 풍부하여 이루 다 쓸 수가 없다. 마음과 생각을 다 하고서 그에 이어 남을 차마 해치지 못하고 남의 불행을 차마 보지 못하는 정치, 즉 불인인지정(不忍人之政)을 행하였으니 그래서 인(仁)이 천하(天下)를 덮은 것이다. 또 그래서 '높아지려면 반드시 언덕으로 올라가야 하고, 낮아지려면 반드시 개울과 연못으로 내려가야 한다.'고 하였다. 그러니 정치(政治)를 하는데 선왕(先王)의 도(道 : 治世法)를 따르지 않는다면 지혜롭다고 할 수 없을 것이다. '이러한 까닭으로 오직 어진 사람이라야만 높은 지위에 있어 마땅하다. 불인(不仁)한 사람으로서 높은 지위에 있다면 그것은 그 악을 여러 사람에게 뿌리는 것이다. 위에서 치자(治者)가 도리(道理)로서 만사를 헤아리지 않고 아래에서 법도로써 스스로 지킴이 없어서 조정에 있는 사람들이 도리(道理)를 믿지 않고 관원들이 법도(法度)를 믿지 않게 되어 군자(여기선 治者)가 의리를 범하고 소인(小人 : 피치자)이 형법(刑法)을 범하면서도 그 나라가 존속되는 것은 요행이다.' 그래서 '성곽이 완벽하지 못하고 창칼이나 갑옷이 많지 않은 것은 나라의 재앙이 아니고, 밭과 들이 개척되지 않고 재물이 모여지지 않는 것도 나라의 재해가 아니다. 재상자(在上者)가 무례(無禮)하고 재하자(在下者)가 배움이 없으면 도적의 무리가 떼로 일어나 나라의 멸망이 눈앞에 닥쳐올 것이다.'라고 말하는 것이다. 시(詩)에 '하늘이 바야흐로 우리나라를 뒤엎으려 하는데 말만 많아서는 아니 된다.' 하였거니와 예예(泄泄 : 많은 사람이 웅성거리며 투덜거리는 모양)란 답답(呫嗫 : 多言)과 같은 말이다. 임금을 섬기는데 의리가 없으며, 나아가고 물러서는데 예(禮)가 없고, 말을 하면 선왕(先王)의 도(道)를 비난하는 것은 답답(다언)이다. 그러므로 '임금에게 어려운 일을 책(責 : 권고, 요구 또는 책망)하는 것을 오히려 공(恭 : 공손)이라 하고, 선(善)을 주장하고 사악(邪惡)을 막는 것을 경(敬 : 공경)이라 하며, 우리 임금은 능력이 없다고만 하는 것을 적(賊)이라 한다.'라는 말이 있다."

(6) 인정(仁政)과 불인정(不仁政)

⑧ 맹자께서 말씀하시길 "콤파스(規)와 곡척(矩: 'ㄱ'자 모양의 자)은 둥근 것과 모난 것의 극치요, 성인은 인륜(人倫)의 극치다. 임금 노릇을 하려면 임금의 도(道)를 다 하여야 하고, 신하 노릇을 하려면 신하의 도(道)를 다 하여야 한다. 이 두 가지는 다 요·순을 모범으로 삼아야 할 뿐이다. 순이 요임금을 섬기던 방법으로서 임금을 섬기지 않으면 그 사람은 자기 임금을 공경하지 않는 사람이요, 요임금이 인민을 다스리던 방법으로써 인민을 다스리지 않으면 그 사람은 인민을 해치는 사람이다. 공자께선 '도(道)는 둘이다. 인(仁)이 아니면 불인(不仁)이 있을 뿐이다.'라고 말씀하셨다. 자기 백성에게 포학하게 구는 것이 너무 심하면 몸은 시해되고 나라는 망하며, 심하지 않더라도 몸은 위험해지고 나라는 깎일 것이다. 이것을 일컬어 유(幽) 또는 려(厲)라고 하는데 효자(孝子)와 자손(慈孫)일지라도 백세(百世)동안 그 악명(惡名)을 고칠 수가 없는 것이다. '은(殷)나라의 경계(儆戒)는 먼데 있지 않으니 하후(夏后)의 시대에 있도다.'라고 하였는데 이 점을 두고 한 말이다." 하셨다.

〈보충설명 : 유(幽)는 어두움을 뜻하고, 려(厲)는 포악함을 뜻하는데 둘 다 포악한 임금이 죽은 뒤에 붙이는 나쁜 시호(諡號)다. 끝부분의 시(詩)는 은나라의 마지막 왕인 폭군 주(紂)의 악정이 하(夏)의 학정을 그대로 되풀이한 것을 읊으면서 경계한 시경(詩經)의 인용이다.〉

(7) 불인즉망(不仁則亡)

※ 맹자께서 말씀하셨다. "하·은·주 3대(夏·殷·周 三代) 때에 천하를 얻은 것은 인(仁)때문이요, 천하를 잃은 것은 불인(不仁)때문이었다. 제후의 나라가 피폐하고 흥성하고 존속하고 멸망하는 것 역시 그러하다. 천자(天子)가 불인(不仁)하면 사직(나라)을 보존하지 못하고, 경이나 대부가 불인(不仁)하면 종묘(宗廟 : 집안)를 보존하지 못하고, 선비나 서민이 불인(不仁)하면 사체(四体 : 몸)를 보존하지 못한다. 그런데 이제 죽는 것이나 멸망하는 것을 싫어하면서도 불인(不仁)한 행동을 즐기고 있으니 이것은 취하는 것을 싫어하면서도 억지로 술을 마시는 것과 같다."

三. 왕(王)과 패(覇)의 구분(區分)

　양의 혜왕, 제의 선왕, 등의 문공에게 권고한 맹자의 정치사상은 왕도(王道)였다. 패도(覇道)는 이러한 왕도(王道)에 반대되는 정치술(政治術)이다. 무력(武力)으로 인정(仁政)을 가장하는 자는 패자(覇者)다. 패자는 반드시 큰 나라를 지니고 있어야 한다. 도덕으로 인정(仁政)을 실행하는 자는 왕자(王者)다. 왕자(王者)는 큰 나라를 지니고 있어야 할 필요가 없다. 무력으로 남을 복종시키는 것은 그들을 마음속으로부터 복종케 하는 것이 아니다. 그 복종하는 자가 힘이 모자라서 그러는 것이다. 도덕으로 남을 복종시키는 것은 마음속으로부터 기뻐서 정말로 복종하도록 하는 것이다. 그것은 70명의 제자가 공자에게 복종하는 것과 같으니 서쪽에서 동쪽에서 남쪽에서 북쪽에서 복종하지 않는 자가 없는 것이다. 춘추시대의 패자들, 예컨대 제나라 환공과 진(晉)나라 문공 같은 이들은 그래도 겉으로는 인의(仁義)의 미명(美名)을 빌려서 명분으로 내세웠다. 그런데 맹자 당시, 즉 전국시대의 제후들은 인의(仁義)의 이름마저도 무시했다. 춘추시대에는 그래도 명분상으로나마 중시되던 인의(仁義)가 전국시대에 와서는 아주 무의미한 것이 되었다. 그래서 맹자는 "오패(五覇)는 삼왕(三王)의 죄인이요, 지금의 제후들은 오패의 죄인이다."라고까지 말하였던 것이다.

　〈보충설명 : 오패(五覇)는 제의 환공, 진(晉)의 문공, 진(秦)의 목공, 송의 배공, 초의 장왕(莊王)을 말함.〉

(1) 천하의 심복(心腹)이 왕자(王者)의 요건

⚅ 맹자께서 말씀하셨다. "선한 일을 했다 하여 그것으로써 남을 복종시킨 사람은 없다. 선으로써 양인(養人 : 남을 자기와 똑같이 선한 길로 나아가도록 가르치고 기르는 것)한 뒤에라야 천하를 복종시킬 수 있다. 온 천하가 마음으로부터 기뻐하며 복종하지 않는데도 훌륭한 왕 노릇을 한 사람은 아직 있어 본 일이 없다."

(3) 요순·탕무·오패(堯舜·湯武·五霸)

⚅ 맹자께서 말씀하셨다. "요·순은 그것(仁)을 본성대로 하였으며, 탕·무는 그것(仁)을 힘써 체득하였으며, 오패는 그것(仁)을 빌려서 사용하였다. 오래도록 차용(借用)하여 돌려보내지 않았으니 자기들이 그것을 가지고 있지 않다는 것을 어찌 알겠는가."

四. 도덕(道德)의 중시(重視)

왕도정치와 도덕은 불가분의 관계가 있다.

맹자께서 양나라 혜왕이나 제나라 선왕 등에게 제시한 왕도정치의 구제책은 무농(務農 : 농사에 힘씀, 즉 경제적 안정)과 흥학(興學 : 배움을 일으킴)의 두 가지인데 이 중에서 흥학은 그 목적이 도덕의 향상에 있는 것이다. 즉 사회의 전 구성분자가 교육을 통해 모두 도덕적인 완성을 기할 수 있는 가능성을 가지고 있다고 믿는 그의 신념은 그의 성선설에 잘 나타나 있지만, 맹자께선 '자기반성'을 통해서 도덕이 완성된다고 보면서 그것이 최고의 경지에 도달하면 그 영향이 자연계까지 미친다고 생각하셨다. 그리고 현실의 계급 질서가 도덕 질서와 일치가 되는 사회를 맹자는 그의 이상(理想)으로 삼았는데, 세속적인 부귀나 권세보다도 월등한 위치에 도덕이 자리 잡고 있음을 역설하였다. 교우지도(交友之道)에 관한 제자 만장의 질문에 그는 "벗을 사귀는 것이란 그 사람의 덕을 사귀는 것이다."라고 대답하면서 부귀나 권력을 믿고서 뽐내는 자와는 교우가 안 된다고 하셨으며, 사제지도(師弟之道)에도 이 교우 이론을 적용하였다. 도덕이 가장 중요한 것이요, 외적인 세속세계의 부귀권세 따위는 도덕의 세계와는 비교도 안 되는 저급한 것으로 그는 보았던 것이다. 이와 같이 도덕을 중시한 맹자의 한 가지 특색은 그가 왕도정치의 실현을 목표로 하면서 제후에게 유세할 때 군주 개인의 높은 도덕에 많은 기대를 걸었다는 것이다. 군주의 덕의 중요성을 강조한 그는 인덕(人德)에 의한 교화를 왕도정치에 있어서의 올바른 인도(引導) 방법으로 보았다.

(1) 도덕질서(道德秩序)와 계급질서(階級秩序)

❀ 만장이 물었다. "교우하는 방법에 대하여 감히 여쭤보겠습니다."

맹자가 답하시길 "나이가 위라는 것을 믿어 뽐내지 않고, 존귀한 지위를 믿어 뽐내지 않고, 권세 있는 형제가 있다는 것을 믿고 뽐내지 않으면서 벗을 사귀어야 한다. 사귀는 것이란 그 사람의 덕을 벗으로 하는 것이니 무엇을 믿는 것이 있어서는 아니 된다. 맹헌자는 백승의 집안사람이었다. 그에게는 벗이 다섯 사람 있었는데 악정구와 목중, 그리고 나머지 세 사람은 내가 그 이름을 잊어버렸다. 헌자가 이 다섯 사람과 교우(交友)한 것은 그가 자기 집안의 부귀를 마음에 두지 않았기 때문이다. 이 다섯 사람 역시 헌자 집안의 부귀가 마음속에 있었다면 그와 벗이 되지 않았을 것이다. 다만 백승(百乘)의 집안사람만이 그러했던 것은 아니다. 작은 나라의 국군(國君)일지라도 역시 그렇게 한 예(例)가 있다. 비(費)의 혜공(惠公)은 '나는 자사(子思)에 대하여는 그를 스승으로 존경한다. 나는 안반(顏般)에 대하여는 그를 벗으로 사귄다. 왕순과 장식(長息)은 나를 섬기는 자들이다.'라고 말하였다. 큰 나라의 국군(國君)일지라도 역시 그렇게 한 예가 있다. 진(晉)나라의 평공(平公)이 해당(亥唐)이 들어오라고 하면 들어가고 앉으라고 하면 앉고 먹으라고 하면 먹었다. 비록 거친 밥과 야채 국물일지라도 배불리 먹지 않는 일이 없었으니 생각건대 당(唐)과 같은 현자가 권하는 바람에 배불리 먹지 않을 수 없었을 것이다. 그러나 거기서 끝났을 따름이다. 하늘이 준 지위를 그와 함께 나누어 가지지 않았고, 하늘이 준 직분을 그와 함께 나누어 맡지도 않았고, 하늘이 준 식록을 그와 함께 나누어 먹지도 않았다. 그러니 이것은 선비가 현자를 존경하는 것이지 왕공(王公)이 현자를 존경하는 것은 아니다. 순이 요임금을 올라가 뵈었는데, 요임금은 사위를 부궁(副宮)에다 유숙시키고서 가서 만나 보시고 어떤 때는 순을 향연에 부르셔서 서로서로 빈객도 되고 주인도 되었다. 이것은 천자(天子)이면서 필부를 벗으로 삼은 것이다. 재하자(在下者)로서 재상자(在上者)를 존경하는 것은 귀(貴)한 사람을 귀하게 여긴다고 말하고, 재상자(在上者)로서 재하자(在下者)를 존경하는 것을 현자를 존중하는 것이라고 말한다. 귀한 사람을 귀하게 여기는 것과 현자를 존중하는 것은 그 의의(意義)가 같은 것이다."

(2) 귀천(貴賤)의 질서(秩序)에 우월하는 도덕

⑧ 공도자가 묻기를 "등갱이 선생님 문하(門下)에 와 있을 때 예(禮)로써 대해 주실 만한 입장 있었던 것 같사온데 그에게 대답도 해주지 않으시는 것은 무엇 때문입니까?"

맹자가 답하시길 "귀한 것을 믿으면서 와서 묻고, 나이가 위라는 것을 믿으면서 와서 묻고, 공훈이 있는 것을 믿으면서 와서 묻고, 고구(故舊 : 오래 알고 지내는 친교)의 의(誼 : 다정한 정)가 있는 것을 믿으면서 와서 묻는 것은 다 대답해 주지 않는 바다. 등갱은 그 가운데 두 가지를 가지고 있다."

(3) 도덕(道德)과 왕공(王公)의 권세(權勢)

⑧ 맹자께서 말씀하셨다. "옛날의 어진 임금들은 선(善)을 좋아하여 자기의 세력 따위는 염두에 두지 않았다. 옛날의 어진 선비들인들 어찌 그렇지 않았겠는가. 자기의 도(道)를 즐기면서 남의 세력 따

위는 염두에 두지 않았다. 그래서 왕공이라도 경의를 표하고 예를 다하지 않으면 그들을 자주 만날 수 없었다. 만나는 것조차도 오히려 자주 할 수 없었거늘 하물며 그들을 얻어서 신하로 삼는 것에랴.”

(4) 도덕(道德)의 감화(感化)

❀ 맹자께서 말씀하셨다. “임금을 섬기는 사람이라는 것이 있는데 자기 임금을 섬김에 있어 임금을 기쁘게 해주는 자다. 사직을 안정시키는 신하라는 것이 있는데 사직을 안정시키는 것으로 기쁨을 사는 자다. 천민(天民)이라는 것이 있는데 사리에 통달하여 천하에 자기의 이상을 실행할 수 있게 된 뒤에 그것을 실행하는 자다. 대인(大人)이라는 것이 있는데 자기를 올바르게 하여 만물도 올바르게 되게 하는 자이다.”

(5) 자기반성(自己反省) 천하지본재신(天下之本在身)

❀ 맹자께서 말씀하셨다. “사람들이 늘 하는 말이 다들 천하국가라고 하는데, 천하의 근본은 나라에 있고, 나라의 근본은 집에 있고, 집의 근본은 자기 자신에 있다.”

(6) 인덕(人德)에 의한 교화(敎化)

❀ 맹자께서 말씀하셨다. “인애에 가득 찬 말은 인덕이 있다는 소문이 백성들에게 깊이 파고드는 것만은 못하다. 잘하는 정치는 잘 가르치는 것으로 민심을 얻는 것만 못하다. 선정은 백성들이 그것을 두려워하지만 선교(善敎)는 백성들이 그것을 사랑한다. 그리하

여 선정은 백성들의 재산을 얻고, 선교(善敎)는 민심을 얻는다."

〈보충설명 : 여기서 선정이라 함은 법금(法禁)에 의한 선정을 말하고, 선교(善敎)라 함은 덕(德)에 의한 교화를 뜻한다. 그리고 선정으로 백성들의 재산을 얻는다 함은 법을 공정하게 잘 운용하여 정치를 잘하면 백성들의 생활이 넉넉하여지고 조세도 많아지며 기타 이유 등으로 백성의 재산이 나라의 수입으로 많아짐을 말한다. 결국 상기(上記) 글의 뜻은 법금(法禁)에 의한 정치보다는 덕의 교화에 의한 정치가 월등하다는 것이다.〉

(7) 군주(君主)의 덕(德) 一

⑱ 맹자께서 말씀하셨다. "국군(國君)이 정치를 잘하는 것은 어렵지 않다. 충효와 인의를 중시하는 큰 가문(家門)에 신뢰를 잃지 않으면 된다. 큰 가문이 신뢰하여 따르면 온 나라가 사모하여 따르고, 온 나라가 사모하여 따르면 온 천하가 사모하여 따른다. 그래서 도도히 흐르는 덕교(德敎)는 사해(四海)에까지 충만하게 되는 것이다."

(8) 군주(君主)의 덕(德) 二

⑱ 맹자께서 말씀하셨다. "사람의 잘못은 책할 것이 못 되고, 정사의 잘못도 비난할 것이 못 된다. 다만 큰 덕을 지닌 사람만이 군주(君主)의 마음속의 과오를 바로 잡을 수 있다. 군주가 인자하면 아무도 인자하지 않을 자 없고, 군주가 의로우면 아무도 의롭지 않을 수 없고, 군주가 올바르면 아무도 올바르지 않을 자 없다. 한 번 군주를 올바르게만 하면 곧 나라도 안정하게 된다."

(9) 가장(家長)의 덕(德)

❀ 맹자께서 말씀하셨다. "자신이 도(道)를 행하지 아니하면 처자에게도 도(道)는 행하여지지 않고, 남을 부리는데 도(道)로써 하지 아니하면 처자에게도 능히 영(令)이 행하여지지 아니한다."

(10) 덕(德)의 완성자(完成者)는 불혹(不惑)

❀ 맹자께서 말씀하셨다. "재곡이 쌓아둔 것이 풍족한 사람은 흉년도 그를 죽이지 못하고, 덕을 쌓아둔 것이 풍족한 사람은 사악한 세상도 그를 현혹시키지 못한다."

(11) 향원(鄕愿)은 덕(德)의 적(賊)

❀ 만장이 물었다. "어떤 사람을 광자(狂者)라 하고, 어떤 사람을 견자(狷者)라 합니까?"

맹자가 답하시길 "광자(狂者)란 그 뜻은 크고 자랑할 만하여 '옛사람이여, 옛사람이여.' 하고 되뇌나 그들의 행동을 살펴보면 행동이 말을 덮어주지 못하고 있는 사람들이다. 그리고 불의한 행동을 심히 싫어하는 선비가 있으니 이러한 사람을 견자(狷者)라 하는데 공자께선 이 두 부류를 사귈만한 사람들이라고 말씀하셨느니라."

만장이 다시 물었다. "공자께서 말씀하시길 '향원은 덕의 적이다.' 라고 하였는데 어떻게 하여야 향원(鄕愿)이라고 할 수 있습니까?"

맹자 "'이 세상에 태어나, 이 세상 사람이 되어서 세상 사람들이 좋다고만 하면 되는 것을'이라고 하여 심하게 세상에 아부하는 자, 이것이 곧 향원이다. 유속(流俗)과 동조하고 더러운 세상과 합류하여, 들어앉아 있으면 충직(忠直)하고 신의가 있는 듯하며, 나아가 행동하는 것은 청렴하고 결백한 듯해서 사람들이 모두 그를 좋아한다. 그러면 스스로도 그것이 옳다고 생각하는데 그러한 사람과는 요·순의 도로 함께 들어갈 수 없다. 그래서 '덕의 적'이라고 하는 것이다. 공자께서 말씀하시기를 '비슷하면서 같지 않는 사이비를 미워한다. 내가 향원을 미워하는 것은 그가 덕을 어지럽힐까 두려워서이다.'라고 하였다. 군자는 오직 인의·예·지의 상도(常道)로 돌아갈 따름이다. 상도(常道)가 바로 잡히면 서민들도 선(善)에 감흥하여 일어나고, 서민들이 선에 감흥하여 일어나면 그때에는 사특한 것이 없어지느라."

〈보충설명 : 광자(狂者)란 옛 성현들의 가르침을 좋아하며 진취적이고 뜻이 크고 말도 크나 행동이 그것을 따라가지 못하는 사람을 말한다. 공자께서 진정한 중도(中道)를 걷는 인재 다음으로 높이 봐주는 부류다. 견자(狷者)란 불의(不義)한 행동이나 세상의 속된 부와 명예를 더럽게 여기며, 굳게 보수(保守)하는 경향이 있어 쌀쌀하며 동반자가 없이 홀로 걸어가는 사람을 말한다. 공자께선 이러한 견자 역시 상당히 높은 점수를 주어 교우할 수 있는 대상으로 삼았다.〉

五. 성현지도(聖賢之道)의 일관성(一貫性)

공자께선 옛것을 서술했을 뿐 망령되게 새로운 창작을 하지 않았으며, 그 옛것을 믿고 좋아하였다. 그러면 이러한 공자의 상고(尙古), 호고(好古)의 대상인 고(古)는 무엇인가. 공자의 학문의 대상은 시경(試經)과 서경(書經)의 고전이며, 공자가 이상으로 여긴 성왕은 시(시경)와 서(서경)의 중요 등장인물인 이제삼왕(二帝三王 : 요순·우·탕·문·무)이다. 이단의 설을 배격하고 선양공자(宣揚孔子) 하는 것을 가치로 내세운 맹자도 왕도를 부르짖었는데 이 왕도(王道)의 왕은 고지성왕(古之聖王 : 二帝三王)을, 도(道)는 치세법(治世法)을 의미한다. 요컨대 공·맹 두 분의 이상은 고지성왕(古之聖王)의 치세 철학이다. 맹자께선 이런 고지성왕(古之聖王)의 사적에 곁들여 왕자(王者 : 왕도정치를 실천한 왕)가 아니었던 다른 성현들에 관한 언급도 하였는데, 이러한 여러 성현에 관한 논평을 통해서 그는 일관된 주장을 하고 있는데 그것이 성현지도(聖賢之道)에 관한 소신(所信)이다. 그는 순임금과 주(周)의 문왕에 대하여 논평하면서 성인의 도(道)는 시대와 장소를 초월하여 같다는 소신을 피력하였다. 성인지도의 일관성과 그 가치의 불변성에 대한 그의 신념은 확고하다. '성현지도(聖賢之道)'의 일관성에 대한 철저한 신념—이것이 공·맹을 일관하는 유교 정신의 일면이다.

〈보충설명 : 二帝三王에서 二帝는 요·순이며, 三王은 우·탕·문·무를 말하는데 이는 하나라의 우왕, 은나라의 탕왕, 주나라의 문왕과 무왕을 뜻하는 것이다. 즉 하·은·주 세 나라에서 뛰어난 왕이라는 의미이며 부자간인 문왕과 무왕을 한 인격체로 묶은 것이다.〉

(1) 성인지도(聖人之道)의 우월성(憂越性)

❀ 맹자께서 말씀하셨다. "공자께서 동산(東山)에 올가가셔서는 노나라를 작다고 여기셨고, 태산(泰山)에 올라가셔서는 천하를 작다고 여기셨다. 그러므로 바다를 보아버린 사람에게 다른 물은 물로 인정받기 어렵고, 성인의 문(門)에 유학(遊學)한 사람에게는 다른 여러 말은 올바른 언론(言論)으로 인정받기 어렵다. 해와 달이 밝은 빛을 지니고 있음은 작은 틈바구니에까지도 반드시 비친다는 것으로 알 수 있다. 흐르는 물이라는 것은 웅덩이를 채우지 않으면 앞으로 나가지 않는다. 군자가 도(道)에 뜻을 두었을 때에도 마디마디를 이룩하지 않고는 전체에 통달할 수 없는 것이다."

(2) 우왕(禹王)의 치수(治水)

❀ 백규(白圭)가 말하길 "내가 치수한 것이 우임금보다 낫습니다."

맹자가 답하시길 "당신은 잘못입니다. 우임금이 치수한 것은 위에서 아래로 흐르는 본성을 따라 물을 얕은 데로 인도하는 것이었소. 그런 까닭으로 우임금은 사방의 바다를 배수장으로 삼았던 것이오. 그런데 지금 당신은 이웃 나라를 배수장으로 삼고 있소. 물이 역행하는 것을 강수(洚水)라 하는데 그것은 홍수(洪水)인지라 어진 사람이 싫어하는 바이오. 그래서 당신은 잘못이오."

(3) 순(舜)의 위대성(偉大性)

❀ 맹자께서 말씀하셨다. "성인은 백세(百世)의 스승이다. 백이(伯夷)와 유하혜(柳下惠)가 그런 분이다. 그래서 백이(伯夷)의 유풍(遺風)을 듣는 사람은 탐욕한 사람도 청렴하여지고, 나약한 사람도 뜻

을 굳게 세우게 된다. 유하혜(柳下惠)의 유풍(遺風)을 듣는 사람은 박한 사람도 후해지고 속이 좁은 사람도 너그러워진다. 백대(百代)전에 분발하였는데 백대 뒤에 듣는 사람이 감동하여 분발하지 않는이가 없으니 성인이 아니고서야 어찌 그와 같이 만들 수 있겠는가. 그러니 하물며 성인에게 직접 접촉한 사람들에 있어서랴.”

(4) 유하혜론(柳下惠論)

⊛ 맹자께서 말씀하셨다. “유하혜는 삼공(三公)의 지위를 가지고 유혹하더라도 그 절개를 바꾸지 않았다.”

〈보충설명 : 유하혜는 화(和)의 덕이 잇는 노(魯)나라의 대부 전금(展禽)이다. 유하(柳下 : 읍명)에 살았다고 하며 혜(惠)는 시호(詩號)이다. 그리고 삼공(三公)은 태사(太師), 태부(太傅), 태보(太保)로 모두 최고의 지위를 말한다.〉

(5) 주공론(周公論)

⊛ 맹자께서 말씀하셨다. “우왕은 맛있는 술을 싫어하고 선한 말을 좋아하였다. 탕왕은 중용을 지키고 어진 이를 기용(起用)하는데 그 출신(出身)을 따지지 않았다. 문왕은 인민을 보기를 다친 사람에 대해 마음 아파하듯 하였고, 도를 사모하여 그것을 아직 못 본 듯이 하였다. 또 무왕은 가까운 사람을 허물없다고 함부로 대하지 않았고, 멀리 떨어져 있는 사람을 잊지도 않았다. 주공은 삼왕(三代의 王 : 우·탕·문·무)의 장점을 다 겸하여 네 가지의 일을 다 시행(施行)하려고 생각하였다. 그런데 시세(時勢)의 변천상 그 마음에 합당하지 않은 것이 있으면 하늘을 우러러보며 생각하는데 밤까지 이어서

했다. 다행히 좋은 도리를 깨닫게 되면 앉아서 날이 새기를 기다렸다."

〈**보충설명** : 주공은 문왕의 아들이며 무왕의 아우인데 강태공과 함께 형인 무왕을 도와 주나라의 모든 것을 반석 위에 올려놓은 성인이다. 공자께서 가장 좋아하는 분이 바로 이 주공이다.〉

(6) 선성·후성(先聖·後聖)이 그 길은 하나 一

⊛ 맹자께서 말씀하셨다. "순임금은 저풍에서 나서 부하(負夏)에 옮겼다가 명조(鳴條)에서 돌아가셨으니 동쪽 변비(邊鄙)의 사람이다. 문왕은 기주에서 나서 필영에서 돌아가셨으니 서쪽 변비(邊鄙)의 사람이다. 피차간의 땅의 거리는 천여 리나 되고 세대의 차이는 천여 년이나 되는데, 뜻을 얻어 중국에서 왕도정치를 한 것은 서로 부절(符節)을 맞춘 것처럼 같다. 이처럼 선성(先聖)이나 후성(後聖)이 그 궤도는 동일하다."

(7) 선성·후성(先聖·後聖)이 그 길은 하나 二

⊛ 우(禹)와 직(稷 : 周의 始祖 후직을 말함)은 태평한 세상을 만나서 일이 바빠 세 번이나 자기 집 문 앞을 지나가면서도 들어가지 않았는데 공자께서 그들을 현자(賢者)라 하였다. 안자(顏子)는 난세를 만나서 좁고 누추한 뒷골목에서 거처하며 한 대그릇의 밥과 한 표주박의 음료수로 만족하였다. 남들은 그러한 고생을 견디지 못한데 안자(안회)는 그 즐거움을 고치려하지 않았다. 공자께서 그를 현자라 하셨다. 맹자께서 말씀하셨다. "우와직, 그리고 안회는 그 도가 한 가지이다. 우는 천하에 물에 빠진 사람이 있으면 마치 자기가

물에 빠지게 한 것 같이 생각하였다. 우와 직 그리고 안자도 입장을 바꾼다면 다 그렇게 하였을 것이다."

5. 평화주의(平和主義)

　무력을 유일한 도구로 하는 침략전쟁을 통하여 타자(他者)를 정복, 중국 천하의 통일자가 되려는 당시의 제후들에게 천하통일의 대업은 반드시 인정(仁政)을 시행하는 인자(仁者)에 의하여 이루어질 것이면 인자(仁者)는 무적이니 인자에게 온 천하의 인민이 귀복하는 것은 아무도 막을 수 없다고 맹자는 역설했다.

　맹자는 또 불살·불탈취(不殺·不奪取)가 곧 인(仁)이요, 의(義)라는 뜻을 말한 바 있다. 이로 미루어보면 생명존중의 휴머니즘과 전쟁의 부정과 평화주의의 신념은 『孟子』를 일관하고 있는 사상이다. 인인군자(仁人君子)는 싸움 않는 것을 귀하게 여겨서 그렇지, 싸우면 반드시 이긴다는 그의 신념은 확고하다. 그리하여 인의의 왕사(王師)인 주무왕(周武王)의 정의 정벌이 유혈이 넘쳐 방패를 피에 띄워 보낼 정도였다는 『書經』의 무성(武盛) 편의 기록에 회의를 가지며 『書經』도 다 믿을 것은 못된다고까지 말하였다. 평화주의에 대한 그의 신념은 이처럼 확고하였다. 만일 이슬람의 교조 마호멧이 한 손에 코란을 다른 한 손엔 칼을 하고 외쳤던 것처럼 '인정(仁政)은 검극(劍戟)으로부터'라는 표어라도 내세워 인정(仁政)을 위한 전쟁을 하였더라면 일반(一半)의 공(功)을 이루었을지도 모른다고 논평한 학자도 있다. 그러나 그의 왕도주의와 평화주의는 불가분의 관계에 놓여 있으며 이론과 실제를 통하여 철저한 왕도주의자인 맹자로서는 그것은 상상도 할 수 없는 일이었던 것이다.

(1) 생명존중(生命尊重)의 휴머니즘

❀ 양혜왕이 말하길 "과인이 원컨대 선생의 가르침을 받고저 합니다."

맹자가 답하시길 "사람을 몽둥이로 죽이는 것과 칼로 죽이는 것이 다른 점이 있습니까?"

"다를 것이 없습니다."

"그러면 사람을 칼로 죽이는 것과 실정(失政)으로 죽이는 것이 다른 점이 있습니까?"

"다를 것이 없습니다."

"푸줏간에는 살찐 고기가 그득하고 마굿간에는 살찐 말이 있는데, 인민들의 얼굴에 주린 빛이 떠돌고 들에 굶어 죽는 시체가 굴러있다면 이것은 짐승들을 몰아다가 사람을 잡아먹게 하는 것입니다. 짐승끼리 서로 잡아먹는 것조차도 사람들은 오히려 미워하는데 인민의 부모가 되어 정치를 한다면서 짐승들을 몰아다가 사람을 먹게 하는 악정(惡政)밖에 할 수 없다면 인민의 부모 된 보람이 어디 있습니까. 중니(仲尼: 공자)는 '맨 처음에 나무 사람을 고안하여 만든 자는 아마도 자손이 끊어져 없을 것이다.'라고 말씀하셨는데, 이것은 용(俑)을 사람의 형상을 본떠 만들어 '장사지낼 때 함께 묻는데 사용한 것'을 미워했기 때문입니다. 그런데 하물며 어떻게 인민들을 굶주려 죽게끔 할 수 있습니까?"

(2) 전쟁을 잘하면 극형(極刑)으로 처단

❀ 맹자께서 말씀하셨다. "염구(冉求)는 계씨(季氏 : 노나라의 권신)의 가신(家臣)이 되어 있으면서 그 계씨의 악덕을 고쳐 주지는 못하

고 세곡을 그 전보다 배로 늘렸다. 그래서 공자께서 이렇게 말씀하셨다 '구(求)는 내 제자가 아니다. 내 제자들아, 너희들은 북을 울려 그를 성토하는 것이 옳겠다.' 이러한 말씀으로 보건데 인군(人君)이 인정(仁政)을 행하지 않는데도 그를 부유하게 해주면 그런 사람들은 다 공자에게 버림받는 자가 되었던 것이다. 하물며 그 인군을 위하여 무리한 전쟁을 하여 땅덩이를 쟁탈하느라고 싸우는 통에 사람을 많이 죽여 시체가 들에 가득하고, 성(城)을 쟁탈하느라고 싸우는 통에 사람을 많이 죽여 시체가 성(城)에 가득함에 있어서랴. 이것은 이른바 토지를 이끌어다 사람의 고기를 먹게 하는 것이니 그 죄는 죽어도 남·음이 있을 것이다. 그러므로 전쟁을 잘하는 자(선전자 : 손빈, 오기, 한신 등)는 극형으로 처단하고, 제후들을 연합하는 자는 그다음 형벌에 처하고 황무지를 개간하여 경작지를 늘려 증세를 꾀하는 자는 또 그다음의 형벌에 처해야 한다.”

(3) 인민을 전쟁에 동원하는 것은 불가(不可)

⊛ 노나라에서 신자(慎子 : 용병에 능한 노나라 사람)로 하여금 장군을 삼으려 하였다. 맹자 왈 “인민들을 가르치지 않고서 전쟁에 동원하여 쓰는 것을 가르쳐 인민들을 재앙에 빠뜨리는 것이라고 한다. 인민들을 재앙에 빠뜨리는 사람은 요임금과 순임금의 세상에는 용납되지 않았다. 한 번 싸워서 제나라를 이겨 남양을 차지하게 된다 하더라도 오히려 잘한 일이라고 할 수 없다. 만일 노나라에 참다운 왕자(王者)가 나와서 옛 제도를 진작시킨다면 노나라는 땅이 깎이는 것과 늘어나는 것, 어느 쪽이라고 생각이 되는가? 전쟁을 않고 그냥 저쪽 땅을 뺏어다가 이쪽에 주는 일조차도 인자한

사람은 오히려 하지 않거든 하물며 전쟁을 하여 사람을 죽여가면서까지 남의 땅 빼앗기를 바라는데 있어서랴. 군자가 임금을 섬기는 데는 자기 임금을 인도하여 도리에 맞도록 하고 인도(仁道)에 뜻을 두게 하여야 할 것이다."

(4) 양혜왕(梁惠王)의 불인(不仁)

✾ 맹자께서 말씀하셨다. "불인(不仁)하도다 양혜왕이여. 인애의 덕이 있는 이는 사랑하는 대상을 상대하는 그 마음을 자기가 사랑하지 않는 대상에게까지 미루어 나가는데, 인애의 덕이 없는 이는 사랑하지 않는 대상을 상대하는 불인(不仁)한 마음을 자기가 사랑하는 대상에게까지 미루어 나가는구나."

공촌추가 "무슨 뜻입니까?" 묻자 맹자 왈 "양혜왕은 영토 때문에 그의 인민들을 피투성이가 되도록 싸우게 하여 크게 패하였다. 그런데 또 그것을 보복하려 하되 이길 수 없을까 걱정하여 자기가 사랑하는 자제를 몰아다가 죽게 하였다. 이런 것을 가리켜 사랑하지 않는 대상을 상대하는 불인한 마음을 자기가 사랑하는 대상에게까지 미루어 나가는 것이라고 한다."

(5) 유혈(流血) 없는 인자(仁者)의 정벌

✾ 맹자께서 말씀하셨다. "서(書經)를 그대로 다 믿는다면 書가 없는 것만 못하다. 나는 「무성편(武成篇)」의 글 중 두세 개의 간책(簡策)을 신용할 따름이다. 인인(仁人)은 천하에 적이 없는 것이다. 지극히 인덕(仁德)이 있는 자가 지극히 불인한 자를 정벌하였는데 어찌 그렇게 유혈이 넘쳐 방패를 피로 띄우기까지 하겠는가."

(6) 전쟁무용론(戰爭無用論)

✤ 맹자께서 말씀하셨다. "어떤 사람이 '나는 전진(戰陣)을 잘 치고 전쟁을 잘한다.'라고 말한다면 그 죄는 대단히 크다. 국군(國君)이 인(仁)을 좋아하면 천하에 대적할 자가 없다. 남쪽을 정벌하면 북쪽의 오랑캐가 원망하고, 동쪽을 정벌하면 서쪽의 오랑캐가 원망하면서 '왜 우리 쪽은 뒤로 미루실까' 하였던 것이다. 무왕이 은나라를 정벌할 때에는 병차(兵車)가 삼백 량이고 용사가 삼천 명에 지나지 않았다. 무왕이 말하기를 '두려워하지 말아라. 너희를 편안하게 해주는 것이다. 너희 백성들을 적으로 여기지 않는다.' 하시니 은나라 백성들은 무너지는 것처럼 머리를 조아리며 복종하였다. 정(征)이란 바로잡는다는 뜻이다. 각자가 자기를 바로잡으려고 한다면 전쟁을 할 필요가 어디 있겠는가."

(7) 살생(殺生)의 배격(排擊)

✤ 맹자께서 말씀하셨다. "죄 없는 선비를 죽이면 대부(大夫)가 그 나라를 떠나고, 죄 없는 인민을 죽이면 선비가 그 나라를 떠나버리게 될 것이다."

(8) 방어용과 공격용의 혼동

✤ 맹자께서 말씀하셨다. "옛날에 관문을 만든 것은 포학한 일을 막기 위해서였는데, 지금 관문을 만드는 것은 포학한 짓을 하기 위해서이다."

(9) 왕도정치와 천명사상과 평화주의

❀ 맹자께서 말씀하셨다. "천하에 정도(正道)가 행하여지면 소덕(小德)은 대덕(大德)을 위하여 일하고, 소현(小賢)은 대현(大賢)을 위하여 일한다. 천하에 정도(正道)가 행하여지지 않으면 소국은 대국을 위하여 일하고, 약국은 강국을 위하여 일한다. 이 두 가지는 자연의 섭리(천 : 天)이니 천(天)을 따르는 자는 존속하고 천(天)을 거스르는 나라는 멸망하는 것이다. 소국이 대국을 모범으로 삼아 그 흉내를 내면서도 그 명령받는 것을 수치로 여긴다면 그것은 마치 제자이면서 스승으로부터 명령받는 것을 수치로 여기는 것과 같다. 만일 그런 일을 수치로 여긴다면 문왕(文王)을 스승으로 하는 것보다 상책은 없다. 그러니 문왕을 스승으로 하여 그 인정(仁政)을 본받으면 대국은 5년, 소국은 7년이면 반드시 온 천하에 정치를 행할 수 있을 것이다. 공자께서도 '인정(仁政)에는 많은 수효로도 대적할 수 없는 것이다. 국군(國君)이 인정(仁政)을 좋아하면 천하에 무적이 된다.'고 말씀하셨다. 그런데 오늘날의 제후들은 천하무적을 바라면서도 인정(仁政)을 행하지 않으니 그것은 마치 뜨거운 것을 쥐고 손을 데면서도 물에 담그지 않는 것과 같다. 시(詩經)에 '그 누가 뜨거운 것을 쥐고서도 물에 담그지 않을 수가 있겠는가.'라고 하였다."

〈보충설명 : 전국의 난세에 살면서 제후국 상호 간의 빈번한 호상공벌(互相攻伐)의 전쟁을 미워하면서 평화수호의 정신을 선양했던 맹자. 이 맹자의 평화주의와 왕도정치는 밀접한 관계가 있는데 맹자께선 왕도정치를 행하는 인자(仁者)는 천하무적이며 그가 있는 한 평화는 유지된다고 주장하였다.〉

2부

윤리사상
倫理思想

윤리는 인간이 실천해야 할 도리로서 행동규범이다. 이 행동규범에 이론적 근거를 가하고 또 이것을 실천하기 위한 구체적 방안을 제시하는 것이 윤리 사상의 대강이라고 할 수 있다. 맹자가 생존한 BC 3~4세기를 보면 봉건사회의 정치 질서가 극히 문란하였다. 이 요인을 그는 군웅들, 즉 강력한 세력의 소지자인 위정배들의 식인적(食人的) 정치 행사에서 온 것이라고 보았다. 공리적 개체의 자기주장과 식인적 치인술(食人的 治人術)에서 오는 사회악을 제거하기 위하여 정치인(통치자)의 정치 태도 반성과 이것을 바탕으로 한 여민정치(與民政治)를 촉구했다. 맹자께서 내세우는 의(義)는 바로 이 정치인의 태도 반성으로써의 이욕(利慾)의 자제이며, 인(仁)은 여민동락(與民同樂)의 애민정치(愛民政治)이다. 그러므로 그는 여기에서 인의(仁義)에 입각하여 먼저 경제정책의 수정으로 민(民)의 경제적 안정을 주장했다. 위정자(爲政者)로서 우선 이러한 정치도(政治道)가 바로 서야 민중 통치가 가능하다고 보아 그는 이것을 왕도지시(王道之始 : 왕도정치의 시작)라고 하였다. 그러나 이것만으로는 충분히 그 도덕이 실현된다고 할 수 없다. 그 외에도 피치자(민중)로 하여금 봉건 도덕을 지키도록 교화(敎化)하여야 하는데 정치의 객체인 피치자의 신분을 교화·계발하는 구체적 내용이 바로 맹자의 윤리사상(倫理思想)인 것이다. 그러므로 맹자의 윤리사상은 그가 실현하고자 하는 이상 국가에 대한 정치시행상의 한 방법이다. 이제 『孟子』의 각 편에서 윤리사상에 관한 것만을 발췌하여 이에 주해(註解)를 하고자 한다.

1. 맹자(孟子)의 성선설(性善說)

　맹자의 윤리 사상 중 가장 중요한 것은 성선설(性善說)이다. 모든 실천도덕과 수양(修養)의 가능도 이 성선설(性善說)에 그 기초를 두고 있다. 성선설은 인간의 존재 가치를 도덕성에 두고 있는 도덕적 인간관에 서서 사회에 도의를 실천함을 그 목적으로 하고 있다. 그러니 이것은 선택된 입장에서 인간을 본 것이 틀림없다. 인간이 사회생활을 영위해 나감에 도의를 실천하지 않을 수 없고, 도의를 실천하려면 인간을 성선(性善)으로 보지 않으면 그 실현이 효과적일 수 없다. 뿐만 아니라 인간의 자유와 사회생활의 자발적인 협동에 있어서도 성선설적 견해가 있어야 그 실현이 가능하다. 여기에 성선설의 우위(優位)가 있다.

一. 성(性)의 의의(意義)

성(性)이 무엇이냐고 물었을 때에 이에 대한 해답은 쉽지 않지만 타고난 착한 본성(本性)을 의미한다. 그러면 맹자께선 성(性)을 무엇으로 보았는가? 이제 맹자의 성(性)의 의미규정(意味規定)을 알아보도록 하자.

(1) 성(性)은 인의도덕(仁義道德)의 본성(本性)

❀ 고자(告子: 告不害)가 〈인성(人性)은 자연성 그대로의 백지상태이며, 인의도덕(仁義道德)은 후천적인 작위(作爲)에 의하여 형성된다.〉고 주장하자 맹자께서 〈인성(人性) 속에 본래 인, 의, 예, 지의 작은 싹을 가지고 태어난다.〉고 힐책(詰責)하셨다.

(2) 성(性)은 선천적 도덕성(先天的 道德性)

❀ 고자가 말하길 "성(性)은 마치 빙빙 도는 물과 같습니다. 동방으로 트면 동(東)으로 흐르고, 서방으로 트면 서(西)로 흐릅니다. 인성(人性)에 선(善)과 불선(不善)의 구분이 없는 것은 마치 물에 동서의 구분이 없는 것과 같습니다."

이에 맹자 왈 "물에는 정말 동서의 구분은 없지만은 상하의 구분이야 없겠는가. 인성(人性)이 선한 것은 마치 물이 아래로 내려가는 것과 같고, 모든 샘물이 솟아날 때는 맑은 물이 솟아오르는 것과 같으니, 사람치고 선하지 않은 사람이 없고, 물 치고 아래로 내려가지 않는 물이 없네. 이제 물을 쳐서 뛰어오르게 하면 이마를 넘어가게 할 수 있고 아래를 막아서 역류케 하면 산에까지도 올라가게

진정한 유법천지有法天地를 향하여 하

할 수 있으나 이것이 어찌 물의 성(性)이겠는가? 외부의 힘으로 그렇게 되는 것일세. 사람을 불선(不善)하게 만드는 것도 그 경우가 이 물과 같은 것이다."

(3) 성(性)은 인·수구별(人·獸區別)

🏵 고자가 "생긴 그대로를 성(性)이라고 합니다."

맹자 왈 "생긴 그대로를 성이라고 하는 것은 흰 것을 희다고 하는 것과 같은가?"

"그렇습니다."

"그렇다면 흰 깃의 흰 것은 흰 눈의 흰 것과 같으며, 흰 눈의 흰 것은 흰 옥의 흰 것과 같은가?"

"그렇습니다."

"그래? 그렇다면 개의 성(性)은 소의 성(性)과 같고, 소의 성(性)은 사람의 성(性)과 같은가?"

(4) 성(性)은 비본능적 인성(非本能的 人性)

🏵 고자 "식욕, 색욕이 성(性)입니다. 그리고 인(仁)은 내심에 있고 의(義)는 외부에 있는 것입니다."

맹자 왈 "무엇 때문에 인(仁)은 내부에 있고 의(義)는 외부에 있다고 하는가?"

"저 사람이 어른이면 내가 어른으로 그를 받듭니다. 그러나 어른이란 것이 나한테 있는 것은 아닙니다. 이것은 마치 저것이 흰빛이라야 내가 그것을 희다고 여기는 것과 같습니다. 그 흰 빛이 내 외부에 있어가지고 내 인식에 들어왔기 때문에 이것을 외부에 있는 것이라고 합니다."

"그것과는 경우가 다르네. 말의 흰 것을 희다고 여기는 것과 사람의 흰 것을 희다고 여기는 것은 같다 하더라도 그러나 어른이 의(義)인가, 어른으로 받들어 존경하는 마음이 의(義)인가?"

"내 동생이면 사랑하고 진나라 사람의 동생이면 사랑하지 않는 일이 있으니 이것은 사랑한다는 것이 내 마음에서부터 나왔기 때문입니다. 그러므로 인(仁)은 내심(內心)에 있는 것이라고 합니다. 그러나 초나라 사람의 어른도 어른으로 받들고 내 어른도 어른으로 받드니 이것은 받든다는 것이 어른이라는 것에서부터 나왔기 때문입니다. 그래서 의(義)는 외부에 있는 것이라고 합니다."

"진나라 사람이 구운 고기를 즐기는 것이나 내가 구운 고기를 즐기는 것이나 즐기는 것에는 다름이 없네. 그러나 구운 고기를 즐기는 마음도 역시 외부에 있는가?"

(5) 본능배격(本能排擊), 본성존중(本性尊重)

❁ 입이 좋은 맛을, 귀가 좋은 소리를, 사지(四肢)가 편안하기를 바라는 것 등은 본성(本性)에 포함시키지 않았다. 그래서 맹자께선 이러한 식욕, 색욕, 명예욕, 물욕 등의 생욕(生欲)들을 본능(本能)이라 하여 배격하고, 부자간에 베풀어지는 인(仁)과 군신간(君臣間)에 지켜지는 의(義)와 주객간(主客間)에 행(行)하여지는 예(禮)와 현인(賢人)에게서 발현되는 지(智)와 성인(聖人)에게서 실현되는 천도(天道)는 비록 마음대로 다 되는 일은 아니나, 바람직한 사람의 본성이므로 그 실현이 가능하다고 보고 이것을 실현하기 위하여 노력할 것을 종용하면서 전자의 본능(本能)과 구별하여 본성(本性)이라고 하

여 존중하였던 것이다.

(6) 심지관(心之官)의 대체(大体) 존중

⚘ 공도자(公都子)가 묻기를 "다 같이 사람인데 어떤 사람은 대인이 되고 어떤 사람은 소인이 되니 이것은 무슨 까닭입니까?"

맹자께서 대답하시길 "사람이 자기의 대체(大体)를 따르면 대인이 되고 소체(小体)를 따르면 소인이 되느니라."

"다 같이 사람인데 어떤 사람은 자기의 대체를 따르고 어떤 사람은 자기의 소체를 따르니 이것은 또 무슨 까닭일까요?"

"이목(耳目)의 감각기관은 생각함이 없이 외물에 접촉만 하면 쉽게 유인(誘引)되고 만다. 그러나 심지관(心之官 : 마음의 사유기관)은 생각하는 능력이 있기 때문에 생각하면 본심을 얻고, 생각하지 않으면 본심을 잃어버리고 만다. 우리는 이 두 기관을 날 때부터 지녔으니 먼저 대자(큰 것 : 심지관)를 똑바로 세워놓으면 소자(작은 것 : 감각기관)도 능히 빼앗기지 않는다. 이렇게 하는 것이 오직 대인(大人)이 되는 길이다."

〈보충설명 : 외물을 보고 듣고 접촉하는 귀와 눈 같은 감각기관으로 생각 없이 본능(물욕, 색욕, 식욕, 명예욕 등의 생욕적 방향)을 따르면 소인(小人)이 되고, 사유하는 능력이 있는 심지관으로 본성(인, 의, 예, 지의 작은 싹)을 따르면 본능인 생욕을 누르고 대인(大人)이 될 수 있다는 뜻이다.〉

二. 성선(性善)의 논증(論證)

맹자께선 인성(人性)의 개념 규정을 인간의 자연성, 즉 생물적 본능에 두지 않고 도덕적 선천능력(道德的 先天能力)에 두고 있으니, 이것은 인간 심성(心性)을 도덕적인 면에서 택일 평가한 것이다. 이러한 택일 평가의 태도에서 인성(人性)을 규정하였으므로 인성은 선(善)한 것이 되는 것이다. 그는 인성(人性)이 선하며 이것은 선천적 도덕성으로 그 내용은 인, 의, 예, 지(仁, 義, 禮, 智)이며 인간인 이상 누구나 다 이러한 본질을 소유하였음을 경험적 사실로 추리하는 유추적 방법을 가지고 논증하고 있다. 이제 성선(性善)의 논증에 대한 것을 알아보면 다음과 같다.

(1) 사단론(四端論)

❀ 맹자께서 말씀하셨다. "사람은 다 불인지심(不忍之心 : 남에게 차마 잔인하게 하지 못하고 차마 그냥 보지 못하는 동정심)이 있다. 옛날 선왕(先王)은 이 불인지심(不忍之心)이 있어서 곧 남에게 잔인하게 하지 못하는 정치를 하였다. 정치인이 불인지심을 가지고 남에게 인덕(仁德)을 베푸는 정치를 하면 세상을 다스리는 일은 이것을 손바닥 위에서 움직이는 것처럼 쉬울 것이다. 그런데 사람이 누구나 다 남에게 대하여 불인지심이 있다고 하는 것을 어떻게 알 수 있는가 하면 그 이유는 다음과 같다. 지금 사람이 어린아이가 우물에 빠지려고 하는 것을 별안간 보았을 때 놀라고 측은한 마음이 생겨 가서 붙들게 된다. 이것은 어린아이의 부모에게 교제를 맺기 위한 것도 아니고, 동네 사람들과 벗들에게 칭찬을 받기 위한 것도 아니요, 또

그냥 내버려 두었다고 원성하는 것을 듣기 싫어서 그렇게 한 것도 아니다. 이로써 살펴보면 사람치고 측은지심(가엾게 여기는 마음)이 없으면 사람이 아니요, 수오지심(불의를 미워하고 잘못을 부끄러워하는 마음)이 없으면 사람이 아니요, 사양지심(다른 사람을 공경하고 양보하는 마음)이 없으면 사람이 아니요, 시비지심(옳고 그름을 분별하는 마음)이 없으면 사람이 아니다. 측은지심은 인(仁)의 단서요, 수오지심은 의(義)의 단서요, 사양지심은 예(禮)의 단서요, 시비지심은 지(智)의 단서(시초, 끄트머리, 실마리, 작은 싹의 뜻)이다. 사람들이 이 4단(四端)을 지니고 있는 것은 마치 몸에 사지(四肢 : 두 팔과 두 다리)가 있는 것과 같은 것인데 이 4단을 지니고 있으면서도 내 스스로가 선한 일을 잘할 수 없다고 말하는 이는 자기 자신을 해치는 사람이며, 자기 나라 임금더러 선한 일을 할 능력이 없다고 하는 이는 그 임금을 해치는 사람이다. 무릇 사람이 자기 속에 있는 4단을 확장시킬 줄 알면 이것은 마치 불이 타서 번져 나가고 샘물이 솟아서 흘러가는 것과 같은데, 정말 이것을 잘 확충만 시킨다면 사해(四海)를 잘 보존할 수가 있을 것이요, 만약에 이것을 확충시키지 못한다면 자신의 부모도 제대로 섬기지 못할 것이다."

(2) 천작(天爵 : 사람이 날 때부터 지닌 벼슬)

　⑧ 맹자께서 말씀하셨다. "사람에게는 천작(天爵 : 타고난 인, 의, 예, 지의 덕)이란 것이 있고 인작이라는 것이 있다. 천작은 인, 의, 충, 신(仁, 義, 忠, 信)의 선(善)을 즐겨서 게을리하지 않는 것이요, 인작은 공경대부이다. 옛날 사람들은 천작을 닦으면 인작이 절로 따랐고, 지금 사람들은 천작을 닦아서 인작을 구한다. 그리고 인작을 얻고

나서는 천작을 버리니 이렇게 미혹됨이 심할 수가 있으랴. 나중에
는 필경 다 잃어버리고 말겠구나."

(3) 귀천작(貴天爵), 천인작(賤人爵)

⑧ 맹자께서 말씀하셨다. "귀한 것을 바라는 마음은 사람마다
다 같다. 그러나 사람들은 자기 몸에 지니고 있는 귀한 것을 오직
생각하지 아니하였다. 남이 자기를 귀하게 하는 것은 진실로 귀한
것이 아니다. 이것은 조맹(趙孟)이 귀하게 해놓고 조맹(趙孟)이 또 마
음대로 천하게 만드는 그런 것이기 때문이다. 시(詩經)에 보면 '술에
취하고 덕에 배불렀네.'라는 말이 있다. 이것은 인의(仁義)에 배부른
지라 고량진미를 바라지 않으며, 영문(令聞 : 좋은 소문)과 광예(廣譽 :
넓은 칭찬)가 몸에 베풀어지는지라 문채 나는 옷을 바라지 않는다
는 말이다."

〈보충설명 : 조맹(趙孟)이란 춘추시대 BC 4세기경에 진(晉)나라의
권세를 전단한 조(趙) 씨들을 의미하는데, 뒤에 맹(孟) 자를 붙인 것
은 당시 진나라의 여섯 성씨 중에서도 가장 으뜸으로 세력이 강했
기 때문으로 장(長)의 의미이다. 맹자께선 이 글에서 인간의 가치를
오직 도덕에 있다고 보고, 공경대부와 같은 인작(사람이 내린 벼슬)을
천하게 여기면서 선천적으로 부여받은 인성(人性)으로서의 인, 의,
예, 지의 천작(하늘이 내린 벼슬)을 귀하게 여겨 잘 갈고 닦을 것을 강
조하신 것이다.〉

(4) 심성(心性)의 소기(所嗜: 즐기는 바)

⑧ 맹자께서 말씀하셨다. "풍년에는 젊은 사람들이 거의 선량하

고, 흉년에는 젊은 사람들이 거의 포악한데, 이것은 사람의 재성(才性)이 이렇게 다른 것이 아니라, 그들의 마음을 유인케 한 원인이 있어서 그렇게 된 것이다. 이것은 마치 같은 토지에다 같은 시기에 보리를 심어서 묻어두면 하지(夏至) 때에 이르러 다 결실을 하나 여기에 서로 다른 점이 있는 것은 토질이 같지 않거나 우로(雨露)와 사람의 손길이 같지 않아서 그런 것과 같은 것이다. 그러나 그것들이 보리인 것은 분명한 사실이다. 그러므로 대개 동류는 다 비슷한 것이다. 하필 사람에 있어서만 다를 리가 있겠는가? 성인도 나와 동류다. 옛날 용자는 '발 치수를 모르고 신을 삼아도 나는 삼태기같이 크게 삼지는 않는다.'고 말하였다. 이것은 신이 서로 비슷한 것이 세상 사람의 발이 비슷해서 그런 것이다. 사람이 입으로 음식을 맛보는데도 다 같이 좋아하는 것이 있다. 역아는 일찍이 우리 구미에서 좋아하는 것을 알아낸 사람이다. 만약 우리 미각이 각각 달라 동류가 아닌 사람과 동물처럼 차이가 있다면 세상 사람들이 어째서 좋아하는 음식을 다들 역아의 구미에 따라가겠는가. 음식 맛에 있어서는 사람들이 다 역아에게 기대하니 이것은 온 세상 사람들의 입(미각)이 모두 서로 비슷해서 그런 것이다. 귀도 역시 그러하다. 음률에 대해서는 온 세상이 다 사광에게 기대하니 이것은 온 세상 사람들의 귀가 서로 비슷해서 그런 것이다. 눈도 역시 그러하다. 자도에 대해서는 온 세상이 다 그 미모를 모름이 없다. 자도의 미모를 모르는 이는 눈이 없는 사람이다. 그러므로 입이 음식을 맛보는데도 다 같이 좋아하는 것이 있으며, 귀가 소리를 듣는데도 다 같이 듣기 좋아하는 것이 있으며, 눈이 색(色)을 보는데도 다 같이 아름답게 보는 것이 있는데 하필이면 왜 사람의 마음에만 서로 좋아하는 공통된 본질이 없겠는가? 마음의 공통되는 본질이 다름 아닌 이(理)요, 의(義)이다. 성인은 우리 마음의 이런 본질을 먼저 체득하였을 뿐이다. 이(理)와 의(義)가 우리 마음을 기쁘게 해주는 것은 마치 육류(肉類)가 우리 입을 즐기도록 해주는 것과 같은 것이다."

(5) 양심(良心)

❀ 맹자께서 말씀하셨다. "우산(牛山)의 나무들은 일찍이 아름다웠다. 그러나 대국(大国)에 가까이 있어 도끼로 남벌되고 말았으니 어찌 아름다울 수가 있으랴. 밤낮 자라나고 우로가 내려주어 싹이 돋는 일이 있기는 하였으나, 또 우양(牛羊)을 몰고 가서 마구 먹였으니 저렇게 벌거숭이산이 되고 말았노라. 사람이 벌거숭이산을 보고 거기에는 본래 나무가 없었다고 하니 이것이 어찌 산의 본성이겠는가? 이와 마찬가지로 사람의 본성에인들 어찌 양심(良心)이란 것이 없을쏘냐? 사람이 양심을 잃어버리는 일도 도끼로 나무를 날마다 찍어내는 일과 흡사한 것이니 어찌 아름다울 수가 있으랴! 밤낮 양심이 자라나고 맑은 기운이 감돌지마는 마음 쓰는 것이 남과 같지 못한 것은 또한 낮에 저지르는 소행이 양심을 속박하여 기능을 잃게 하는 것이니, 이런 일이 반복되면 야기(夜氣)가 보존되지 못하고 야기가 보존되지 못하면 금수에 가까워진다. 사람이 금수(새나 짐승)같은 이를 보고 저 사람은 본래 양심이 없는 이라고 여기니 이것이 어찌 사람의 본성(성정)이겠는가? 그러므로 잘 기르면 크지 않는 물(物)이 없고 기르지 않으면 소멸되지 않는 물(物)이 없느니라. 그래서 공자께서도 '잡으면 존(存)하고 놓으면 망실(亡失)한다. 때 없이 드나들고 하면서 제 고장을 모른다는 것은 바로 마음을 두고

한 말이로구나!'라고 하셨다."

(6) 인, 의, 예, 지(仁, 義, 禮, 智)의 본유설(本有說)

※ 공도자가 맹자에게 "고자는 '성(性)은 선한 것도 없고 선하지 않는 것도 없다.'고 하였고, '어떤 사람은 성(性)이 선하게 될 수도 있고 선하지 않게 될 수도 있다. 그렇기 때문에 문왕과 무왕이 일어났을 때에는 백성이 선을 좋아하였고, 유왕(幽王)과 여왕(厲王)이 일어났을 때는 백성이 포악한 것을 좋아하였다.'고 말하고, '어떤 사람은 성(性)이 선한 이도 있고 성(性)이 선하지 않는 이도 있다. 그러므로 어진 요가 임금으로 있었으나 나쁜 상(象: 순의 이복동생)이 있었고, 나쁜 고수를 아비로 두었으나 어진 아들 순이 있었고, 폭군 주(紂)를 형의 아들로 두고 임금으로 하였으나 미자 계(微子 啓)와 왕자 비간(王子 比干)이 있었다.'고 말씀하시니 그렇다면 그 사람들이 한 말은 다 그르다는 것입니까?"

이에 맹자께서 말씀하시길 "그럴듯한 말이나 그렇다 하더라도 성정만은 곧 선이라고 할 수 있는 것이다. 이것이 소위 성선(性善)이다. 대개 불선(不善)을 하는 것은 재성(才性 : 性)의 죄가 아니다. 측은지심은 사람이면 다 가지고 있으며 수오지심도 사람이면 다 가지고 있으며 공경지심(사양지심)도 사람이면 다 가지고 있으며 시비지심도 사람이면 다 가지고 있다. 측은지심은 인(仁)의 모체이며, 수오지심은 의(義)의 모체요, 공경지심(사양지심)은 예(禮)의 모체이며 시비지심은 지(智)의 모체인데 이 인, 의, 예, 지의 4단은 밖에서부터 내게로 들어온 것이 아니라 내가 본래부터 지니고 있는 것이다. 다만 생각하지 아니하고 기르지 않았을 뿐이다. 그러므로 구하면 얻고 놓으면 잃어버린다는 말이 있으니 혹 악을 행하여 선과 차이가 많은 사람은 그 재성(才性)을 다하지 못했기 때문이다. 시(詩經)에도 '하늘이 온 백성을 낳았으니 물(物)이 있으면 법칙이 있느니라. 백성들은 본래의 마음을 지녀 이 아름다운 덕을 좋아하네.'라고 하였고 공자께서도 '이 시를 지은 사람은 도(道)를 아는 사람이로구나! 진실로 물(物)이 있으면 반드시 법칙이 있는 것이니 백성들은 본래의 마음을 가졌는고로 이 아름다운 덕을 좋아한다.'고 하셨다."

〈보충설명 : 유왕(幽王)은 주(周)의 제12대 군주로서 요사한 여인 포사(褒姒)에게 매혹되어 정사(政事)를 어지럽히고 우행을 거듭하여 결국 이민족인 대융(大戎)의 침입을 받아 주살 당하고 통일왕조로서의 주실(周室 : 西周)의 운명에 종지부를 찍었다. 이후 동주(東周)가 되어 춘추시대(春秋時代)에 들어갔다. 여왕(厲王)은 주(周)의 제10대 군주인데 성격이 포악하였으며 이로 인하여 민심이 문란하였고 서융(西戎)의 침입이 잦았다.〉

(7) 심성(心性)과 인, 의, 예, 지(仁, 義, 禮, 智)

⍟ 맹자께서 말씀하셨다. "넓은 영토와 많은 백성을 가지기를 군자(君子)가 원하는 일이기는 하나 즐거워하는 바는 여기에 있지 않으며, 천하의 중앙에 자리 잡고 서서 사해(四海)의 백성을 안정케 하는 것은 군자(君子)가 즐거워하는 일이기는 하나 그가 본성(本性)으로 하는 것은 천하를 통치한다 해서 더해지는 것도 아니요, 궁하게 산다 해도 덜어지는 것도 아니다. 다만 본래 지닌 성분(性分)으로 일정한 것이니 이것은 곧 인, 의, 예, 지로서 마음에 뿌리박고 있는 것이다. 이것이 용모에 발현되면 윤택하게 얼굴에 나타나고 등에

드러나면 사체(四体)가 깨닫게 된다."

〈보충설명 : 군자(君子)가 소중히 여기는 것은 정치적 소원에 있는 것이 아니다. 이는 자기의 본성수덕(本性修德)에 있는 것이니 이 본성수덕을 위하여 군자(君子)는 부귀와 빈천을 초월하고 있다는 글이다.〉

(8) 인(仁)은 인도(人道)

❀ 맹자께서 말씀하셨다. "인(仁)이라는 것은 사람이 행하는 것이니 이것을 합쳐서 말하면 도(道: 人道)다."

〈보충설명 : 솔성지위도(率性之謂道 : 인간이 그 본성에 따르는 것을 도(道)라고 한다.)로 발전됨.〉

(9) 인승불인(仁勝不仁)

❀ 맹자께서 말씀하셨다. "인(仁)이 불인(不仁)을 이기는 것은 마치 물이 불을 이기는 것과 같다. 그러나 요즈음 인(仁)을 행하는 사람은 마치 한 잔의 물을 가지고 한 채의 수레에 실려 있는 땔나무에 붙은 불을 끄는 것과 같다. 꺼지지 않으면 물도 불을 이기지 못한다고 하니, 이것은 또한 불인(不仁)에 편드는 것이 심한 사람으로 나중에는 필경 인(仁)까지도 잃어버리고 말 것이다."

(10) 사생취의(舍生取義)

❀ 맹자께서 말씀하셨다. "물고기도 내가 원하는 것이고 웅장(발바닥)도 내가 원하는 것이다. 그러나 이 두 가지를 함께 얻을 수 없으면 물고기를 그만두고 웅장을 취할 것이다. 그리고 또 생(生)도

내가 원하는 것이고 의(義)도 내가 원하는 것인데 이 두 가지를 함께 얻을 수 없으면 생(生)을 버리고 의(義)를 취할 것이다. 그런데 생도 내가 원하는 것이지만 원하는 바가 생보다 더 심한 것이 있기 때문에 구차하게 얻는 짓을 하지 않으며, 사(死)도 내가 싫어하는 것이지만 사(死)보다도 더 심한 것이 있기 때문에 환난을 피하지 않는 일이 있는 것이다. 다만 현자(賢者)만이 이런 마음을 가지고 있는 것이 아니고 사람이면 다 이것을 가졌으되 현자는 이런 마음을 상실하는 일이 없을 뿐이다. 사람이 한 대그릇의 밥과 한 나무 그릇의 국을 얻으면 살고 얻지 못하면 죽는 경우라도 야단치고 주면 행인(行人)도 받지 않고, 발로 차서 주면 걸인도 달갑게 여기지 않는다. 그러나 만종지록(萬鍾之祿 : 큰 봉록)이면 예의를 분별치 않고 받으니, 그 만종(萬鍾)이 우리에게 무슨 보탬이 되겠는가? 궁실을 아름답게 하고 처첩을 봉양하고 또 자기를 아는 궁핍한 자들이 자기에게 와서 얻어가게 하기 위해서인가? 먼저는 몸을 지키기 위해서 죽어도 받지 않다가 지금은 궁실을 아름답게 하기 위해서 이것을 받고, 먼저는 몸을 지키기 위해서 죽어도 받지 않다가 지금은 처첩의 봉양을 위해서 이것을 받고, 먼저는 몸을 지키기 위해서 죽어도 받지 않다가 지금은 자기를 아는 궁핍한 자들이 자기에게 얻어가게 하기 위해서 이것을 받으니, 사람으로서 이런 짓을 또한 그만둘 수 없겠는가? 이렇게 하는 것을 자기 본심을 잃은 짓이라고 한다.”

〈보충설명 : 도의를 준수하기 위하여 생욕(生欲)을 자제하는 것은 행동 규범인 도(道)를 인간 목표로 한 이상 당연한 일이다. 윗글에서 생(生)과 사(死)는 신체적 생욕과 그 생욕에 대한 단념을 말하는 것이다. 사회질서에 적합한 의로운 행동을 위해서는 생욕을 단

넘하고 어떠한 환난도 감수해야 한다. 이것이 맹자의 사생취의(舍生取義 : 생을 버리고 의를 취함)이다. 오직 현자만이 이 본래적인 심성을 상실하지 않고 고수하고 있으며, 보통 사람은 이것을 상실하고 있다고 맹자는 말하고 있다. 그러면서 인간에게는 의를 동경하고 불의를 증오하는 심성이 있으니, 반사회적인 생욕적 행동을 배격하고 올바르게 자제·조절할 것을 강조한 글이다.〉

(11) 인심(仁心)과 의심(義心)

⊛ 맹자께서는 말씀하셨다. "사람은 누구나 차마 못하는 면이 있다. 이것을 차마 해버리는 면에다 미루어 나가는 것이 인(仁)이다. 그리고 사람은 누구나 마구 하지 않는 면이 있다. 이것을 마구 해버리는 면에다 미루어 나가는 것이 의(義)다. 그러므로 사람이 남을 해치고 싶지 않는 마음을 충만케 하면은 인(仁)은 베풀고도 남음이 있을 것이요, 벽을 뚫거나 담을 뛰어넘는 짓을 하지 않겠다는 마음을 충만케 하면은 의(義)는 행하고도 남음이 있을 것이요, 사람이 이놈 저놈하고 남에게 무안을 당하는 일이 없는 행실을 충만케 하면은 무슨 일을 하든지 의(義)가 되지 아니함이 없을 것이다. 그리고 선비가 말할 처지가 아닌데 말하면 이것은 말함으로써 앗아 오는 것이요, 말해야 할 경우에 말하지 않으면 이것은 말하지 않음으로써 앗아 오는 것이니 이런 것도 다 벽을 뚫거나 담을 뛰어넘는 도적 행위에 속하는 일이다."

(12) 본성상실(本性喪失)의 무지자(無知者)

⊛ 맹자께서 말씀하셨다. "지금 여기에 무명지(無名指 : 넷째 손가락)가 굽어서 펴지지 아니하는 이가 있다 하자. 아파서 일에 지장이 있는 것은 아니지만 만약에 그 손가락을 펼 수 있는 사람이 있다면 진나라, 초나라의 길이라도 멀다고 여기지 않고 찾아가는 것은 손가락이 남과 같지 않기 때문이다. 손가락이 남과 같지 않으면 이것을 싫어할 줄 알되, 마음이 남과 같지 않으면 싫어할 줄 모르니 이런 것을 이르기를 견주어 볼 줄 모른다고 하는 것이다."

(13) 본래적 예지성(本來的 叡智性)

⊛ 맹자께서 말씀하셨다. "세상에서 인성(人性)을 논하는 이는 다만 경험적 사실을 따를 뿐이며 경험적 사실은 순리를 '도덕적 법칙이 될 만한 것만을' 가지고 근본으로 하여야 한다. 지(智)에 있어서 미운 것은 착조(鑿造 : 꼬치꼬치 파고 들어가 이치에 맞지 않는 말을 억지로 만들어내는 것)하는 것이니 지자(智者)가 만약에 우임금이 치수(治水)하듯이 한다면 지(智)에 있어서 미울 것이 없으리라. 우임금의 치수는 물을 자연스럽게 흐르게 했다. 만약에 지자(智者)도 지(智)를 자연스럽게 발한다면 그 지(智)는 또한 위대하리라. 하늘이 높고 별이 멀지마는 진실로 그 완성된 법칙을 추구한다면 천 년 후의 동지(冬至)도 가만히 앉아서 알 수 있을 것이다.〉

(14) 본성존중(本性尊重)의 선인(善人)

⊛ 호생불해(浩生不害 : 호생은 성이고 불해는 이름인데 제나라 사람임)가 물었다. "악정자(樂正子 : 맹자의 아끼는 제자인데 악정은 성이고 이름은 克이며 제나라 사람임)는 어떤 사람인가요?"

맹자 왈 "착한 사람이고 신실한 사람이다."

"무엇을 착하다고 하고, 무엇을 신실하다고 하는가요?"

"본성(本性)대로 하는 것을 착하다고 하고, 착한 것을 몸에 지니는 것을 신실하다고 하고, 몸에 지닌 것을 충실케 하는 것을 아름답다고 하고, 충실케 하여 광휘가 있는 것을 위대(偉大)하다고 하고, 위대하여 남을 감화시키는 것을 성스럽다고 하고, 성스러워 남이 알 수 없는 것을 신령스럽다고 하는 것이다. 악정자는 앞의 두 가지 가운데에 놓여있고 뒤의 네 가지 아래에 있는 사람이다."

〈보충설명 : 맹자께선 본성대로 하는 것을 선(善)이라고 하여 인성(人性)이 선함을 말한 후, 이 인성(人性)이 선한 것을 토대로 하여 수덕(修德)한 인간 유형에 선(善), 신(信), 미(美), 대(大), 성(聖), 신(神)의 인품이 있다고 말하였는데, 여기서 신(神)의 경지란 그 뜻이 너무나 크고 그 인품이 너무 높아 보통 사람들은 그 사람이 어떤 사람인지, 또 무슨 생각을 하고 있는지 도무지 헤아릴 수 없는 사람으로서 세상 사람들의 가치관이나 행동 양식과는 많은 차이가 있는 사람을 뜻하는 것이다.〉

(15) 인성(人性)의 선(善)

❀ 등나라 문공이 세자(世子)로 있을 때 초나라로 가는 길에 송나라에 들러서 맹자를 만났다. 맹자는 사람의 본성이 선함을 말해주되 말끝마다 요순을 들어서 이야기하였다. 세자가 초나라에서 돌아오는 길에 또 맹자를 만났는데 맹자가 "세자께서는 내 말을 의심하십니까? 대개 도(道)는 하나뿐입니다. 성간(成覸 : 제나라 경공의 신하)이 제나라 경공에게 '저 사람도 장부이고 나도 장부인데 내가 어

찌 저 사람을 두려워하겠습니까?' 하고 말하였습니다. 안연은 '순임금은 어떤 사람이고 나는 어떤 사람인가? 선한 일을 하는 이는 또한 이와 같을 것이다.' 하고 말하였습니다. 공명의(公明儀 : 공자의 제자인 증삼의 제자)는 '문왕은 내 스승이라고 한 주공이 어찌 나를 속이리요?' 하고 말하였습니다. 그러니 이제 등나라는 긴 것을 잘라서 짧은 것을 보태면 오십 리 정도의 땅덩이로도 좋은 나라를 만들 수가 있습니다. 서경(書經)에 보면 '만약에 약이 독하여 눈을 캄캄하게 하고 어지럽게 하지 않는다면 그 병은 낫지 않는다.'고 하였습니다."

　〈보충설명 : 윗글은 맹자께서 인간은 성인이나 범인이나 다 동류로서 그 성품이 본래는 선한 것이니 각자가 성선(性善)을 토대로 하여 오직 인간이 지향할 바 하나의 도(道 : 聖人之道)를 향하여 행동해 나간다면 누구나 성인이 될 수 있다고 말한 것이다. 또 "만약 약이 독하여 눈을 캄캄하게 하고 어지럽게 하지 않는다면 그 병은 낫지 않는다."라는 말은 성인에의 길은 보통 마음가짐으로는 도달하기 어렵고, 나라를 잘 다스리는 일도 보통 마음가짐으로는 이루기 어렵기 때문에 비상한 각오를 하고 분발하라는 뜻이다.〉

2. 오륜 실천규범(五倫實踐規範)

　맹자께선 오륜(五倫)의 타당성을 이렇게 강조하셨다. "사람에게는 도(道)가 있는데 배불리 먹고 따뜻하게 입고 편안하게 살면서 교육이 없으면 새와 짐승에 가까워진다. 성인이 이 점을 근심하여 설을 사도(司徒)로 삼아서 인륜(人倫)을 가르치게 하였으니 그것은 어버이와 자식 사이에는 친함이 있어야 하고, 임금과 신하 사이에는 의리가 있어야 하고, 남편과 아내 사이에는 분별이 있어야 하고, 어른과 아이 사이에는 차례가 있어야 하고, 벗과 벗 사이에는 신의가 있어야 한다." 그러면 이러한 맹자의 실천규범은 인, 의, 예, 지와 관련해서 그 성격이 어떠한 것인가? 이제 그 구체적인 성격을 알아보기로 하자.

一. 실천규범(實踐規範)의 성격(性格)

오륜(五倫)의 기본이 되는 효제(孝悌)를 중심으로 하는 맹자의 실천규범은 그 밑바닥에 인, 의, 예, 지가 이를 뒷받침해주고 있다. 부형(父兄)에 대한 효도와 공경이 인의(仁義)의 진수라고 하셨으며, 친족(親族)에 대한 친애와 장자(長者 : 어른, 즉 나이 드신 분)에 대한 공경이 인도(人道)로서 화평의 본원이라고 하셨으며, 효제(孝悌)는 선천적인 양지, 양능(良知, 良能)에 기인한다고 했으니 이것은 오륜이 모두 인, 의, 예, 지를 토대로 하여 형성된 것임을 말한 것이다.

(1) 인의(仁義)와 효제(孝悌)

❀ 맹자께서 말씀하셨다. "인(仁)의 진수는 어버이를 섬기는 것이요, 의(義)의 진수는 형(兄)을 따르는 것이요, 지(智)의 진수는 이 두 가지를 알아 여기에서 떠나지 않는 것이요, 예(禮)의 진수는 이 두 가지를 조리(條理)에 맞도록 하는 것이요, 락(樂)의 진수는 이 두 가지를 즐거워하는 것이다. 즐거워하면 효제(孝悌)하는 마음이 생기고 효제하는 마음이 생기면 어찌 그만둘 수가 있겠는가? 그 정도에 이르면 모르는 사이에 기뻐서 발이 경중거려지고 손이 흔들려지게 될 것이다."

<보충설명 : 맹자는 부모를 섬기고 형을 따르는 것에 대한 즐거움에서 효제(孝悌)하는 마음이 생기고 효제(孝悌)하는 마음이 생기면 인의예지가 제대로 실현된다고 보았다. 이 글은 효제(孝悌)를 중심으로 하는 오륜(五倫)의 규범이 인간심성의 인, 의, 예, 지(仁, 義, 禮, 智)에 근거하였음을 증명한 것이다.>

(2) 양지·양능(良知良能)과 효제(孝悌)

⊗ 맹자께서 말씀하셨다. "사람이 배우지 않고서도 능한 것이 양능(良能)이요, 생각하지 않고서도 아는 것이 양지(良知)이다. 어린 아기도 그 어버이를 사랑할 줄 모르는 이가 없고, 자라서는 그 형을 공경할 줄 모르는 이가 없다. 어버이를 친하는 것은 인(仁)이요, 어른을 공경하는 것은 의(義)다. 이것은 온 세상 사람들에게 공통된 것이다."

〈보충설명 : 양지(良知)란 사람의 본성에 내재한 선천적인 예지로써 선악분별지(善惡分別知)이고, 양능(良能)이란 악을 버리고 선을 택일하는 선천 능력이라는 말이다.〉

(3) 인도(人道)와 효제(孝悌)

⊗ 맹자께서 말씀하셨다. "도(道)는 가까운 데에 있는데 이것을 먼 데에서 구하고, 할 일은 쉬운 데에 있는데 이것을 어려운 데에서 구한다. 사람이 자기 친족을 친애하고, 자기 형장(兄長)을 공경하면 천하가 화평하여질 것이다."

二. 실천규범(實踐規範)의 목표

유교에 있어서 인간의 행동목표는 예(禮)이며 예(禮)는 인간이 지향할 바의 길이다. 맹자는 공자의 사상을 계승 발전시켜 예(禮)가 식·색(食·色 : 이기적 공리주의)보다 소중하다고 하면서 예(禮)로부터 질서가 나오는 것이라고 주장했다.

(1) 인륜(人倫)에 따르는 명찰(明察)

⚜ 맹자께서 말씀하셨다. "사람이 금수와 다른 점이 거의 드물다. 서민은 인륜을 파기하고 군자만이 이것을 지키고 있으니 말이다. 순은 모든 사물에 밝고 인륜(人倫)에 밝았으니 이것은 그가 인의(仁義)에 따라 행동한 것이요, 인의(仁義)를 억지로 행한 것이 아니다."

(2) 예(禮)는 인도(人道)의 목표(目標)

⚜ 맹자께서 말씀하셨다. "요, 순은 본성(本性)대로 하고, 탕, 무(湯, 武)는 본성(本性)을 회복하시었다. 기거동작이 절로 예(禮)에 적중하는 것은 성덕(成德)의 극치이다. 죽은 사람을 곡하여 슬퍼하는 것은 산 사람을 위한 것이 아니며, 덕(德)을 행하여 어기지 않는 것은 작록을 구하기 위함이 아니며, 말을 하여 반드시 믿음이 있는 것은 행실을 바르게 하기 위한 것이 아니다. 오직 성(性 : 本性)대로 한 것이니, 그러므로 군자(君子)는 이것을 표준 삼아 행하고 천명(天命)을 기다릴 뿐이다."

진정한 유법천지有法天地를 향하여 하

(3) 예(禮)의 소중성(所重性) 一

❀ 임나라 사람이 하루는 옥려자(맹자의 제자)에게 "예(禮)와 식(食)은 어느 것이 더 소중합니까?"

"예(禮)가 더 소중하오."

그가 다시 "식사에 예(禮)를 지켜서 먹자면 주려서 죽고, 예를 지키지 않으면 배불리 먹을 수 있는데도 반드시 예(禮)를 지켜야 합니까? 친영(親迎 : 혼인의 6례 중 하나)의 예를 갖추면 아내를 얻지 못하고 친영의 예를 갖추지 않으면 아내를 얻는데도 반드시 친영의 예를 갖추어야 합니까?" 하고 묻자 옥려자는 대답하지 못하였다.

그 이튿날 추나라에 가서 그 말을 맹자께 고했더니 맹자께서 말씀하셨다. "그런 질문에 대답하는 것이 무엇이 어려우냐? 쇠가 새털보다 무겁다는 것이 어찌 혁대 고리쇠 하나와 수레에 가득 실은 새털을 두고 한 말이겠는가. 식(食)에 관한 중대한 문제와 예(禮)에 관한 사소한 문제를 가지고 비교한다면야 어찌 식(食)이 중하지 않겠는가. 색(色)에 관한 중대한 문제와 예(禮)에 관한 사소한 문제를 가지고 비교한다면야 어찌 색이 중하지 않겠는가. 가서 이렇게 대답하여라. '형의 팔을 비틀어서 먹을 것을 빼앗으면 먹을 것을 얻게 되고, 비틀지 않으면 먹을 것을 얻지 못한다면 형의 팔을 비틀겠는가? 이웃집의 담을 넘어가서 그 집의 처녀를 끌어안으면 아내를 얻게 되고, 끌어안지 않으면 아내를 얻지 못한다면 끌어안겠는가?'라고."

(4) 예(禮)의 소중성(所重性) 二

❀ 맹자께서 말씀하셨다. "인자하고 현량한 사람을 믿지 않으면

나라가 공허해지고, 예의가 시행되지 않으면 상·하의 질서가 문란하며, 좋은 정사(政事)가 없으면 나라의 재정이 부족해진다."

三. 실천규범(實踐規範)의 기간(基幹)

 맹자의 실천규범의 기본이 되는 것은 효제(孝悌)이다. 그 당시 학교의 설립목적을 효제(孝悌)의 도의 교육에 두었으니 유교에 있어서 효제(孝悌)를 오륜의 기본으로 하는 것은 『論語』의 학이편(學而篇)에 공자의 "젊은 사람이 집에 들어오면 부모에게 효도하고 밖에 나가서는 어른을 공경한다."는 말과 유약(有若: 공자의 제자)의 "그 사람됨이 효도하고 공경하면서 윗사람을 범하는 자는 드문 것이니, 윗사람을 범하지 않고 세상을 어지럽게 한 사람은 있지 않았다. 그러므로 군자는 근본에 힘쓸 것이니 근본이 서야만 도(道)가 생(生)한다. 효도와 공경이라는 것은 인의도덕(仁義道德)이 되는 근본이로다." 하는 말에서 비롯한 것이라 하겠다. 맹자께서도 효제(孝悌)의 정신에 입각한 시정(施政: 정치)을 주장하셨다.

(1) 효(孝)의 정의(定義)

 ❀ 등나라 정공(定公)이 죽자 세자(世子 : 文公)가 연우(然友)에게 "전에 맹자가 나와 송나라에서 이야기한 일이 마음에서 끝내 잊을 수가 없습니다. 지금 불행히도 변고를 당하게 되었으니 나는 선생으로 하여금 맹자에게 물어보게 한 후 상사(喪事)를 치르고 싶습니다." 이에 연우가 추나라에 가서 맹자에게 물었다. 이때 맹자께서 말씀하셨다.

 "역시 착한 일이 아닌가? 친상(親喪 : 부모상)이란 본래 모든 정성을 다해야 합니다. 증자(증삼)께서는 '어버이가 살아계실 적에는 예(禮)로써 섬기고, 돌아가시면 예(禮)로써 장사지내고, 또 예(禮)로써 제사를 지내면 효도(孝道)라고 할 수 있다.'고 말하였습니다. 나는 제후의 예(禮)를 아직까지 배워보진 못하였지만 전에 들은 일은 있습니다. 부모의 3년 상에는 참최(부친상), 제최(모친상)의 상복을 입고, 죽을 먹으며 지내는 것은 3대(三代: 하, 은, 주) 이래로 이것을 공통으로 지켜왔던 것입니다. 공자께서도 말씀하시기를 '국군(国君)이 죽으면 국정(国政)은 재상에게 맡기고 죽을 마시며 슬픔에 잠겨 심히 침울한 표정으로 상주의 위(位)에 나아가 곡(哭)하면 모든 관원과 유사(有司)들이 감히 슬퍼하지 않을 이가 없을 것이니 이것은 몸소 그들의 앞서서 했기 때문이다. 윗사람이 좋아하는 것이 있으면 아랫사람은 이것을 따라 반드시 그보다 더 좋아하는 경향이 있다. 그러므로 군자의 덕은 바람이고 소인의 덕은 풀이니 바람이 그 위에 불어오면 반드시 눕게 된다.'고 하였으니, 이것은 세자가 하기에 달려있는 것입니다."

연우가 돌아가서 그대로 복명(復命)하자, 세자는 "그렇습니다. 이것은 정말로 내가 하기에 달려있습니다."라고 말하고는 5개월 동안이나 여막에 거처하면서 명령이나 계고를 내리지 아니하였으니, 모든 관원들과 친족들이 세자는 상례(喪禮)를 안다고들 말하며 장의(葬儀)를 치르게 되자 사방에서 조객들이 와서 보고 세자(世子)의 슬픈 얼굴빛과 슬픈 곡성에 감복하여 훌륭한 국군(国君)이 될 거라며 모두 기뻐하였다.

<보충설명 : 3년 상은 자식이 출생하여 3년이 되어야 부모의 품에서 떨어져 나온다는 뜻으로 그 은혜의 보답으로 부모의 복(服)은 반드시 3년을 입는 것이다. 평민들의 3년 상이란 사실은 25개월이지만, 위에서 여막에서 5개월 동안 거처했다 함은 옛날에 사람

진정한 유법천지有法天地를 향하여 하

이 죽으면 곧 장사를 치러서 시체를 매장하지 않고 상당한 시일동안 옥내(屋內)에 빈소(殯所)를 마련하여 가매장해 두었는데 천자(天子 : 황제)는 7개월간이요, 제후(작은 나라 왕)는 5개월간이고, 대부(大夫)는 3개월간이었다. 그런 다음 장례 의식을 치른 후 다시 묘 옆에 여막을 지은 후 시묘(侍墓)살이를 했는데 3년 상이 끝날 때까지 결코 기름진 음식을 입에 대지 않았던 것이다.〉

(2) 효(孝)는 심지(心志) 봉양

☸ 맹자께서 말씀하셨다. "섬기는 일 중에서 어느 것이 중대한가 하면 어버이를 섬기는 것이 가장 중대하다. 그리고 지키는 일 중에 어느 것이 중대한가 하면 몸을 지키는 것이 가장 중대하다. 자기의 몸을 잃지 않고서 자기의 어버이를 잘 섬긴다는 이는 들었지만, 자기의 몸을 잃고서 자기의 어버이를 잘 섬긴다는 이는 아직까지 들어본 일이 없다. 그 어느 것은 섬기는 일이 아니겠는가마는 어버이를 섬기는 일이 섬기는 일 중에 가장 근본이요, 그 어느 것은 지키는 일이 아니겠는가마는 몸을 지키는 일이 지키는 일 중에 가장 근본이다. 옛날에 증자(증삼)는 부 증석을 봉양함에 반드시 술과 고기를 차려 내었다. 철상하려 할 적에는 남은 것이 있으면 반드시 '누구에게 줄까요?' 하고 물었고, 또 남은 것이 있느냐고 물으면 반드시 '있습니다.' 하고 대답하였다. 그러다가 그 뒤 증석이 죽고 증원이 증자를 봉양함에는 반드시 술과 고기를 차려내었다. 그러나 철상하려 할 적에는 남은 것이 있어도 '누구에게 줄까요?' 하고 묻지 않았고 또 남은 것이 있느냐고 물으면 '없습니다.' 하고 말하였으니 이것은 뒤에 다시 차려 올리기 위해서다. 이것을 이른바 입과

몸을 봉양하는 자라 한다. 증자 같은 경우는 어버이의 심지(心志)를 봉양하였다고 할 수 있으니, 어버이를 섬기는 데는 증자 같은 이라야 한다."

〈보충설명 : 몸을 지키는 것(수신 : 守身)이라 함은 언행(言行)을 조심하여 불의에 빠지지 않도록 하는 것이며, 양구체(養口体)는 입과 몸을 봉양하는 것을 말한다. 즉 육체적 봉양을 말하는데 맹자께선 육체의 봉양은 동물도 능히 할 수 있는 것으로 보고 진정한 효에 내포시키지 않았다. 공경함과 그 뜻을 봉양함이 없이 입과 몸만을 봉양하는 것을 어찌 효도라 하겠는가. 윗글은 섬길 대상은 종단의 대종사, 스승, 상사, 선배, 연장자 등으로 많고, 지킬 것은 재물, 직책, 절조, 예의 등으로 많지만 그중 부모를 섬기는 것이 가장 근본이고, 자기 몸을 지켜 불의와 불명예에 빠지지 않는 것이 가장 근본이니 자기 몸을 지켜야 부모를 섬기는 효를 행할 수 있고, 부모를 섬기는 효(孝)를 행하는 데는 그 마음을 헤아려 그 뜻을 받들어야 함을 강조한 글이다.〉

(3) 대효(大孝)의 내용

❀ 맹자께서 말씀하셨다. "온 천하 사람들이 크게 기뻐하여 장차 자기에게로 돌아오려고 하는데도 이것을 마치 초개같이 여긴 것은 오직 순임금뿐이었다. 사람이 어버이에게 기쁨을 사지 못하면 사람노릇을 할 수 없고 어버이에게 순(順)하지 않으면 자식 노릇을 할 수 없다. 순임금은 어버이를 섬기는 도리를 다하여 부친인 고수가 기뻐하기에 이르렀으니 고수가 기뻐하기에 이르러서는 온 천하가 이에 감화되어 부자간의 도덕이 정해졌다. 이런 것을 세상에서 대

효(大孝)라고 이른다."

(4) 순(舜)의 효행(孝行)

❀ 도응(桃應 : 맹자의 제자)이 물었다. "순(舜)이 천자(天子)로 있고 고도(皐陶 : 순의 충신)가 형관(刑官)으로 있을 때 만약 부친인 고수가 사람을 죽였다면 어떻게 하였을까요?"

맹자가 답하시길 "형관이 그를 집행할 뿐이다."

"그렇다면 순임금은 그것을 금하지 않겠습니까?"

"순이 어떻게 그것을 금할 수 있겠는가? 이어받은 대법(大法)이 있는데."

"그렇다면 순임금은 어떻게 하였을까요?"

"순은 천하를 내던지기를 헌 짚신 버리듯 하고 몰래 부친을 업고 달아나 어느 외딴 해빈(海濱)에 가서 살면서 죽을 때까지 흔연히 부자간의 정을 즐거워하면서 천하를 잊을 것이다."

(5) 순(舜)의 대효(大孝)

❀ 만장이 물었다. "순은 밭에 나가서 하늘을 부르면서 소리쳐 울었다는데 무엇 때문에 울었습니까?"

맹자가 답하시길 "원망하고 사모하여서다."

"부모가 사랑할 때는 기뻐하면서 잊지 말고, 부모가 미워할 때는 근심하면서도 원망하지 말라고 했는데 순은 부모를 원망하였습니까?"

"장식(長息 : 공명고의 제자)이 공명고(公明高 : 증자의 제자)에게 '순이 밭에 나가 하늘과 부모를 부르면서 소리쳐 울었다 하니 저는 이해

하지 못하겠습니다.' 하고 묻자 공명고는 '그것을 자네가 알 리가 있나' 하고 말했다. 이것은 공명고가 효자의 마음은 그토록 근심이 없는 것이 아니라고 생각해서인 것이다. '나는 힘을 다해 밭을 갈아 자식의 직분을 다할 뿐인데 부모가 나를 사랑하시지 아니함은 나에게 어떤 잘못이 있는가.' 한 것이다. 요임금이 자기 아들 아홉과 딸 둘로 하여금 백관(百官)과 소와 양과 창고를 갖추고서 순을 밭고랑 가운데서(농막에서) 섬기게 하니 점차 천하의 선비들이 그에게로 나아가는 자가 많거늘 요임금은 조금 더 살펴보고서 그에게 제위(帝位)를 물려주려던 중이었다. 그러나 그때까지도 그는 부모에게서 기쁨을 사지 못했기 때문에 마치 궁한 사람이 돌아갈 곳이 없는 것처럼 근심하였다. 천하의 선비들이 자기를 기쁘게 따르는 것은 사람이 다 원하는 일이나 이것으로 그의 근심을 풀기에는 부족하였고, 여자를 좋아하는 것은 사람이 다 원하는 일이나 요임금의 예쁜 두 딸을 아내로 삼았으되 이것으로 그의 근심을 풀기에는 부족하였으며, 부(富)는 사람이 다 원하는 일이나 온 천하의 부를 차지하였으되 이것으로 그의 근심을 풀기에는 부족하였으며, 귀(貴)는 사람이 다 원하는 일이나 귀(貴)로는 천자(天子)가 됨과 다름이 없었으되 이것으로도 그의 근심을 풀기에는 부족하였다. 남이 자기를 좋아하는 것과 미색, 부귀에도 족히 그 근심을 풀 수 없고 오직 부모에게 기쁨을 사는 것만이 그의 근심을 풀 수 있기 때문이다. 사람은 어려서는 부모를 사모하고, 여자를 좋아할 나이가 되면 예쁜 여자를 애모하고, 처자가 생기면 처자를 생각하고, 벼슬을 하면 임금을 앙모하고 임금의 마음에 들지 못하면 속이 타도록 애쓴다. 그러나 대효(大孝)는 종신토록 부모를 경모한다. 50살이 되어서

진정한 유법천지有法天地를 향하여 하

도 변함없이 어린 시절처럼 부모를 경모한 이를 나는 저 위대한 순 (舜)에게서 보았노라."

(6) 순(舜)의 효우(孝友)

⑧ 만장이 묻기를 "부모가 순에게 창고의 지붕을 손보게 하고 나서 사닥다리를 치우고 상이 창고에 불을 질렀답니다. 그리고 우물을 치우게 하고서는 그가 나오기 전에 무거운 뚜껑을 덮어버렸다합니다. 상은 '형을 덮어버리기로 꾀한 것은 다 내 공적이다. 우양 (牛羊)과 곡창은 부모에게 주고, 방패와 창과 거문고와 활은 내가 가지고 두 형수는 내 잠자리를 돌보게 하련다.'고 하였답니다. 그런데 상이 순의 숙소에 가보니 순이 생환하여 평상에서 거문고를 타고 있었으므로 의외의 놀라움에 상은 '형님 생각이 간절해서 왔습니다.' 하고 부끄러워하자 순은 '마침 잘 왔다. 너 나를 위하여 백관들을 좀 다스려볼 생각이 있느냐?' 하고 다정하게 말하였다니 모를 일입니다. 순은 상이 자기를 죽이려던 것을 몰랐겠습니까?"

"왜 몰랐겠느냐? 단지 상이 근심하면 자기도 근심하고 상이 기뻐하면 자기도 기뻐한 것이다."

"그렇다면 순은 거짓으로 기뻐한 것입니까?"

"아니다. 옛날에 어떤 사람이 정자산에게 산 물고기를 선사하거늘 자산은 연못지기를 시켜 연못에다 넣어 기르라고 주었는데 연못 지기는 이것을 삶아 먹고 돌아와서 이렇게 복명하였다. '처음에 놓아주니 어릿어릿하더니 조금 있다가 생기를 차려 꼬리치면서 물속으로 들어가 버렸습니다.' 그러자 자산이 '제 갈 곳으로 갔구나! 제 갈 곳으로 갔어.' 하고 말하였다. 이 말을 들은 연못 지기가 물러 나와 사람들에게 이렇게 말하였다. '누가 자산을 지혜롭다고 하였는가? 내가 삶아서 먹어버렸는데 '제 갈 곳으로 갔구나! 제 갈 곳으로 갔어.' 하고 말하니 말이다.' 그러므로 군자(君子)를 속이는 데는 도리에 맞는 말을 가지고 할 수 있으나 도리에 맞지 않은 말을 가지고는 하지 못한다. 상이 형을 경애하는 도리로써 거짓말을 하므로 순(舜)은 정말 믿고서 기뻐한 것이지 어찌 거짓으로 그랬겠느냐?"

〈보충설명 : 순은 어려서 모친을 잃고 새어머니를 맞게 되었는데 동생인 상은 그의 이복동생이며, 계모는 성품이 좋지 않았다고 한다. 생부 역시 성품이 완악하여 이 세 사람이 순을 못살게 굴었으나 순은 끊임없이 효도와 우애를 하여 결국은 이들의 마음을 얻었다고 한다.〉

(7) 효자(孝子)의 진정(眞情)

⊛ 공손추가 물었다. "고자(高子)는 '소변(小弁)을 소인의 시(詩)'라고 하던데요."

맹자 왈 "무엇을 가지고 그렇게 말했을까?"

"원망한 것이기 때문에 그렇다는 것입니다."

"고루하구나! 고노인이 시(詩)를 다루는 솜씨는. 여기에 어떤 사람이 있다고 하자. 월나라 사람이 활을 당겨서 그 사람을 쏘려고 할 때에는 담소로 '그러지 말라.'고 말하는 것은 다름이 아니라 그 월나라 사람과는 소원하기 때문이다. 그러나 형이 활을 당겨서 그 사람을 쏘려고 할 때에는 눈물을 흘리면서 '그러지 말라.'고 말하는 것은 다름이 아니라 그 형과는 친근하기 때문이다. 이와 같이 소변시의 원망은 어버이를 친애하는 데서 나온 것이니 어버이를 친애하는 것은 인(仁)이다. 고루하구나! 고노인의 시 다룸이여!"

"개풍시(凱風詩)에서는 무엇 때문에 원망하지 않았습니까?"

"개풍시에서는 어버이의 허물이 작고, 소변시에서는 어버이의 허물이 크다. 어버이의 허물이 큰데도 원망하지 않으면 이것은 어버이와 더욱 소원해지는 것이요, 어버이의 허물이 작은데도 원망한다면 이것은 어버이에게 자칫하면 성내게 되는 것이다. 더욱 소원해지는 것은 불효요, 자식이 자칫하면 성내게 되는 것도 불효다. 그러므로 공자께서 '순(舜)은 그야말로 지극한 효자이다. 오십이 되어서도 부모를 사모하였으니' 하고 말하신 것이다."

(8) 불효(不孝)의 다섯 가지

❀ 공도자가 묻기를 "광장(匡章)은 온 나라 사람이 다 불효하다고 하는데 선생님께서는 그와 함께 노시고 또 상종함에는 예모를 차리시니 왜 그러십니까?"

맹자가 답하시길 "세속에서 소위 불효하다고 하는 것은 다섯 가지가 있다. 사지(四肢)를 게을리하여 부모의 봉양을 돌아보지 않는 것이 첫째의 불효요, 장기·바둑과 음주를 좋아하여 부모의 봉양을 돌아보지 않는 것이 둘째의 불효요, 재화를 좋아하고 처자에만 빠져서 부모의 봉양을 돌아보지 않는 것이 셋째의 불효요, 이목(耳目)의 욕구를 만족시키느라고 부모를 욕되게 하는 것이 넷째의 불효요, 용맹을 좋아하여 자칫하면 싸우고 성내어 부모를 위태롭게 하는 것이 다섯째의 불효이다. 장자(章子)는 이 중에 하나라도 있는가? 장자는 부자간에 서로 선(善)을 책하다가 맞지 않았던 것이다. 선을 책하는 것은 친구 간에 할 도리이지 부자간에 하는 것은 은혜를 크게 해치는 일이다. 장자도 어찌 처자와 권속을 갖고 싶지 않았겠는가마는 아버지에게 죄를 지어 가까이할 수 없었기 때문에 아내를 내보내고 아들을 물리쳐서 종신토록 그들에게 봉양을 받지 못하였다. 그가 마음먹기를 그렇게 하지 않는다면 죄가 더욱 큰 것이라고 생각했던 것이다. 이것을 한 이는 장자(章子)뿐이다."

〈보충설명 : 광장(匡章)은 전국시대 제나라 사람으로 문무를 겸비한 이다. 그의 모친이 그의 부친에게 잘못한 이유로 부친이 그의 모친을 죽여서 마판 밑에다 묻어버렸다고 한다. 이에 대하여 장자(章子)가 여러 차례 죽은 모친을 용서하고 다른 데에 옮겨다 장사지낼 것을 부친에게 권하였으나 이 때문에 결국 부친의 노여움을 사서 추방되어 효양을 하지 못했고, 이로 인하여 처자(妻子)와도 별거생활을 하였다고 한다. 제 위왕(齊 威王) 때 장자(章子)가 군사를 거느리고 진(秦)나라의 침공을 막아내고 돌아왔는데 위왕(威王)이 그에게 모친의 개장을 권유하였으나 그는 그렇게 하면 죽은 부친의 심지(心志)를 속이는 것이 되므로 부당하다 하여 그대로 두었다고 한다.〉

(9) 제(悌)의 의의(意義)

⑧ 맹자께서 말씀하셨다. "밥을 주면서 사랑하지 않으면 돼지로 여기고 사귀는 것이요, 사랑하면서 공경하지 않으면 짐승으로 여기고 기르는 것이다. 공경이라는 것은 폐백(幣帛)을 바치지 않았을 때부터 갖는 마음이니, 겉으로 공경하면서 그 실상이 없으면 군자(君子)는 헛되어 식객으로 머물러 있을 수 없는 일이다."

<보충설명 : 옛날 중국에서는 현자(賢者)를 부르려고 할 때 반드시 먼저 예물을 바치는 일이 있었는데 이것을 폐백(幣帛)이라고 한다.>

(10) 공손자(恭遜者)의 자세

⊛ 맹자께서 말씀하셨다. "공손한 사람은 남을 업신여기지 아니하고 검소한 사람은 남의 것을 빼앗지 않는다. 남을 업신여기고 빼앗는 군주는 그렇게 하고서도 남의 마음에 순(順)하지 않을까 걱정하니 이래서야 어찌 공손하고 검소하다고 할 수 있으리요? 공손함과 검소함은 부드러운 말씨와 웃는 낯빛으로 꾸며서 되는 것이 아니다."

(11) 요·순(堯·舜)의 효제(孝悌)

⊛ 조교(曹交)가 물었다. "사람은 다 요·순이 될 수도 있다는데 사실입니까?"

맹자가 답하시길 "그렇소."

"제가 듣기로는 문왕은 키가 10척(十尺)이었고, 탕왕은 키가 9척(九尺)이라 하였습니다. 지금 나는 키가 9척 4촌(九尺 四寸)이나 되는데 밥만 먹고 있으니 어떻게 하면 좋겠습니까?"

"키가 무슨 상관이 있으리요? 다만 그것을 해볼 따름이오. 여기에 어떤 사람이 있다고 할 때 그가 오리 새끼 한 마리를 감당하지 못한다면 힘없는 사람이라고 하겠지만, 그가 만약 100균(百鈞 : 3,000근)을 든다고 하면 힘 좋은 사람이라고 할 것이오. 그러니 오확(秦의 力士)이 감당하는 물건을 들면 그 사람 역시 오확이 될 것이니, 사람이 어찌 감당하지 못한다고 근심하리요? 이는 해보지 않았을 따름이오. 요·순의 도(道)는 효제(孝悌)일 뿐이니 당신이 요의 옷을 입고 요의 말을 외우고 요의 행동을 행하면 반드시 요가 될 것이요, 당신이 걸의 옷을 입고 걸의 말을 외우고 걸의 행동을 행하면 반드시 걸이 될 것이오."

"제가 추나라의 임금을 만나보게 되면 숙사(宿舍)를 빌릴 수가 있을 것입니다. 거기에 머물면서 선생님 문하(門下)에서 배우고 싶습니다."

"도(道)는 대로(大路) 같은 것인데 어찌 알기 어렵겠소? 단지 사람들이 이것을 구하지 않는 것을 근심할 따름이오. 당신이 돌아가서 이것을 구하면 많은 스승이 있을 것이오."

3. 수양론(修養論)

　　인간은 고금(古今)을 막론하고 자기 수양이 없어서는 안 된다. 유교의 학(學)은 도덕학으로서 도덕학의 내용은 수기치인(修己治人)이다. 수기(修己)는 자기완성(自己完成)이요, 치인(治人)은 모든 사람으로 하여금 도덕적이 되게 하는 것이다. 정치도 도덕학에 포섭된다. 인간은 인, 의, 예, 지를 그 본성(本性)에 갖고 태어났으나 현실적으로는 자기본성(自己本性)이 아닌 불인불의(不仁不義)의 온상이 되는 이기추세(利己追勢)의 난동(亂動)을 하고 있다. 그러므로 불인불의(不仁不義)를 거척(拒斥)하고 자기본성으로 돌아가야 할 것을 자각(自覺)했다. 그러나 그렇게 할 것을 알았을 뿐이지 인도실천의 규범인 인, 의, 예, 지는 이행되지 않고 있다. 그래서 수련(修練)과 수양(修養)이 필요한 것이다.

一. 수양(修養)의 필요성(必要性)

맹자께선 도덕심이 상실되는 근거를 본능인 생욕(生慾)에 두었다. 그리하여 인간구조의 양면성(兩面性), 즉 도덕성와 생욕을 심지관(心之官)과 이목지관(耳目之官)으로 표현하였다. 심지관은 도의를 실행하는 도덕심의 사유(思惟)기관이고, 이목지관은 식욕(食欲), 색욕(色慾), 물욕(物慾) 등을 일으켜서 반도덕적 행동을 자행케 하는 신체적 감각기관이다. 이 이목지관에 의하여 도덕심의 활동이 폐색(蔽塞)되어 인간은 현실적으로 퇴락한다고 보았다. 그래서 인간은 현실에 있어서 이목지관의 도덕적 폐색작용을 제거해나가야 하며 여기에 수양(修養)이 필요하다고 보신 것이다.

(1) 무지자(無知者)의 소행(所行)

⑧ 맹자께서 말씀하셨다. "한 아름이나 반 아름이 되는 오동나무와 가래나무라도 사람이 이것을 기르려고만 하면 그 기르는 방법을 알게 된다. 그러나 자기 몸에 이르러서는 그 기르는 방법을 알지 못하니, 어찌 자기 몸을 사랑하는 것이 오동나무와 가래나무에 미치지 못하겠는가? 이것은 생각하지 아니함이 심하기 때문이다."

(2) 무지자(無知者)의 본심 상실

⑧ 맹자께서 말씀하셨다. "인(仁)은 사람의 마음이요, 의(義)는 사람이 걸어갈 길이다. 그 길을 버리고 따라가지 아니하고, 그 마음을 잃고도 구할 줄을 모르니 슬프구나! 사람이 닭이나 개를 잃으

진정한 유법천지有法天地를 향하여 하

면 이것을 찾을 줄 알되 마음을 잃으면 구할 줄 모른다. 그러므로 학문하는 길은 다른 것이 아니라 각자 잃어버린 마음을 구하는 것 뿐이다."

(3) 상실유무(喪失有無)의 가능(可能)

❀ 맹자께서 말씀하셨다. "구하면 얻고 놓으면 잃어버린다. 여기에 구하는 것은 얻는데 유익한 것이니 그것은 내게 있는 것을 구하기 때문이다. 구하는 데는 방법이 있고 얻는 데는 명(命)이 있다. 여기에 구하는 것은 얻는데 무익한 것이니 그것은 밖에 있는 것(욕심)을 구하기 때문이다."

(4) 후천적(後天的) 수양(修養)

❀ 맹자께서 말씀하셨다. "서시(西施)라도 더러운 것을 얼굴에 바르고 있으면 사람들이 다 코를 가리고 지나갈 것이요, 비록 추(醜)한 사람이라 하더라도 몸과 마음을 깨끗이 하면 상제(上帝)의 제사라도 모실 수 있을 것이다."

二. 수양(修養)의 방법(方法)

맹자의 수양은 본래적인 인간상으로의 복귀이다. "구하면 얻고 놓으면 잃어버린다."는 말의 구한다는 것은 본심(本心)으로 복귀한다는 말이다. 맹자께서 복귀를 말하는 것은 인간으로 하여금 본래적인 인, 의, 예, 지를 되찾아 이를 근거로 하여 도덕규범을 실현케 하고자 하는데 있다. 그 복귀의 방법이 그의 수양 방법이다. 부동심(不動心)은 맹자의 수양론에 있어서 중요한 수양 방법의 하나이다. 이 부동심은 도덕심이 외물(外物)에 유혹되지 않는 것을 말함이다.

(1) 부동심(不動心) 一
⑧ 비례부동(非禮不動)의 심지(心志)

만장이 물었다. "선생님께서 제후(諸侯)를 만나시지 않는 것은 무슨 뜻에서입니까?"

맹자가 답하시길 "도시에 사는 사람을 시민(市民)이라 하고 촌에 사는 사람을 야인(野人)이라 하지마는 이러한 사람들은 결국 다 서민(庶民)들이라고 부른다. 서민은 예물을 전달하여 신하가 되지 않는 한 감히 제후(작은 나라의 왕)를 만나보지 못하는 것이 예(禮)이다."

만장 왈 "서민은 부역에 부르면 가서 일을 하는데 군주가 만나고 싶어서 부르는데 가서 만나보지 않는 것은 무엇 때문입니까?"

맹자 왈 "가서 부역을 하는 것은 의(義: 의무)요, 가서 만나는 것은 불의(不義)이다. 그런데 군주(君主)가 만나보고 싶어 하는 것은 무엇

진정한 유법천지有法天地를 향하여 하

때문이겠는가?"

"아는 것이 많고 현량(賢良)한 인물이기 때문입니다."

"아는 것이 많기 때문이라면 천자(天子 : 황제)도 스승을 부르지 못하는 법인데 하물며 제후가 그렇게 할 수야 있겠느냐? 그리고 현량한 인물이기 때문이라면 나는 아직 현량한 인물을 만나보고 싶어서 불러 갔다는 소리를 들어보지 못했다. 현인(賢人)을 만나보고 싶어 하면서도 정도(正道)로써 부르지 않는다면 이것은 마치 그 사람을 들어오게 하고 싶으면서도 문을 닫아버리는 것과도 같은 것이다. 대개 의(義)는 길이요 예(禮)는 문(門)이니, 오직 군자(君子)만이 이 길을 밟고 가고 이 문을 드나들 수 있는 것이다. 그러므로 시(詩)에 '주(周)나라의 길은 숫돌 같고 그 곧기는 화살 같다. 그 길은 군자(君子)가 밟는 길이요 소인(小人)이 보는 길이다.'라는 구절이 있다."

"공자는 군주가 명을 내려 부르면 급히 만나러 갔으니 그러면 공자는 잘못이었습니까?"

"공자는 사신(仕臣 : 섬기는 신하)으로 관직에 있었기 때문에 그 관직에 맞는 예(禮)로써 불려 갔던 것이다."

(2) 부동심(不動心) 二
※ 비례비의(非禮非義)의 배격(排擊)

맹자께서 말씀하셨다. "대인(大人)은 예(禮) 아닌 예(禮)와 의(義) 아닌 의(義)를 하지 않는다."

(3) 부동심(不動心) 三
※ 호연지기(浩然之氣)의 양육(養育)

공손추가 물었다. "선생님께서 제나라의 재상이 되시어 도(道)를 정치에 행할 수 있게 된다면 동심(動心)되는 일이 없겠습니까?"

맹자가 답하시길 "없을 것이다. 나는 나이가 마흔(四十)이니 동심(動心)되는 일이 없네."

"그렇다면 선생님은 맹분보다 훨씬 더 용감하십니다. 부동심하는 데 도(道)가 있습니까?"

"있지. 저 북궁유(北宮黝)란 이는 용(勇)을 기르는데 살을 찌름이 있어도 움찔하지 않고, 눈을 찌름에 있어도 깜박이지 않을뿐더러 추호라도 남에게 꺾이기만 하면 장터에서 매 맞는 것처럼 여기던 고로 그 누구에게도 모욕을 당하지 않고, 만승의 천자(天子)에게 대들기를 보잘것없는 천인에게 대드는 것처럼 여기고, 제후도 겁내지 않으며 욕하는 소리가 들려오면 반드시 이에 보복을 하였다. 그리고 맹시사(孟施舍)란 이는 용(勇)을 기르는 방법으로 '이기지 못함을 알면서도 이길 것처럼 대든다. 적의 실태를 조사한 후에야 전진하고, 이기리라고 여긴 후에야 회전(會戰)한다면 이것은 삼군(三軍)을 두려워하는 것이다. 내가 어찌 꼭 이길 수가 있으리요? 두려워하지 않을 뿐이다.'라고 했네. 옛날 증자(증삼)는 제자인 자양에게 이렇게 말하였다. '자네는 용기(勇氣)를 좋아하느냐? 나는 일찍이 공자님에게서 대용(大勇)에 대해 들은 일이 있다. 스스로 반성해서 곧지 못하면 보잘것없는 천인이라도 나는 두렵게 하지 못하거니와 만약 스스로 반성해서 곧으면 천만인(千萬人)이라도 나는 가서 대적할 것이다.' 그러니 맹시사가 지킨 것은 기(氣)이므로 증자가 지키던 요점(要點)보다 못하네."

"선생님의 부동심(不動心)에 대해서 듣고 싶습니다."

"대개 심지(心志)는 기력(氣力)의 통솔자이고, 기력은 몸을 통솔하는 것이니 심지(心志)는 지극한 것이고 기력(氣力)은 이에 다음가는 것이다. 그러나 '자기의 심지(心志)를 지니고도 기력(氣力)을 해치는 일이 없도록 하라.'고 말하게 되네."

　"그것은 무슨 까닭입니까?"

　"심지(心志)가 한결같으면 기력을 움직이고, 기력(氣力)이 한결같으면 심지를 움직이네."

　"그러면 선생님께선 어느 면을 잘하십니까?"

　"나는 남이 하는 말을 아네. 그리고 내 호연(浩然)의 기(氣)를 잘 기르지."

　"선생님, 무엇을 '호연의 기'라고 합니까?"

　"말로 설명하기가 어렵네. 그 기(氣)는 지극히 크고 지극히 굳센 것이니, 곧은 것을 길러서 해치지 않고 끝없이 기르면 천지(天地) 사이에 가득 차게 된다. 그 기(氣)는 도의(道義)에 배합되는 것으로 이것이 없으면 기(氣)가 허탈해지네. 이것은 내심(內心)의 의(義)를 모아서 길러지는 것이지 밖에서 의(義)가 엄습해 와서 얻어진 것이 아니다. 그러므로 나는 고자(告子)가 기(氣)를 알지 못한다고 한 것이다. 사람이 그 기(氣)를 기르는 데는 반드시 의(義)를 행하는데 두되 갑자기 이루어지기를 미리 기대하지 말라. 송나라의 어떤 사람이 벼의 싹이 빨리 자라지 않는 것을 안타까이 여겨 싹을 뽑아 올려놓았다는 옛이야기가 있는데, 세상에는 싹이 자라는 것을 도와서 뽑아 올리지 않는 사람이 적네. 대개 무익하다고 생각하여 버려두는 사람은 김을 매지 않는 이요, 무리하게 자라게 하는 사람은 싹을 뽑아 올리는 이니 이들은 다 잘못된 사람들이지."

"남이 하는 말을 안다는 것은 무슨 말씀입니까?"

"편벽된 말을 들으면 그 사람의 가리어진 마음을 알고, 간사한 말을 들으면 그 사람의 이간하는 데를 알고, 음탕한 말을 들으면 그 사람의 마음이 빠져있는 데를 알고, 회피하는 말을 들으면 그 사람의 궁한 데를 아니 이 네 가지가 마음에 생겨나서 정치를 해치고 정치에 나타나서 일을 해치네."

"재아(宰我)와 자공(子貢)은 말을 잘하고 염우와 민자건과 안연(안회)은 덕행(德行)에 뛰어났는데 공자는 이 두 가지를 겸했어도 '나는 말을 못 한다.'고 하였습니다. 그렇다고 하면 선생님은 이미 성인(聖人)이 되신 겁니다."

"아니 그게 무슨 말인가? 옛날에 자공이 공자에게 묻되 '선생님은 성인이십니다.' 이에 공자께서 '성인이라니 내가 어찌 가당하랴. 다만 나는 배우기를 싫어하지 않고 가르치기를 게을리하지 않는다.' 그러자 자공이 '배우기를 싫어하지 않는 것은 지혜로운 것이요, 가르치기를 게을리하지 않는 것은 인자한 것입니다. 인자하시고 지혜로우시니 선생님은 이미 성인이십니다.'라 했다. 이 문답을 볼 때 성인은 공자도 자처하지 않았으니 그게 말이 되나?"

"백이(伯夷)와 이윤(伊尹)은 사람이 어떻습니까?"

"처신하는 방법이 같지 않네. 자기의 임금이 아니면 섬기지 않고 자기의 백성이 아니면 부리지 않고, 세상이 평온하면 나가서 벼슬하고 혼란해지면 물러나와 들어앉은 것은 백이(伯夷)요, 누구를 섬긴들 임금이 아니며 누구를 부린들 백성이 아니겠는가 하여 세상이 혼란하던 평온하던 나가서 벼슬하는 것은 이윤(伊尹)이요, 벼슬을 할 만하면 나가서 벼슬하고 그만두어야 할 만하면 그만두고 오

진정한 유법천지有法天地를 향하여 하

래 머물러 있을 만하면 오래 머물러 있고 빨리 떠날 만하면 빨리 떠나는 것은 공자였다. 다 옛날의 성인들일세. 나는 아직 그처럼 할 수는 없지만 언제나 공자를 배우는 것이 소원이라네."

"백이와 이윤은 공자와 비등합니까?"

"아니다. 이 세상에 사람이 생겨난 이래로 공자만한 이는 아직까지 없네."

"그러면 이 세 사람에게 같은 점이 있습니까?"

"있지. 사방 백 리 정도의 땅을 얻어 그곳의 임금이 되었다면 다들 다른 제후들을 회동케 하여 천하를 차지할 수 있었을 것이고, 털끝만큼이라도 불의를 행하든가 한 사람이라도 무죄자를 죽이든가 하여 천하를 얻는 일은 다들 하지 아니할 것이니 이런 점은 같네."

"공자께선 어떤 분이었습니까?"

"지혜가 족히 성인을 알아볼 만하여 적어도 자기들이 좋아한다고 해서 거기에 치우치지 않는 재아(宰我), 자공(子貢), 유약(有若)의 말을 들어보면 알 수 있다. 재아는 '내가 보는 견지로는 공자는 요·순보다 훨씬 더 훌륭하다.'고 하였고, 자공은 '그 사람의 예(禮)를 보면 그 사람의 정치를 알게 되고, 그 사람의 음악을 들으면 그 사람의 덕을 알게 되니 백세(百世) 후에 지나간 백세(百世)의 왕들을 견주어보면 이 표준에서 벗어나는 일이 없을 것이다. 그러므로 이 세상에 사람이 생겨난 이래로 공자 같은 이는 아직 없다.'고 하였고, 유약은 '기린은 달리는 짐승과 동류이나 그 무리에서 뛰어나고, 봉황은 나는 새와 동류이나 그 무리에서 뛰어나고, 태산은 작은 산과 동류이나 그 무리에서 뛰어나고, 하해(河海)는 길가에 고인물과 동류이나 그 무리에서 뛰어났다. 이와 마찬가지로 성인(聖人)도 일반 사람들과 동류로 그 무리에서 나왔으나 동류 중 가장 뛰어난 것이다. 이 세상에 사람이 생겨난 이래로 공자보다 훌륭한 이는 없다.'고 말하였네."

(4) 부동심(不動心) 四

⊗ 경춘(景春)이 맹자(孟子)에게 "공손연과 장의는 어찌 진정한 대장부가 아니겠습니까? 그들이 한번 노하면 제후들이 두려워하고 가만히 있으면 온 세상이 잠잠해집니다. 맹자 왈 "그렇게 해서야 어찌 대장부가 될 수 있겠는가? 그대는 예(禮)를 배운 적이 없는가? 장부(丈夫)가 관례를 할 때에는 아버지가 훈계해주는데, 여자가 출가할 때에는 어머니가 훈계해주고 갈 때에는 문에서 전송하면서 '너 시집에 가서는 반드시 공경하고 반드시 조심하여 남편의 뜻을 어기지 말라.'고 하니 이렇게 순종하는 것을 올바른 것으로 여기는 것이 부녀자의 도리요, 사람이 넓은 세상에 살면서 올바른 자리에 서서 대도를 실천하여 뜻을 이루었을 때는 백성들과 더불어 그 도를 함께 해 나가고, 뜻을 이루지 못했을 때는 혼자서라도 그 도를 실천하여 부귀도 그 마음을 음란케 하지 못하고 빈천도 그의 마음을 변하게 하지 못하고 위무도 그의 마음을 굴복케 하지 못하게 되어야 이것을 대장부라고 하니라.

(5) 존심양성(存心養性) 一

⊗ 존양(存養)은 순천지도(順天之道)
맹자께서 말씀하셨다. "자기의 마음을 다하는 자는 자기의 성(性)

을 알게 되니 자기의 성(性)을 알면 천(天)을 알게 된다. 자기의 마음을 보존하여 자기의 성(性)을 기르는 것은 천(天)을 섬기는 방법이다. 그러므로 사람이 요절장수(夭折長壽)에 의심을 두지 않고 자신의 덕을 닦아서 천명(天命)을 기다리는 것이 천명에 순(順)하는 방법이다."

(6) 존심양성(存心養性) 二
❀ 대자양육(大者養育)이 대인(大人)

맹자께서 말씀하셨다. "사람이 자기 몸에 대해서는 어느 것 없이 다 같이 사랑한다. 어느 것 없이 다 같이 사랑하면 어느 것 없이 다 같이 기른다. 그러나 기르는 데 있어서 경중(輕重)이 있으니 자신을 반성하여 이 경중을 택할 뿐이다. 몸에는 귀한 부분과 천한 부분이 있고 큰 부분과 작은 부분이 있으니 작은 부분을 가지고 큰 부분을 해치지 말고 천한 부분을 가지고 귀한 부분을 해치지 말아야 한다. 작은 부분을 기르는 사람은 소인(小人)이 되고 큰 부분을 기르는 사람은 대인(大人)이 된다. 여기에 한 사람이 있는데 그가 손가락 하나를 고치면서 어깨와 등의 중병을 돌보지 않는다면 그는 낭질인(狼疾人)이 될 것이다. 이욕만을 중히 여기는 사람은 남들이 천하게 여기니 이것은 그가 작은 것을 기르고 큰 것(도덕심)을 잃어버리고 있기 때문이다."

(7) 존심양성(存心養性) 三
❀ 천성보존(天性保存)이 성인(聖人)

맹자께서 말씀하셨다. "체모(体貌)와 안색이 자연스러운 것은 천성(天性)이나 오직 성인(聖人)이라야 그대로 해나갈 수 있다."

(8) 존심양성(存心養性) 四
⚜ 적자지심(赤子之心)의 보존(保存)

즉 도덕적 천성보존(道德的 天性保存)

맹자께서 말씀하셨다. "대인(大人)이란 어린아이와 같은 소박한 마음을 잃지 않은 사람이다."

(9) 과욕(寡欲: 적은 욕심) 一
⚜ 심해(心害)의 제거(除去)

맹자께서 말씀하셨다. "굶주린 사람은 맛있게 먹고 목마른 사람은 달게 마신다. 그러나 이것은 음식의 올바른 맛을 안 것은 아니다. 기갈(飢渴)이 이것을 해친 것이다. 그런데 어찌 입과 배에만 이런 기갈의 해가 있겠는가? 사람의 마음에도 역시 이러한 해가 있다. 사람이 기갈의 해로 인하여 심지(心志)를 해롭게 하지 않을 수만 있다면 사람됨이 남보다 못할까 근심하지 않을 것이다."

(10) 과욕(寡欲: 적은 욕심) 二
⚜ 양심(養心)은 과욕(寡欲)이 제일

맹자께서 말씀하셨다. "본심(本心)을 배양하는 데는 욕심을 적게 하는 것보다 더 좋은 방법이 없다. 사람됨이 욕심이 적으면 본심을 보존하지 못하는 일이 있다고 하더라도 극히 적을 것이다. 그리고 사람됨이 욕심이 많으면 본심을 보존하는 일이 있다고 하더라도 극히 적을 것이다."

(11) 과욕(寡欲: 적은 욕심) 三

❀ 맹자께서 말씀하셨다. "행(行)해서는 안 될 것을 행하지 않고, 욕구(欲求)해서는 안 될 것을 욕구하지 말아야 한다. 사람은 마땅히 이와 같이 할 따름이다."

(12) 자반(自反: 스스로를 반성함) 一

❀ 맹자께서 말씀하셨다. "군자(君子)가 보통 사람들과 다른 까닭은 그가 본심(本心)을 지니고 있기 때문이다. 군자(君子)는 인(仁)을 본심에 지니고 예(禮)를 본심에 지닌다. 인자(仁者)는 남을 사랑하고 예자(禮者)는 남을 공경한다. 남을 사랑하는 사람에게는 남도 항상 그를 사랑해주고, 남을 공경하는 사람에게는 남도 항상 그를 공경해준다. 여기에 한 사람이 있다고 하자. 그가 자기에게 무례하게 대하면 이때에 군자(君子)다운 사람은 반드시 스스로 반성하여 '내가 틀림없이 인자하지 못하고 무례하였구나! 그렇지 않으면 왜 이런 일이 닥쳐왔으리요?' 하고 말한다. 그러나 이렇게 스스로 반성하여 보아도 인자하고 예의가 있었다고 생각하는데 그 무례함이 여전하면 이때에 군자(君子)인 사람은 반드시 스스로 반성하여 '내가 틀림없이 마음을 다하지 못하였구나!' 하고 말한다. 그러나 이렇게 스스로 반성하여 보아도 그 무례함이 여전하면 이때에는 군자(君子)인 사람은 '이 자는 역시 망령된 사람이구나. 이렇다면 금수와 무엇이 다르리요? 금수에 대해서야 또 비난해서 무엇하랴?' 하고 말한다. 이런 까닭에 군자는 종신(終身)토록 가지는 근심이 있으나 하루아침에 갑자기 생기는 걱정은 없는 것이다. 그렇다면 군자(君子)가 근심하는 것이란 무엇인가? '순임금도 사람이고 나도 사람이다. 그러나

순임금은 천하에 모범이 되어 후세에 전해지는데 나는 여전히 아직 향리의 보통 사람을 면하지 못하고 있다.' 이것이 근심할만한 일이다. 이것을 어떻게 근심하는가 하면 언제나 순임금같이 할 뿐이다. 대개 군자(君子)는 걱정하는 일이 없다. 인(仁)이 아니면 하지 않고 예(禮)가 아니면 행하지 않는다. 그러므로 하루아침에 갑자기 생기는 걱정이 있더라도 군자(君子)는 걱정하지 않는다."

(13) 자반(自反: 스스로를 반성함) 二
⌘ 반성(反省)을 통한 성신(誠身)
맹자께서 말씀하셨다. "만물의 이치는 다 나에게 갖추어져 있다. 자신을 반성하여 성실히 해나가면 즐거움이 이보다 더 큰 것이 없고, 자신의 마음을 미루어 보고 남을 대우하는데 힘써 나가면 인(仁)을 구하는 것이 이보다 더 가까운 길이 없다."

(14) 자반(自反: 스스로를 반성함) 三
⌘ 사성(思誠)은 인도(人道)
맹자께서 말씀하셨다. "아랫자리에 있으면서 윗사람의 신임을 얻지 못하면 민중을 다스릴 수가 없을 것이다. 윗사람의 신임을 얻는 데는 방법이 있으니 이것은 벗들에게 신용을 얻지 못하면 윗사람에게 신임을 얻지 못할 것이다. 벗들에게 신용을 얻는 데는 방법이 있으니 이것은 어버이를 섬겨서 어버이가 기뻐하지 않으면 벗들에게 신용을 얻지 못할 것이다. 어버이를 기쁘게 하는 데는 방법이 있으니 이것은 자신을 반성하여 성실하지 아니하면 어버이를 기쁘게 하지 못할 것이다. 자신을 성실하게 하는데도 방법이 있으니 이것은 선(善)에 밝지 아니하면 자신을 성실하게 하지 못할 것이다. 이런 까닭으로 성실 그 자체는 천도(天道)요, 성실해지기를 생각하는 것은 인도(人道)이다. 지극히 성실하고 남을 움직이지 않는 사람이 없으며, 성실치 아니하고 남을 움직일 수 있는 사람은 없다."

(15) 자반(自反: 스스로를 반성함) 四
❀ 자성내구(自省內求)

맹자께서 말씀하셨다. "나는 사랑하는데 그 사람이 친해주지 아니하면 자기의 사랑하는 마음이 철저하지 않은가 반성하고, 나는 그래도 힘을 기울여 남을 다스리는데 다스려지지 아니하면 자기의 지혜가 부족(不足)하지 않은가 반성하고, 나는 그래도 예(禮)로써 대하는데 그 사람이 답례가 없으면 자기의 공경하는 태도가 온당하지 않은가 반성하라. 향해서 바랐던 것을 얻지 못하는 것이 있으면 다 이것을 자기 자신에게 돌이켜서 그 원인을 찾아라. 자기 몸이 올바르면 온 세상 사람들이 귀순해 올 것이다. 그러므로 시(詩)에 '길이 천명(天命)에 배합(配合)하면 자신이 많은 복을 찾을지로다.'라고 하였다."

(16) 자반(自反: 스스로를 반성함) 五
❀ 자기반성(自己反省)의 중시(重視)

맹자께서 말씀하셨다. "비근(卑近 : 늘 보고 들을 수 있는 가까운 것)한 말이면서 그 뜻이 심원한 것은 착한 말이요, 실천하기 쉬우면서 그 베풀어짐이 넓은 것은 착한 도(道)이다. 군자(君子)의 말은 일상적인 말이로되 도(道)가 내존(內存)하였고, 군자의 실천은 몸을 닦는 것이로되 천하가 화평해진다. 사람의 병폐는 자기 밭을 내버려두고 남의 밭을 김매는 것이니, 이것은 남에게 구하는 것을 중하게 여기고 스스로 자기가 맡은 것을 가볍게 여기기 때문이다."

(17) 자반(自反: 스스로를 반성함) 六

⑧ 반신택인(反身擇仁 : 자기 몸을 돌아보고 인(仁)을 골라 거처함)

맹자께서 말씀하셨다. "화살 만드는 사람이 어찌 갑옷 만드는 사람보다 불인(不仁)하겠나마는 화살 만드는 사람은 오직 사람을 상하지 않게 할까 걱정하고, 갑옷 만드는 사람은 오직 사람을 상하게 할까 두려워한다. 무당과 관 만드는 목수도 또한 그러하다. 그러므로 직업을 택하는 데는 신중을 기하지 않을 수 없다. 공자께서도 '인(仁)에 거처하는 것이 미덕이 된다. 간택하여 인(仁)에 거처하지 않는다면 어찌 지혜롭다고 하겠는가?' 하고 말씀하셨다. 대개 인(仁)은 하늘이 준 존작이요 사람이 거처할 안택(安宅)이다. 못 들어오게 막지도 않는데 불인(不仁)한데 거처하고 있으니 이것은 지혜롭지 못한 것이다. 인자하지 않고 지혜롭지 않고 예와 의가 없으면 남에게 부림을 받게 된다. 남에게 부림을 받으면서 부림 받는 것을 부끄러워하는 것은 마치 궁인(弓人)이 활 만드는 것을 부끄러워하고, 시인(矢人)이 화살 만드는 것을 부끄러워하는 것과 같다. 만약에 부림 받는 것을 부끄러워한다면 인(仁)을 실천하는 것이 제일 좋을 것이다. 인(仁)을 하는 사람은 활 쏘는 것과 같다. 활 쏘는 사람은 자기의 자세를 바르게 한 뒤에 쏜다. 쏘아서 과녁에 맞지 않아도 자기를 이긴 사람을 원망하지 않고 잘못을 자기한테 돌이켜 찾을 뿐이다."

(18) 호선(好善: 선을 좋아함) 一

🐾 호선(好善)이 제일(第一)

노나라는 악정자로 하여금 집정(執政)을 해보게 하려고 했다. 이에 맹자께서 말씀하셨다.

"나는 이 말을 듣고 기뻐서 잠이 안 온다."

공손추가 물었다.

"악정자는 굳건합니까?"

"그렇지 않네."

"지모가 있습니까?"

"그렇지 않네."

"그렇다면 무엇 때문에 기뻐서 잠이 안 오십니까?"

"그의 사람됨이 선(善)을 좋아하네."

"선(善)을 좋아하면 그것으로 족합니까?"

"선(善)을 좋아하면 천자국(天子国)에도 남음이 있는데 하물며 노나라에서랴. 진실로 선(善)을 좋아하면 사해(四海) 안의 사람들이 다 천 리(千里)를 멀다 않고 모여들어 선(善)을 말해주려고 할 것이다. 그러나 진실로 선을 좋아하는 것이 아니면 사람들이 이렇게 말할 것이다. '똑똑한 척하면서 나는 벌써 알았다고 하는 꼴이다.'라고. 똑똑한 척하는 음성과 안색은 사람들을 천리(千里) 밖으로 물러나게 만든다. 선비들이 천 리 밖에 머물러 있으면 참소하고 면유(面諛 : 면전에서 아첨함)하는 사람들이 모여들게 될 것이다. 만약에 참소하고 면유하는 사람들과 같이 있다면 나라가 다스려지기를 바란들 될 수 있겠는가?"

(19) 호선(好善) 二

❀ 개과천선(改過遷善)

연나라 사람들이 제나라에 반기를 들었다. 이때에 왕이 "나는 맹자에게 심히 부끄럽다."고 말하자 진고(陣賈)가 왕에게 말했다.

"왕께서는 그런 것을 근심하지 마십시오. 왕께서는 주공(周公)과 전하를 견주어 보실 때 어느 쪽이 인자하고 또 지혜롭다고 생각하십니까?"

"허, 그게 무슨 말이오?"

"주공이 관숙을 시켜서 은민(殷民)을 감독하게 하였는데, 관숙은 은민을 거느리고 반기를 들었습니다. 그럴 줄 알고 시켰다면 이것은 인자하지 못한 것이요, 모르고 시켰다면 지혜롭지 못한 것입니다. 인자함과 지혜로움은 주공도 부족한데 하물며 왕께서야 말할 게 있습니까? 제가 맹자를 만나보고 해명하도록 하겠습니다."

그는 맹자에게 가서 물었다.

"주공(周公)은 어떤 사람입니까?"

"옛날의 성인이오."

"관숙을 시켜 은민(殷民)을 감독하게 하였는데 관숙은 은민을 거느리고 반기를 들었다는데 그런 일이 있었습니까?"

"그런 일이 있었지요."

"주공은 관숙이 앞으로 반기를 들 것이란 것을 알고서 시켰던가요?"

"모르고 그랬지요."

"그러면 성인도 과오가 있습니까?"

"주공(周公)은 동생이었고 관숙은 형이었으니 주공의 과오야 있을 법한 일이 아니겠소? 또 옛날의 군자(君子)는 과오가 있으면 그것을 고쳤는데 지금의 군자(君子 : 여기서는 王을 말함)는 과오가 있으면 그것을 그대로 밀고 나가오. 옛날의 군자(君子)는 그 과오를 일식(日蝕)과 월식(月蝕)같이 드러내므로 백성들이 다 그것을 보았고, 그들이 과오를 고치게 되면 백성들이 다 우러러보았는데 지금의 군자(왕)는 어찌 그대로 밀고 나갈 뿐인가요? 또 과오에 대하여 변명까지 하오."

〈보충설명 : 군자(君子)는 유덕자란 뜻과 왕이나 고관대작을 의미하는 두 가지 뜻이 있다. 윗글은 제나라가 연나라를 쳐서 빼앗았을 때, 다른 여러 제후들이 연나라를 구해주려고 했다. 제 선왕이 이에 대한 대비책을 맹자에게 물었을 때 속히 명령을 내려 연나라의 노약자들을 돌려보내고 연나라의 귀중한 기물들을 그곳에 그냥 두게 하고 연나라의 여러 사람과 의논하여 임금을 세워놓고 돌아오라고 말했으나 선왕이 이 말을 듣지 않았기 때문에 결국 연나라가 반기를 들게 되었다. 제 선왕이 이것을 부끄럽게 생각했는데 제나라 대부인 진고(陣賈)가 주공(周公)의 처사를 들어 왕을 위무하고 맹자에게 찾아가 선왕의 처사가 잘못이 아님을 해명하였던 것이다. 맹자께선 이에 대하여 주공의 과오는 육친의 정에서 온 것이니 있을 수 있는 일이며, 이것은 선왕의 경우와는 그 성격이 근본적으로 다르다고 설명하였다. 주공의 경우는 도의에 배반됨이 없고, 선왕(宣王)의 경우는 도의에 배반되는 패도의 술법이기 때문에 이것을 변명하는 진고(陣賈)를 통박한 글이다.〉

(20) 호선(好善) 三

※ 여인동선(與人同善: 남과 함께 선을 행함)

맹자께서 말씀하셨다. "자로(子路)는 남이 그에게 허물이 있다고 고(告)해 주면 기뻐하였고, 우(禹)는 선한 말을 들으면 절을 하였다. 그런데 위대한 순(舜)은 이보다 더 대단함이 있었으니 그는 선(善)한 것은 남과 더불어 같이 하였다. 그래서 자기의 잘못을 버리고 남을 따랐으며, 남에게서 취해서 선을 행하기를 즐거워하였다. 농사짓고 질그릇 굽고 고기잡이하는 데서부터 황제가 되기까지에 남에게서 취해서 선을 행하지 않는 일이라곤 없었다. 남에게서 취해서 선을 행하는 것은 남과 함께 선을 행하는 것이다. 그러므로 군자(君子)는 남과 함께 선을 행하는 것보다 더 중대한 일은 없다."

(21) 호선(好善) 四

※ 불선언급(不善言及)의 금지(禁止)

맹자께서 말씀하셨다. "남의 불선을 말하다가 거기에 따라올 후환(後患)을 어떻게 할 것인가?"

(22) 중용지행(中庸之行) 一

※ 중용준수(中庸遵守)

맹자께서 말씀하셨다. "그만두어서는 안 될 것을 그만두어 버리는 사람은 그만두지 않는 것이 없을 것이요, 후(厚)하게 할 것에다 박(薄)하게 하면 박하게 하지 않는 것이 없을 것이다. 앞으로 나가는 것이 날카로운 사람은 뒤로 물러나는 것도 빠르다."

(23) 중용지행(中庸之行) 二

⚇ 공자(孔子)의 중용(中庸)

맹자께서 말씀하셨다. "중니(仲尼 : 공자)는 지나치는 행동을 하지 않는 사람이었다."

(24) 중용지행(中庸之行) 三

⚇ 공자(孔子)의 중용(中庸)

맹자께서 말씀하셨다. "공자께서 노나라를 떠날 적에 '내 발걸음이 잘 떨어지지 않는구나!'라고 말씀하셨으니 이것은 부모(父母)의 나라를 떠나는 도리(道理)요, 그가 제나라를 떠날 적에는 취사(炊事 : 밥 짓는 일)를 하다가 철수하고 급히 가버렸으니 이것은 다른 나라를 떠나는 도리(道理)였다."

〈보충설명 : 밥을 짓다가 말고 서둘러 급히 떠나버린 공자의 조급함을 변호해주는 글이다.〉

(25) 중용지행(中庸之行) 四

⚇ 시중지도 함양(時中之道 涵養)

맹자께서 말씀하셨다. "천하에 도(道)가 있으면 도(道)를 가지고 몸에 따르게 하고, 천하에 도가 없으면 몸을 가지고 도(道)에 따르게 할 것이다. 여태껏 도(道)를 가지고 남에게로 따라간다는 것은 보지 못하였다."

(26) 수양태도(修養態度) 一

⚇ 불굴(不屈)의 정신(精神)

순우곤이 "남자와 여자가 손수 주고받지 않는 것이 예(禮)입니까?" 맹자 "예(禮)지요."

"형수가 물에 빠지면 손으로 끌어당겨 줍니까?"

"형수가 물에 빠졌을 때 끌어당겨 주지 않는다면 이것은 시랑(이리)이지요. 그런데 남자와 여자가 손수 주고받지 않는 것은 예(禮)이고, 형수가 물에 빠졌을 때 손으로 끌어당겨 주는 것은 권도(權道: 수단은 옳지 않으나 결과로 보아 정도에 맞는 처리 방도)지요."

"지금 온 세상이 물에 빠졌는데 선생님께서 끌어당겨 주시지 않는 것은 무슨 까닭입니까?"

"온 세상이 물에 빠졌을 때는 도(道)로써 구원하고, 형수가 물에 빠졌을 때는 손으로 끌어당겨 주는데 당신은 세상을 구원하는데 손으로 하려는 거요?"

〈보충설명 : 이 글은 순우곤이 "치세 방법도 임기응변인 권도로 할 수 있다."는 주장을 했으나 맹자께선 "천하 통치에는 중대한 정치도가 있는데 어찌 비상시에 활용하는 비정상적인 권도를 사용할 것인가?" 하면서 순우곤의 통치 방법을 일축한 글이다.〉

(27) 수양태도(修養態度) 二

🏵️ 도덕성(道德性)의 연마(研磨)

맹자께서 말씀하셨다. "오곡보다 좋은 종자는 없다. 그러나 만약에 그것이 익지 않으면 피만도 못하다. 대개 인(仁)도 또한 이것을 익게 하는데 있을 따름이다."

(28) 수양태도(修養態度) 三

⑧ 자모(自侮: 자신을 모욕함)의 금지(禁止)

맹자께서 말씀하셨다. "워낙 불인(不仁)한 이에게는 충언(忠言)을 할 수가 없다. 위태로워질 일을 편안하게 여기고, 재앙이 될 일을 이롭게 여기고, 망하게 될 일을 즐거워하니 만약에 불인(不仁)한 데도 충언(忠言)이 가능하다면 어찌 나라를 망하게 하고 집안을 패(敗)하게 하는 일이 일어나겠는가? 어떤 어린아이가 노래하기를 '창랑의 물이 맑으면 내 갓끈을 씻을 것이요, 창랑의 물이 흐리면 내 발을 씻으리로다.' 하였다. 공자께서 '얘들아(제자들), 저 노랫소리를 들어보아라. 맑으면 갓끈을 씻고 흐리면 발을 씻는다 하니, 이것은 물 스스로가 그런 사태를 가져오게 한 것이다.'라고 말씀하셨다. 사람은 반드시 그 자신을 모욕한 뒤에야 남이 그를 모욕하고, 가문(家門)은 반드시 그 자신들이 파괴한 뒤에야 남이 그 가문을 파괴하고, 나라는 반드시 그 자신들이 자벌(自伐)한 뒤에야 남이 그 나라를 토벌한다. 그러므로 태갑에 '하늘이 내린 재앙은 그래도 피할 수가 있으나 자기가 지은 재앙은 모면할 수가 없다.'고 하였으니 이것은 이런 점을 두고 한 말이다."

(29) 수양태도(修養態度) 四

⑧ 행동(行動)의 한계(限界)

맹자께서 말씀하셨다. "사람은 하지 않는 일이 있은 후라야 하는 일이 있을 수 있다."

(30) 수양태도(修養態度) 五

⚜ 언행(言行)은 도의기준(道義基準)에서.

맹자께서 말씀하셨다. "대인은 말을 하는데 반드시 신용을 기필(期必)하지 않으며 행하는데 반드시 소과(所果)를 기필하지 않는다. 다만 의(義)에 맞도록 행동할 뿐이다."

〈보충설명 : 사람에게는 언어의 신의가 있어야 하고 행동에 소과(所果)가 있어야 하지만 이러한 신의와 소과도 도의(道義)에 맞지 않으면 안 된다. 다만 근본적인 도의를 기준으로 하여 언행(言行)을 해나가는 것이 진실한 도덕적 언행이며, 여기에 참된 신의와 소과가 내존(內存)한다고 보는 것이 맹자의 견해이다.〉

(31) 수양태도(修養態度) 六

⚜ 수치심(羞恥心)의 보존(保存)

맹자께서 말씀하셨다. "사람이 부끄러워하는 마음이 없어서는 안 된다. 부끄러워하는 마음이 없는 것을 부끄러워하면 치욕 되는 일이 없을 것이다."

(32) 수양태도(修養態度) 七

⚜ 수치심(羞恥心)의 활용(活用)

맹자께서 말씀하셨다. "부끄러워하는 마음은 사람에게 있어서 중요한 것이다. 임시변통으로 기교를 부리는 자는 부끄러운 마음을 쓰는 일이 없다. 사람이 남과 같지 않음을 부끄러워하지 않으면 어찌 남과 같음이 있다고 하겠는가?"

3부

교육사상
教育思想

유학(儒学)에 있어서 소위 교육은 지식교육이나 기술교육이 아니고 도덕교육을 의미한다. 도덕학의 교수이며 도덕을 실천할 수 있는 군자적 교양인의 양성이다. 맹자의 교육의 방법 이론은 인간의 도덕 의지가 자율적으로 악을 거부하고 도덕 이상을 실현할 수 있다는 가능성을 교시(教示)해 준다. 그 방법은 유혹의 모든 요인, 즉 환경을 일체 차단하고 자기의 도덕적인 본성을 드러낼 수 있도록 하는 계발(啓発)교육이다.

1. 교육(敎育)의 이념(理念)

一. 교육의 의의(意義)

(1) 교육자(敎育者)의 기본자세

❀ 맹자가 제나라를 떠났을 때 윤사(尹士)가 어느 사람에게 말했다. "우리 왕이 탕임금이나 주무왕과 같이 될 수 없다는 것을 그가 몰랐다면 곧 그것은 명철하지 못한 것이다. 그렇게 되지 못할 것을 알면서도 그래도 왔었다면 그것은 곧 녹(祿)을 얻으려고 온 것이다. 천 리 길을 와서 왕을 만났다가 맞지 않았기 때문에 떠나간 것인데 사흘이나 묵고 난 뒤에 주(晝 : 고을 이름)를 떠났으니 그것이 얼마나 늑장 부린 것인가? 나는 이런 일을 불쾌하게 여긴다."

고자(高子)가 이 말을 맹자에게 일렀다. 이에 맹자께서 말씀하셨다.

"그 윤사가 어찌 나를 알겠는가? 천 리(千里) 길을 가서 왕을 만난 것은 그것을 내가 바라서 한 것이다. 맞지 않았기 때문에 떠난 것은 어찌 내가 그것을 바라서 한 것이겠는가? 내가 그렇게 하지 않을 수 없었던 것이다. 내가 사흘을 묵고서 주를 떠난 것은 내 마음속으로는 오히려 빨랐다고 여겨진다. 왕이 마음을 고치기를 바랐던 것이니, 만약에 왕이 마음을 고칠 수 있었다면 반드시 곧 나를 다시 오게 했을 것이다. 그런데 주를 떠나도 왕은 나를 쫓아오지 않았다. 나는 그렇게 된 뒤에야 마음이 풀려 돌아가 버릴 생각을 갖게 된 것이다. 그렇다고 해서 어찌 내가 왕을 버릴 수야 있겠는가? 그래도 왕은 선한 정치를 하는데 쓸 충분한 능력이 있다. 왕이 만약에 나를 쓴다면 비단 어찌 제나라의 백성들만 편안해질 뿐이겠는가? 온 천하의 백성들이 다 편안해질 것이다. 왕이 마음 고치기를 희망하는데 나는 매일같이 그것을 바라고 있다. 어찌 내가 소견이 좁은 사람들이 하는 것과 같은 짓을 하겠는가? 자기 임금에게 간(諫)하고서 받아들여지지 않는다 해서 곧 성내어 얼굴에 노기를 띠운다든가, 떠나가는데 하루 동안에 갈 수 있는 최대한의 길을 가고 나서 투숙하는 짓을 할 것인가?"

윤사가 그 말을 듣고 "나는 정말로 소인(小人)이었다." 하였다.

(2) 교학(敎学)의 요지(要旨)

❀ 맹자께서 말씀하셨다. "널리 배워서 그것을 상세하게 풀이해 나간다는 것은 장차 그것을 토대로 하여 오히려 요점을 풀이해 보려는 것이다."

(3) 천(天)에 의한 시련(試練)

❀ 맹자께서 말씀하셨다. "순임금은 논밭 가운데에서 기용되었고, 부열은 성벽 쌓는 일터 사이에서 기용되었고, 손숙오는 바닷가에서 등용되었고, 백리해는 시장바닥에서 등용되었다. 그러므로 하늘이 이런 사람들에게 큰일을 맡기는 명을 내리려면 반드시 먼저 그들의 마음을 괴롭히고 그들이 살과 뼈를 지치게 만들고 그들의 육체를 주려 마르게 하고 그들의 생활을 궁핍하게 해서 하는 일마다 그들이 꼭 해야 할 일과는 어긋나게 만든다. 이것은 그들의 마음을 움직여서 그 화나는 일을 참게 하여 자기가 해내지 못하던

일을 더 많이 할 수 있도록 해주기 위해서인 것이다. 사람들은 언제나 잘못을 저지르고 난 다음에서야 능히 그것을 고칠 수가 있고, 마음속에 번민을 하고 생각을 많이 하고 난 다음에야 일을 하게 되며 안색에 나타내고 소리로 낸 다음에서야 알게 되는 것이다. 안으로는 법도를 잘 지켜온 가문과 보필하는 현명한 신하가 없고, 밖으로는 대적하는 나라와 외환이 없다면 그런 나라는 언제나 망하게 된다. 그렇게 되고 난 뒤에서야 우환 속에서는 살 수 있고, 편안한 속에서는 망한다는 것을 알게 되는 것이다."

(4) 문호개방(門戶開放)의 의의(意義)

꽃 맹자가 등나라에 가서 여관에 유숙하였다. 살창 위에 신 삼던 것이 있었는데 그 여관주인이 그것을 찾았으나 찾지를 못하였다.

어떤 사람이 묻기를 "그런 짓까지 하는가? 따라온 사람이 감춘 것이다."

이에 맹자가 답하시길 "자네는 내가 신을 훔치려고 그 사람들을 데리고 왔다고 생각하는가?"

"물론 그렇지야 않겠지요."

"내가 교과를 설정하고 제자를 받아들이는 데 가는 사람을 붙들지 않고 오는 사람을 거절하지 않았다. 진실로 배우고자 하는 마음을 갖고 오기만 한다면 그를 받아들이는 것일 뿐이었다."

(5) 교육자(敎育者)의 품위(品位)

꽃 맹자께서 말씀하셨다. "현명한 사람은 그 밝은 법도를 가지고 다른 사람을 밝게 해주는데, 지금은 그 흐려진 법도를 가지고 다른 사람을 밝게 해주려고 든다."

(6) 피교육자(被教育者)의 책무(責務)

❀ 맹자께서 말씀하셨다. "집 짓는 목수와 수레 만드는 장인(匠人)들이 남에게 규구(規矩 : 컴퍼스와 곡척)는 줄 수 있으나 남의 기술이 좋아지게 해주지는 못하는 것이다."

〈보충설명 : 목수나 대장장이가 그 기술을 남에게 가르칠 때엔 반드시 그 규구의 사용법을 가르치나 그 이상의 기술 향상은 배운 사람 자신의 노력 여하에 달려있는데 학문에 있어서도 마찬가지란 뜻이다.〉

二. 교육(敎育)의 목표(目標)

(1) 육영(育英)의 참된 보람

⟐ 맹자께서 말씀하셨다. "군자(君子)에겐 세 가지 참된 즐거움이 있다. 그러나 천하에 왕 노릇 하는 것만은 거기에 들어있지가 않다. 부모가 다 생존해 계시고 형제들에게 아무 연고가 없는 것이 그 첫째의 즐거움이다. 우러러보아서 하늘에 부끄럽지 않고 굽어보아서 사람에게 부끄럽지 않은 것이 그 두 번째의 즐거움이다. 천하의 뛰어난 인재를 얻어서 그를 교육하는 것이 세 번째의 즐거움이다."

(2) 도적적 판단지(道德的判斷知)의 가치

⟐ 맹자께서 말씀하셨다. "지자(知者)에게는 알지 못할 일이 없는 것이겠지만 먼저 당연히 힘써야 될 일을 급하게 여겨야 할 것이다. 인자한 사람은 사랑하지 않을 것이 없겠지만 현량(賢良)한 사람을 더 친하기를 서둘러 힘써야 될 일이다. 요임금과 순임금의 지혜로도 사물을 두루 다 알지 못했던 것은 먼저 힘써야 될 일을 서둘러 했기 때문이다. 또 요임금과 순임금의 인자함을 가지고도 사람들을 두루 다 사랑하지 못한 것은 현량한 사람을 먼저 친하는데 서둘렀기 때문이다."

(3) 간단(間斷)없는 자질향상(資質向上)

⟐ 서자(徐子 : 맹자의 제자)가 맹자에게 물었다.

"공자께서는 자주 물을 칭송하여 말하기를 '물이여! 물이여!' 하였는데 무엇을 취한 것입니까?"

"근원이 깊은 샘물은 밤낮 가리지 않고 끊임없이 흘러 푹 패인 구덩이를 가득 채우고 난 후에 앞으로 나아가고 그래서 바다에 이른다. 근본이 있는 것은 이와 같은 것이므로 바로 그 점을 취했던 것이다. 진실로 근본이 없다면 비록 7, 8월 사이에 빗물이 고여서 크고 작은 개천들을 다 가득 차게 할 수 있지만 이내 그 물이 줄어들어 말라버리게 되는 것이다. 그래서 명성이 실제보다 지나치게 나는 것을 군자(君子)는 부끄러워하는 것이다."

(4) 도덕교양(道德敎養)의 함육(涵育)

❀ 맹자께서 말씀하셨다. "중(中 : 조화된 것)의 덕을 지닌 사람은 중(中)의 덕을 지니지 못한 사람을 길러주고, 재능을 가진 사람은 재능을 갖지 못한 사람을 길러준다. 그러므로 사람들은 현명한 부형을 갖기를 바라는 것이다. 만약에 중(中)의 덕을 지닌 사람이 중(中)의 덕을 지니지 못한 사람을 버리고, 재능을 가진 사람이 재능을 갖지 못한 사람을 버린다면 현명한 사람과 불초(不肖)한 사람과의 서로 다른 것이 한 치의 차이도 될 수가 없다."

2. 교육(敎育)의 방법(方法)

一. 방법(方法)의 구체성(具体性)

(1) 다변적 교육방법(多邊的 敎育方法)

⊛ 맹자께서 말씀하셨다. "가르치는 데에도 역시 그 방법이 여러 가지 있다. 내가 탐탁하게 여기지 않아서 가르쳐주지 않은 것도 역시 가르쳐주는 것이 될 따름이다."

(2) 교화(敎化)의 다섯 가지 양상(樣相)

⊛ 맹자께서 말씀하셨다. "군자(君子)가 남을 가르치는 방법에 다섯 가지가 있다. 제때에 내리는 비가 초목을 저절로 자라게 하는 것과 같이하는 것이 있다. 덕을 이룩하게 해주는 것이 있다. 재능을 발달시켜 주는 것이 있다. 물음에 대답해 주는 것이 있다. 혼자서 덕을 잘 닦아 나가도록 해주는 것이 있다. 이 다섯 가지는 군자가 가르치는 방법이다."

(3) 교과정(敎課程)의 기준(基準)

⊛ 공손추가 맹자에게 물었다. "도(道)라고 하면 곧 높고 또한 아름다운 것을 말합니다. 그것은 마치 하늘에 올라가는 것 같이 그렇게 높아 보여서 거기에 도달할 수 없을 것 같은데 왜 배우는 사람으로 하여금 가히 도달할 수 있도록 만들어서 매일 같이 꾸준히 따라가게 하지 않습니까?"

맹자가 답하시길 "훌륭한 목수는 졸렬한 목수를 위해서 먹줄 쓰는 방법을 고친다거나 없애는 일을 하지 않는다. 그리고 활 잘 쏘기로 유명한 예(羿)라는 사람은 활 잘 못 쏘는 사수(射手)를 위해서 그의 활 당기는 방법을 변경하지 않는다. 군자(君子)는 활을 당긴 채 아직 쏘지는 않고 있으나 지금 막 쏘아서 맞춰보려는 의욕적인 태세를 갖추고 있다. 중(中)의 도(道)에 맞게 선다면 능력 있는 사람은 그것을 따라서 하게 될 것이다."

＜보충설명 : 맹자께서 사람을 가르치는 데는 그 방법과 원칙이 있었다. 그래서 그 방법과 원칙을 버리고 사람을 가르치지는 않는다는 말이다. 그 방법이란 우선 사람의 품성과 자질에 따라 교육의 방법이 다르다는 것이며, 언제나 중(中)의 도(道)에 맞게 서서 배움에 대한 의욕적인 태도를 보임으로써 배우려는 사람들이 그런 마음가짐으로 배우게 한다는 말이다.＞

(4) 간난(艱難)을 통한 수련(修練)

⑱ 맹자께서 말씀하셨다. "사람의 덕행과 지혜와 학술과 재지(才智)는 언제나 열병을 겪는 데에서 나오기 마련이다. 오직 의로운 신하와 서자(庶子)만이 그 마음가짐에 있어서 위태함을 겁내고 환난을 염려하는 것이 깊기 때문에 사리(事理)에 통달하게 된다."

(5) 자녀교육(子女敎育)의 특수성

⑱ 공손추가 맹자에게 물었다. "군자(君子)가 자기 아들을 직접 가르치지 않는 것은 무엇 때문입니까?"

맹자가 답하시길 "형편이 그렇게 되지 않기 때문이다. 가르치는 데에는 반드시 올바른 것을 가지고 해야 되는 것이니, 올바른 것을 가지고 가르쳤건만 아들이 행하지 못하게 되면 그것에 이어 성내게 되고 성내게 되면 도리어 해치게 된다. '아버지는 나를 가르치는 데 올바른 것을 가지고 한다고 하지만, 아버지도 그 하는 것이 올바른 데서 나오는 것이 아니다.'라고 하게 되면 그것은 곧 부자(父子)가 서로 해치게 되는 것이다. 부자(父子)가 서로 해치게 되면 나쁜 것이다. 옛날에는 아들을 바꿔서 가르쳤고 부자간에는 잘하라고 책하지는 않았던 것이다. 잘하라고 책하면 틈이 나게 된다. 사이가 나쁘게 되면 상스럽지 못함이 그보다 더한 것이 없는 것이다."

二. 교육(教育)의 환경(環境)

(1) 교육적(教育的) 분위기 조성

⊛ 맹자께서 대불승(송나라 왕족)에게 말씀하셨다. "선생은 선생나라의 왕을 선해지게 하려고 하겠지요? 내가 분명히 선생에게 일러드리겠습니다. 만일 여기에 초나라의 대부가 있어서 그 아들이 제나라 말을 하도록 하려면 제나라 사람을 시켜서 그를 가르치게 할 것입니까, 초나라 사람을 시켜서 그를 가르치게 할 것입니까?"

"제나라 사람을 시켜서 그를 가르치게 할 것이다."

"제나라 사람 혼자서 그를 가르치고 초나라 사람 여럿이 그에게 떠들어댄다면 비록 매일같이 때려주면서 그가 제나라 말을 하도록 요구한다 할지라도 그것을 해내지 못할 것입니다. 또한 그를 끌어다가 수년 동안 제나라의 장·악(莊·嶽)거리에 놓아둔다면 비록 매일같이 때려주면서 그가 초나라 말을 하도록 요구한다 할지라고 그것을 해내지 못할 것입니다. 선생은 설거주(薛居州 : 송나라의 신하)를 선(善)한 선비라고 하여 그를 왕이 있는 곳에 거처하게 했지요. 왕이 있는 곳에 있는 사람들이 어른이나 아이나 낮은 사람이나 높은 사람이나 다 설거주와 같다면 왕이 누구와 더불어 선하지 못한 짓을 할 수 있겠습니까? 왕이 있는 곳에 있는 사람들이 다 설거주와 같지 않다면 왕이 누구와 더불어 선한 일을 할 수 있겠습니까? 한 설거주가 혼자서 송나라의 왕을 어떻게 할 수 있겠습니까?"

(2) 교우선택(交友選擇)

⊛ 방몽이 예(羿)에게서 활 쏘는 법을 배웠다. 그가 예의 방법을

다 익히고 난 뒤 생각하기를, 온 천하에 오직 예만이 활 쏘는 재주가 자기보다 낫다 하여 이에 곧 예(羿)를 죽여버렸다.

이에 대해 맹자께서 말씀하셨다. "그렇게 된 데에는 또한 예에게도 잘못이 있다."

그러자 공명의(公明儀)가 말하였다. "그에게는 거의 죄가 없는 것 같습니다."

맹자가 답하시길 "그것이 대단하지 않다고 말할 수 있을 뿐이지 어찌 잘못이 없다 할 수야 있겠는가? 정나라에서 자탁유자를 시켜 위나라를 치게 했을 적에 위에서는 유공지사로 하여금 그를 추격하게 하였다. 자탁유자가 말하기를 '오늘은 내가 병이 나서 활을 들지 못하겠으니 나는 이제 죽게 되었구나.' 하고 그의 시종에게 '나를 추격하는 놈이 누구냐?'고 물었다. 그의 시종이 대답하기를 '유공지사입니다.'라고 하자 그는 '이제 살았다.'고 말하였다. 그의 시종이 묻기를 '유공지사는 위나라에서 제일 활을 잘 쏘는 사람인데 선생께서 나는 살았다고 말하시니 무슨 뜻입니까?' 하자 '유공지사는 활쏘기를 윤공지타에게 배웠고, 윤공지타는 활쏘기를 나에게서 배웠다. 그런데 윤공지타는 마음이 바른 사람이다. 그래서 그가 취한 벗도 반드시 마음이 바른 사람일 것이다.'라고 하셨다. 유공지사가 자탁유자에게 와서 '선생은 무엇 때문에 활을 들지 않는 것인가?' 하고 물었다. '오늘은 내가 병이 나서 활을 들지 못한다.'고 말하자 '저는 활 쏘는 법을 윤공지타에게서 배웠고, 윤공지타는 그것을 선생에게서 배웠습니다. 저는 차마 선생님의 가르친 궁도(弓道)를 가지고 도리어 선생님을 해칠 수 없습니다. 그러나 오늘의 일은 국군의 공사(公事)인 만큼 제가 감히 그만두어 버릴 수는 없습니다.' 하고

화살을 뽑아서 살 끝 쇠태를 두드려 그 촉쇠를 빼버리고 화살 네
개를 쏜 뒤에 돌아갔다."

(3) 시대환경(時代環境)에 대한 효칙(效則: 본받아 법으로 삼음)

✿ 맹자께서 만장에게 말씀하셨다. "한 고을의 선한 선비일 경우
에는 한 고을의 선한 선비를 벗으로 사귀고, 한 나라의 선한 선비
일 경우에는 한 나라의 선한 선비를 벗으로 사귀며, 또 천하의 선
한 선비일 경우에는 천하의 선한 선비를 벗으로 사귄다. 그리고 천
하의 선한 선비를 벗으로 사귀는 것이 만족하게 여겨지지 않으면
또 옛사람에게 향하여 논평하고 벗을 삼는다. 그 사람이 지은 시
를 낭송하고 그 사람이 쓴 책을 읽고서도 그의 사람됨을 모른대서
야 되겠는가? 그래서 그의 시대를 논하게 되는 것이니 이것이 곧
위로 향해서 벗으로 사귄다는 것이다."

4부

처세철학

處世哲学

一. 맹자 자신의 진퇴(進退)와 처신(處身)

왕도정치를 내건 맹자 자신의 처신과 태도는 여하(如何)했으며, 일반인이 처신할 방향은 여하(如何)히 제시했는가? 맹자는 가능성이 있다고 생각되는 제후를 만나 자신의 소신인 왕도주의의 인정(仁政)을 강력하게 권하면서 전국의 여러 나라를 돌아다녔다. 그러나 정도(正道)에 어긋나는 방법으로 제후에게 접근하려 하지는 않았다. 프라이드 있는 처신을 그 자신의 모토로 하고 있는 맹자에게 그것은 용납될 수 없는 일인 것이다. 그런데 정도(正道)의 기준은 무엇인가. 그것은 곧 예(禮)와 의(義)인 것이다. 예와 의에 합당한 일거일동, 절도 있고 프라이드 있는 중후한 처신, 군자(君子)는 예가 아니면 움직이지 않았고 의롭지 못하면 행동하지 않았다. 그런데 예와 의가 서로 모순이 되는 경우에는 어떻게 하였던가. 그때에는 의(義)가 예(禮)보다 비중이 더 크다. 의(義)가 있는 곳에는 예(禮)도 변할 때가 있었던 것이다.

(1) 진퇴(進退)에 혼들리지 않는 신념(信念)

❀ 맹자가 제나라를 버리고 떠나자 충우가 곁에서 "선생님께서는 안색에 불유쾌한 빛이 계신 듯합니다. 전일에 저는 선생님한테 이런 말을 들었습니다. '군자(君子)는 하늘을 원망하지 않고 사람을 탓하지 않는다.'라고."

맹자가 답하시길 "저 요·순의 이상시대도 한 시기요, 이 오늘날의 혼란한 시대도 한 시기다. 오백 년이 되면 반드시 왕자(王者)가 일어나는데 그동안에는 반드시 세상에 이름을 떨치는 사람이 나온다.

주나라의 문왕·무왕으로부터 칠백여 년, 그 햇수를 가지고 본다면 왕자(王者 : 왕도정치를 잘할 수 있는 뛰어난 왕)가 일어날 시기가 지났고, 그 시기를 가지고 생각한다면 왕자(王者)가 일어날 수 있게 되었다. 대저 하늘이 아직 천하를 태평하게 다스리고자 하지 않는 것인지, 만일 천하를 태평하게 다스리고자 한다면 이러한 시대에 있어서 나를 내놓고 누가 있을 것이냐. 그렇다고 내 어찌 불유쾌해 하겠는가?"

(2) 타협거부(妥協拒否)의 프라이드

※ 진대(陳代 : 맹자의 제자)기 말하였다. "선생님께서 제후를 안 만나시는 것은 마음이 협소(狹小)하신 것 같습니다. 이제 한번 제후를 만나신다면 크게는 그를 왕자(王者)로 만드시고 작게는 패자(覇者)로 만드실 수 있습니다. 옛 기록에도 또한 '한자를 굽히고 여덟 자를 곧게 편다.'고 하였습니다. 그러니 그렇게 해보셔도 좋을 듯합니다."

맹자가 답하시길 "옛날 경공(景公)이 사냥을 갔을 때 정기(旌旗)를 증거로 하여 우인(虞人 : 사냥터 지기)을 불렀더니 오지 않으므로 그를 죽이려고 하였다. 공자가 이 우인을 칭찬하여 '지사(志士)는 곤궁한데 빠질 각오가 되어 있으며 용사(勇士)는 자기 목을 잃을 각오가 되어 있다.'고 하였으니 공자께서는 그 우인의 무엇을 취하셨겠는가. 정당한 방법으로 부르는 것이 아니면 가지 않는 점을 취하신 것이다. 그러니 만일 내가 정당한 방법으로 부르는 것을 기다리지 않고서 찾아간다면 무슨 꼴이 되겠는가. 또한 한 자를 굽히고 여덟 자를 곧게 편다는 것은 이익(利益)을 가지고 말하는 것이니, 만일 이익을 가지고 한다면 여덟 자를 굽히고 한 자를 곧게 펴는 것조차도 이로움만 있으면 또한 그렇게 해도 좋을 것인가. 옛날에 조간자(趙簡子)는 왕량(王良)을 시켜서 폐해를 위해 수레를 몰게 하였는데 종일토록 한 마리의 새도 잡지 못하였다. 폐해가 간자에게 복명하여 말하기를 '왕량은 천하에 서투른 수레어거꾼이올시다.」라고 하였다. 어떤 사람이 그 이야기를 왕량에게 일러주었다. 그랬더니 량이 '다시 한번 수레를 몰게 하여 주십시오.'라고 탄원하어 강청 끝에 폐해의 승낙을 얻었다. 그랬더니 이번에는 하루아침에 열 마리의 새를 잡았다. 폐해가 복명(復命)하여 말하기를 '왕량은 천하에 우수한 수레어거꾼이올시다.」라고 하였다. 간자가 폐해에게 '내가 왕량을 시켜 자네 수레를 전담하여 몰도록 하여주리라.' 하고 왕량에게 그렇게 하도록 일렀더니 이번에는 량이 이것을 사절하면서 '내가 그를 위하여 내달리고 모든 것을 법도대로 하니 종일토록 한 마리의 새도 잡지 못하고, 그를 위하여 달리는 법도를 어기면서 횡수를 썼더니 하루아침에 열 마리를 잡았습니다. 나는 소인(小人)을 위하여 수레를 모는 데는 익숙하지 못합니다. 그만두게 하여 주십시오.' 하고 말하였다. 수레를 모든 사람조차도 활 쏘는 사람을 위하여 아부하기를 부끄러워하여 아부하면 새와 짐승을 비록 산더미 같이 잡을 수 있지만 하지 않았는데, 만일 도(道)를 굽혀서 그런 제후를 따라간다면 무슨 꼴이 되겠는가. 또 자네는 잘못 생각하고 있는데 자기를 굽히는 사람으로서 남을 바로 잡을 수 있는 사람은 아직 없네."

(3) 중후(重厚)한 처신(處身)

✿ 주소가 물었다. "옛날의 군자는 벼슬살이를 하였습니까?"

맹자가 답하시길 "벼슬살이를 하였지요. 옛 기록에는 '공자는 석 달 동안 부르는 임금이 없으면 초조하였다. 그래서 국경을 떠나 다른 나라로 갈 때에는 반드시 예물을 싣고 갔다.' 하였고, 공명의도 '옛날 사람들은 모시는 임금이 없는 사람에게는 위문을 하였다.'고 말하셨소."

"석 달 동안 임금이 없으면 위문한다는 것은 너무 급하지 않습니까?"

"선비가 벼슬자리를 잃는 것은 제후가 나라를 잃는 것과 같소이다. 예(禮:禮記)에 '제후는 밭갈이하여 제곡을 대고, 부인(夫人 : 남의 아내를 높이어 일컫는 말)은 누에치고 실을 뽑아서 제복(祭服)을 만든다.'고 하였소. 희생으로 쓸 가축이 살찌지 않고 제곡이 깨끗하지 않고, 제복이 갖추어지지 않으면 제후도 좀처럼 제사를 드리지 못하는 것이오. 선비도 전록(田祿)이 없으면 역시 제사를 지내지 못하니 희생과 제기와 제복이 갖추어지지 않으면 좀처럼 제사를 지내지 못하고 그렇게 되면 여간해선 제사 끝의 주연도 베풀 수 없소. 그러니 어찌 위문할 만한 일이 아니겠소."

"국경을 나가 다른 나라로 갈 때에는 반드시 예물을 싣고 가는 것은 무슨 까닭입니까?"

"선비가 벼슬하는 것은 마치 농부가 농사짓는 것과 같소이다. 농부가 국경을 나가기 위해서 어찌 그 경작 도구를 버리겠소."

"우리 진나라도 또한 벼슬 살만한 나라입니다만 벼슬하는 것이 그렇게까지 급한 일인데 군자가 벼슬하는 것을 어렵게 여기심은 무슨 까닭입니까?"

"남자를 낳음에 그를 위해 아내를 마련해줄 생각을 하며, 여자를 낳음에 그를 위해 남편을 마련해줄 생각을 하는 것은 부모의 마음이라 사람마다 다 그런 마음을 가지고 있소. 그러나 남녀가 부모의 명령과 중매의 말을 기다리지 않고 담이나 벽에 구멍을 뚫고 서로 들여다보며 담을 넘어 서로 밀회를 하면 부모나 나라 사람들이 다 천하게 여길 것이오, 옛날 사람들이 일찍이 벼슬을 하려고 하지 않은 적이 없었지만 그들은 또한 정당한 방법에 따르지 않는 것을 싫어하였소. 정당한 방법에 따르지 않고 벼슬하기 위해 제후를 만나러 가는 것은 구멍을 뚫고 서로 들여다보는 것과 같은 따위의 짓이오."

(4) 비굴(卑屈)의 배척(排斥)

⚅ 공손추가 물었다. "제후를 만나지 않으시는 것은 무슨 까닭입니까?"

맹자가 답하시길 "옛날에는 신하가 되지 않고서는 가서 만나지 않았다. 단간목은 담을 넘어서 피하였고 설유(泄柳)는 문을 닫고서 들이지 아니하니 그들은 다 너무 심했다. 스스로 찾아와서 간절히 요구하면 만나보는 것도 좋을 것이다. 양화(陽貨)는 공자를 만나보고 싶어 하면서도 공자를 불렀다가 무례하다는 말을 듣게 되는 것이 싫었다. 그런데 대부(大夫)가 사(士)에게 물건을 선사하였을 경우, 사(士)가 집을 비우고 외출하여 자기 집에서 받지 못하였을 때에는 대부(大夫)의 집에 찾아가서 배사(拜謝) 하는 것이 예(禮)이다. 그래서 양화는 공자가 집에 없는 것을 엿보아 그 틈에 가서 답례의 인사를 하였다. 그때 만일 양화가 참다운 예를 먼저 다 하였다면 공자께서 어찌 만나시지 않았겠는가. 증자(曾子)는 '어깨를 올려가며

간사한 웃음에 아첨을 떨기란 여름철 태양 볕에서 밭일하는 것보다 더 힘들다.'고 하였고, 자로(子路)는 '뜻이 맞지 않으면서도 서로 어울려 말하는 사람의 안색을 살펴보면 아무래도 부끄러운지 빨갛게 달아있다. 나는 알 수 없는 일이다.'라고 하였으니 이 두 분의 말을 통해서 보면 군자가 수양하는 목표가 무엇인지 알 수 있을 것이다."

(5) 소인(小人)과의 상대

※ 맹자께서 제나라의 경(卿)이 되어 등나라로 조문을 갈 때 왕이 합읍의 대부인 왕환을 부사(副使)로 따라가게 했다. 왕환이 아침 저녁으로 맹자를 만났는데 제나라로부터 등나라까지의 길을 왕복하는 동안에 조문사(弔問使)의 용무에 관한 것을 한 번도 그와 이야기한 일이 없었다. 이에 대해 공손추가 "제나라 경의 지위는 미천한 것이 아닙니다. 그리고 제나라로부터 등나라까지의 길은 가깝다고 할 수 없습니다. 그런데 그 길을 왕복하시는 동안 조문사의 용무에 관한 것을 그 사람(왕환)과 한 번도 말씀하시지 않으신 것은 무슨 까닭입니까?"

"그 사람이 이미 다 잘 처리하는데 내가 무슨 말을 하겠는가."

〈보충설명 : 왕환이 경(卿)의 지위를 겸하고서 부사(副使)로서 맹자를 수행한 것은 객경(客卿)의 지위에 있었던 맹자가 명분(名分)뿐인 정사(正使)였음을 말해준다. 그래서 왕환이 선왕의 총애를 믿고 명목상의 정사(正使)인 맹자를 제쳐놓고 제멋대로 행동했다고 보아진다. 그래서 맹자께선 그를 소인(小人)으로 여겨 상대를 하지 않았던 것이다.〉

(6) 소인수종(小人隨從)에 대한 책망

❀ 제자인 악정자가 자오(子敖 : 왕환)를 따라 제나라에 갔는데 그곳에서 맹자를 찾아뵈었다. 이에 맹자께서 말씀하셨다.

"자네도 또한 나를 만나러 오나?"

"선생님께서 왜 그런 말씀을 하십니까?"

"자네 여기 온 지 며칠이나 되나?"

"어제 도착하였습니다."

"어제 도착하였다면 내가 그런 말을 하는 것이 또한 마땅하지 않은가?"

"여관이 정하여지지 않아서 그랬습니다."

"자네는 그렇게 배웠던가. 여관을 정한 후에라야 어른을 찾아뵙는다고 하던가?"

"제가 잘못했습니다."

〈보충설명 : 제나라 선왕의 총신인 왕환이 노나라에 사신(使臣)으로 갔다가 돌아왔는데, 이때 노나라의 신하로 있던 맹자의 제자인 악정자가 그를 수행하여 왔다. 맹자께서 제나라에 머물 때의 일이다. 이 글은 악정자가 제나라에 오자마자 인사하러 오지 않았다는 것을 책한 것이라기보다는 왕환과 같은 소인과의 동행을 책망한 것이다. 소인수종에 대한 맹자의 가혹한 책망이다.〉

(7) 소인수종(小人隨從)에 대한 경고

❀ 맹자께서 악정자에게 말씀하셨다. "자네가 자오(왕환의 字)를 따라서 온 것은 한갓 음식 때문일 뿐이다. 나는 생각을 못 하였네. 자네가 옛날의 도(道)를 배우면서 음식 때문에 그럴 줄은."

〈보충설명 : 고지성왕(古之聖王)의 가르침을 배운다는 사람이 단지 먹고 마시는 것 때문에 행동하다니. 제자인 악정자를 사랑하였던 맹자였기 때문에 그가 왕환과 같은 소인을 수종함에 그 실망이 몹시 컸던 것이다. 그래서 간접적인 책망을 하고서도 화가 풀리지 않아 이번에는 직접적인 경고를 하신 것이다.〉

(8) 소인(小人)에 대한 처신(處身)

　⊛ 공행자(公行者)가 아들의 상(喪)을 당했다. 그래서 우사(右師 : 제나라의 官名인데 이때 왕환이 우사였음)가 조상(吊喪)을 갔는데 그가 문 안에 들어서자 앞으로 나아가 우사(右師)와 이야기하는 사람도 있고, 우사의 자리에 가까이 가서 그와 이야기하는 사람도 있었다. 그런데 맹자는 우사와 이야기하지 않았다. 그랬더니 우사(右師)가 못마땅히 여기며 말하였다. '여러 군자(君子)는 다 나와 이야기를 나눴는데 맹자만이 홀로 나와 이야기하지 않으니 이것은 나를 얕보는 것이다.'라고. 맹자가 이 말을 전해 듣고 이렇게 말하였다. '예에 있어서 조정(朝廷)에서는 남의 좌석을 넘어가서 서로 이야기도 하지 않고, 계급서열을 넘어서 서로 읍(揖)하지는 않는 것이다.' 나는 예(禮)를 행하려고 한 것뿐인데 자오는 나보고 얕본다고 하니 그게 또한 괴이하지 않은가."

(9) 직책(職責)의 엄숙성

　⊛ 맹자께서 지와에게 "그대가 영구의 읍재(邑宰)를 그만두고 사사(士師)의 자리를 청한 것은 도리(道理)에 맞는 일 같았소. 그것은 사사라는 자리가 간언(諫言)을 할 수 있기 때문이오. 그런데 이제

벌써 여러 달이 되었는데도 아직 아무 간언도 하지 않았던가요?"

그래서 지와가 왕에게 진언하였으나 그 진언이 채용되지 않아서 벼슬자리를 내놓고 떠나버렸다. 그랬더니 제나라 사람들이 말하기를 '맹자가 지와를 위해서 한 소이(所以)는 좋으나 과연 자기 스스로를 위한 소이는 어떠한가. 우리는 그것을 잘 모르겠다.'고 했다.

공도자가 이 이야기를 일러주었더니 맹자께서 말씀하셨다. "나는 이렇게 들었다. 벼슬자리를 가진 사람은 그 직책을 다하지 못하면 그 자리에서 물러나 떠나야 하고, 진언(進言)의 책임을 가진 사람은 그 진언이 채용되지 못하면 그 자리에서 물러나 떠나야 한다고. 그런데 내게는 벼슬자리도 없고 진언의 책임도 없으니 내가 나가고 물러나고 하는데 어찌 작작연(綽綽然)하게 여유가 있지 않겠는가."

(10) 예(禮)에 합당한 일거일동(一擧一動)

⊛ 맹자께서 추(鄒)나라에 계실 때 계임(季任)이 임(任)나라의 처수(處守)로 있으면서 폐물을 보내어 교제를 구하였는데도 맹자는 그것을 받기만 하고 곧 가서 답례를 하지 않았다. 또 평육(平陸)에 있을 때 저자(儲子)가 재상(宰相)으로 있으면서 폐물을 보내어 교제를 구하였는데도 그것을 받기만 한 채 곧 가서 답례를 하지 않았다. 후일에 추나라로부터 임나라에 갔을 때에는 계자(季子 : 계임)를 만나보고, 평육으로부터 제나라에 갔을 때에는 저자를 만나보지 않았다. 그러자 옥려자가 맹자에게 물었다.

"선생님께서 임나라에 가서서는 계자(季子)를 만나시고 제나라에 가서서는 저자(儲子)를 만나지 않으셨으니 그가 재상(宰相)이기 때문에 그러신 것입니까?"

"그런 것이 아니다. 서(書經)에 '향견(享見)의 예(禮)에는 의례(儀禮)가 많으니 의례가 폐물에 미치지 못하면 향견하는 것이 아니라고 하니 진심을 향견하는 데 쓰지 않기 때문이다.'라고 하였는데 저자는 그 향견의 예를 다 이루지 않았기 때문이니라."

옥려자가 맹자의 이 말을 알아듣고 기뻐하였다. 어떤 사람이 그 까닭을 물으니 옥려자가 대답하기를 "계자는 추나라에 갈 수 없었고 저자는 평육에 갈 수 있었기 때문이다."

(11) 절도(節度) 있는 처신(處身)

❀ 제나라에 기근이 들었다. 이에 진진(陳臻 : 맹자의 제자)이 말하였다. "국민은 모두 선생님께서 왕에게 권하여 다시 당읍(棠邑)의 양곡창고를 열어줄 것이라고 생각하고 있는데 아마도 다시 하셔서는 안 될 것인가요?"

맹자가 답하시길 "다시 한다면 그것은 풍부(馮婦)의 흉내를 내는 것이다. 진(晉)나라 사람에 풍부라는 자가 있어 범 때려잡기를 잘하였다. 나중에는 선량한 선비가 되어 하루는 들에 나갔는데 여러 사람이 범을 쫓고 있었다. 범이 산굽이를 믿고 버티니까 아무도 감히 가까이 가지 못하다가 마침 그 자리에 나타난 풍부를 보고 달려가 맞았다. 풍부는 예전처럼 팔을 걷어붙이며 수레에서 내렸다. 여러 사람은 다 기뻐하였으나 뜻있는 선비는 그를 비웃었던 것이다."

〈보충설명 : 전번엔 왕을 설득하여 양곡창고를 열게 하여 백성들을 진휼한 일이 있었지만, 또다시 그런 진언을 하면 받아들여질 가능성이 적고 자칫 왕의 자존심을 건드려 화를 자초할 가능성이 있다고 본 것이다. 풍부 역시 호랑이와 다시 대치한다는 것은 목숨을 건 모험인데 단지 용력을 자랑하기 위해서 그러한 자리에 서는 것은 지혜롭지도 못하고 군자다운 중후함이 없다고 본 것이다.〉

(12) 예(禮)와 의(義)

🏵 맹자가 제나라를 떠나 휴(休) 땅에 머무를 때 공손추가 "벼슬을 하면서 녹(祿)을 받지 않는 것이 옛사람의 도(道)입니까?"

맹자가 답하시길 "그런 것은 아닐세. 숭(崇)땅에서 나는 왕을 만나볼 수 있었는데, 그때 물러 나와서 가버릴 생각이 들었던 것일세. 그러자 바로 전쟁 명령이 내렸네. 그래서 그만두겠다고 청하지도 못하였네. 그래서 그렇지 실상 제나라에 오래 있던 것은 내 본뜻이 아니었네."

〈보충설명 : 맹자는 제나라의 경(卿)의 지위에 있으면서도 정식 봉록을 받지 않았던 모양이다. 제자인 공손추가 이것을 이상하게 여겨 맹자가 제나라를 떠나 휴 땅에 있을 때 물었던 것이다. 벼슬을 하면 녹봉을 받는 것이 예(禮)이지만 마음에 들지 않는 곳에서 녹을 받지 않는 것은 의(義)이다. 맹자가 이러한 상태로 제나라에 머물렀던 것은 제선왕의 자질이 어느 정도는 가능성이 있었기 때문에 그에게 거는 기대와 쏟아부은 정성이 적지 않았던 것이었는데, 숭 땅에서의 첫 대면에서 느꼈던 대로 결국 서로가 헤어지게 된 것이다. 맹자는 의(義)가 있는 곳에는 예(禮)도 변할 수가 있다고 본 것이다."

二. 일반인에 대한 처신방향제시(處身方向提示)

(1) 중국사회(中国社會)의 네포티즘(네포티즘 : 관직임용에서의 연고자 임용)

❀ 만장이 맹자에게 물었다. "상(象)은 날마다 순(舜)을 죽이려고 일을 삼고 있었는데도 순이 천자가 되어서 그를 다만 쫓아내기만 하였으니 어찌 된 일입니까?"

맹자가 답하시길 "쫓아낸 게 아니다. 그를 벼슬에 봉(封)해준 것인데 사람들이 그를 쫓아냈다고 말했을 뿐이다."

"순은 공공(共公)을 유주(幽州)로 유배 보내고 환두를 숭산으로 쫓아냈습니다. 또 삼묘(三苗) 사람들을 삼위(三危) 땅에 축출하고 곤을 우산(羽山)에 가두었습니다. 이 넷을 죄 주어서 온 천하가 다 복종하게 되었습니다. 이는 불인(不仁)한 자들을 처벌했기 때문입니다. 상(象)은 지극히 불인한 자인데 그를 오히려 유비(有痺)란 지방의 제후로 봉했다고 하니 유비 사람들에게 무슨 죄가 있어서입니까? 인자한 사람은 본래 그와 같은 것입니까? 다른 사람에 대해서는 곧 그를 처벌하면서 자기 동생에 대해서는 오히려 제후를 봉해 주었으니 말입니다."

"인자한 사람의 자기 동생에 대한 태도는 노여움을 감추지도 않고 또한 원한을 품고 있지도 않는 것이다. 오직 그를 친밀하게 해주고 사랑하는 그것뿐인 것이다. 그를 친밀하게 해준다면 그가 존귀해지기를 바랄 것이고 그를 사랑한다면 그가 부유해지기를 바랄 것이다. 상을 유비 땅의 제후로 봉해준 것은 그를 부유하고 존귀하게 해주기 위해서다. 자신이 천자(天子)가 되었는데도 동생은 그대로 필부(匹夫)로 있다면 그것을 가리켜 가히 친밀하게 해주고 사랑하는 것이라고 말할 수가 있겠는가?"

"감히 묻겠습니다. 어떤 사람들이 그를 쫓아냈다고 말한 것은 무엇을 가리킨 것입니까?"

"아우인 상이 그 나라를 잘 다스릴 인물이 결코 못 되기 때문에 천자인 순이 직접 따로 관리(官吏)를 시켜 그 지역을 다스리게 히고 그 세금을 받게 하였던 것이다. 그러므로 그것을 가리켜 쫓아냈다고 말하는 것이다. 어찌 그 나라 사람들을 횡포하게 다루도록 둘 수야 있겠는가? 비록 그렇게 했지만 그를 자주 만나보고 싶어 했기 때문에 끊임없이 늘 찾아오게 하였던 것이다. '조공(朝貢) 드릴 기일이 되지 않았는데도 정사(政事)를 가지고 유비의 국군(国君·상)을 불러 만나 보았다.'고 한 것은 이것을 두고 한 말이다."

(2) 개척해야 할 길

❀ 맹자께서 고자(高子)에게 말씀하셨다.

"산 중턱 사람 발자국이 난 데를 어느 기간 계속해 다닐 것 같으면 길이 만들어지고, 얼마 동안 다니지 않는다면 곧 거기에 띠풀이 우거져 막혀 버리게 된다. 지금 자네의 마음속은 바로 그 띠풀로 막혀 있는 것이다."

(3) 현명(賢明)을 가리우는 것

❀ 맹자께서 말씀하셨다.

"언어 그 자체에는 실제로 상서롭지 못한 것이 없다. 상서롭지 못하다는 그 실제 사실은 현명을 가리우는 일을 두고 말한 것이다."

〈보충설명 : 불길한 말을 누가 했다고 해서 그것이 바로 실제 일어나고 있는 어떤 불길한 일과 관련이 되는 것은 아니다. 실제로 일어나고 있는 불길한 현상은 그러한 언어의 주술적인 사회 풍조와 시대조류에 사람의 현명이 가리워짐에 있음을 지적한 글이다.〉

(4) 경솔한 비교론(比較論)

❀ 고자(高子)가 맹자에게 말했다. "우임금 때의 음악이 문왕의 음악보다 더 우수했다."

맹자가 물으시길 "무엇을 가지고 그런 것이라고 말할 수가 있는가?"

"쇠북의 꼭지가 다 달아서 없는 것을 가지고 그렇게 볼 수가 있는 것이다."

"그것으로 어찌 족히 말할 수가 있겠는가? 성문 안에 수레바퀴의 자욱이 난 것을 말 두 필의 힘에 의한 것이라고 볼 수 있겠는가?"

〈보충설명 : 우임금 때의 쇠북(종)의 꼭지(매달린 부분)가 많이 달아 잠식된 것으로 보아 그때의 음악이 우수해서 더 많이 사용했기 때문일 것이라는 고자(高子)의 주장에 대해, 장구(長久)한 세월 동안 성문을 통과함으로 해서 깊은 수레 자국이 생겨난 것과 같이 먼저 만들어 사용한 우임금 때의 쇠북(종)이 후에 만들어 사용한 문왕 때의 쇠북보다 더 달아 마모되었을 뿐인데, 다만 그 한 가지 사실만 가지고 그 같이 사물의 우열을 속단하는 것을 경솔한 태도라고 말씀하신 것이다.〉

(5) 일반의 통폐(通弊)

❀ 맹자께서 말씀하셨다. "세상 사람들에게 공통되는 폐단은 자기가 다른 사람의 스승이 되기를 좋아하는 데 있는 것이다."

(6) 세속적(世俗的)인 비난(非難)

❀ 맥계가 맹자에게 말하였다. "나는 사람들의 입에서 크게 말(비난)을 듣고 있습니다."

맹자가 답하시길 "그것은 상심할 것이 못 된다. 선비는 더 많은 사람들로부터 그 말(비난)을 듣는 법이다. 시(詩)에 '괴로운 마음, 근심에 차 있음이여! 소인배에게 성냄을 받는도다.'라고 하였는데 공자의 경우가 그러했다. 또 '끝내 그들의 성냄을 끊지 못하였으나 그의 명성도 또한 잃지는 아니했다.'고 하였는데 주 문왕(文王)의 경우가 그러했다."

(7) 상대(相對) 못 할 세평(世評)

❀ 맹자께서 말씀하셨다. "예상하지 않았던 일에 칭찬을 받게 되는 경우도 있고, 정당하기를 바라서 완전을 기했던 일에 명예를 손상당하는 경우도 있다."

〈보충설명 : 세속적인 잣대로 볼 때는 정당한 일도 오히려 비난받을 수 있다. 이처럼 세상에서 흔히 있는 평판이란 반드시 그것이 정당할 수 없는 경우가 허다하니 그런 것에 연연해 하지 말고 오직 소신대로 행동을 해나가면 된다는 말이다.〉

(8) 기만(欺瞞)할 수 없는 마음

❀ 맹자께서 말씀하셨다. "사람의 마음속을 살펴보는 데는 눈동자보다 더 솔직할 수 있는 것이 없다. 눈동자는 능히 자기의 악을 엄폐하지 못한다. 가슴속이 올바르면 곧 그 눈동자가 맑고, 가슴속이 올바르지 않으면 곧 그 눈동자가 흐려지게 된다. 그 하는 말을 듣고서 그 눈동자를 보면 사람이 어찌 그 마음을 숨길 수가 있겠는가?"

(9) 사숙(私淑)하는 참뜻

❀ 맹자께서 말씀하셨다. "군자가 끼친 은혜도 5대(五代)가 지나가면 끊어지고, 소인이 끼친 영향도 5대(五代)가 지나가면 끊어진다. 나는 공자의 직접 제자가 되지는 못하였지만 사람들을 통해서 그를 사숙(私淑)할 수가 있으니 나는 그들을 통해 또다시 그 유풍(遺風)을 살려 계승하고자 한다."

(10) 깊은 조예(造詣)가 얻는 것

❀ 맹자께서 말씀하셨다. "군자가 참 경지에 깊이 탐구해 들어가는데 있어서 올바른 방법을 가지고서 한다는 것은 그 자신이 스스로 그것을 체득하고자 해서이다. 그것을 스스로 체득하게 된다면 곧 거기에 거처하는 것이 안정된다. 거기에 거처하는 것이 안정되면 곧 거기서 취하는 (얻는 또는 배우는) 일에 깊이가 있게 된다. 거기서 취하는 일에 깊이가 있게 되면 곧 그 비근한 데에서 취하고 그 근원을 파악하게 된다. 그러므로 군자는 그 자신이 스스로 체득하고자 하는 것이다."

〈보충설명 : 군자가 부당한 권세에 아부하지 않고 도덕에 둥지를 틀고 그 삶을 감수하는데 불편을 느끼지 않고 세상 사람들의 평가를 견디는 일에도 개의치 않으면서 그 생활에 안정이 되면 참 경지에 더욱 깊이 들어가게 된다. 그렇게 되면 세상만사의 모든 옳고 그름을 파악하게 되므로 입으로만 선(善)과 도덕(道德)을 말하는 것이 아니라 그 자신이 스스로 그러한 삶을 체득하고자 하는 것이란 뜻이다.〉

(11) 눈앞에 있는 진리(眞理)

⊛ 맹자께서 말씀하셨다. "그것을 실행하고 있으면서도 그러나 분명히 알지 못하고, 익숙하면서도 그러나 명석하게 살피지는 못하고, 죽을 때까지 거기에 따르면서도 그러나 그 도(道)를 알지 못하는 사람이 있다."

(12) 보다 나은 융통성(融通性)

⊛ 맹자께서 말씀하셨다. "헤아려 살피지 않고 신의(信義)를 고집하는 짓을 군자가 하지 않는 것은 그로 인해 그것에 심하게 집착하는 것을 싫어하기 때문이다."

〈보충설명 : 무엇이 옳고 무엇이 그른지를 분별하지 못하면서 신의(信義)를 고집함이 싫다는 뜻이다. 또 좁은 마음으로 작은 일들을 문제 삼아 그것에 심하게 집착하는 것을 싫어한다는 뜻이다.〉

(13) 책임(責任) 있는 말

⊛ 맹자께서 말씀하셨다. "사람들이 그 말을 쉽게 말할 수 있다

는 것은 그 한 말의 책임을 지지 않는다는 것을 의미할 뿐이다."

(14) 중도(中途)에서 좌절은 금물

❀ 맹자께서 말씀하셨다. "하고자 함이 있는 사람을 비유해 말하자면 마치 우물을 파는 것과 비슷하다. 우물 파기를 아홉 길이나 해 내려갔다 하여도 샘솟는 데에까지 이르지 못했다면 그것은 오히려 우물을 포기한 것이나 마찬가지다."

(15) 소재(小才)로 망신(亡身)한다

❀ 분성괄(盆成括 : 맹자의 제자였는데 배우다 말고 떠나간 사람)이 제나라에 가서 벼슬을 하게 되었는데 맹자께서 그 말을 듣고 "이제 분성괄은 죽게 되었다." 하고 말씀하셨는데 과연 분성괄이 피살당하게 되니까 문인(門人 : 제자)이 맹자께 물었다.

"선생님께서는 어떻게 해서 그가 장차 피살당하게 되리라고 하는 것을 알게 되었습니까?"

맹자가 답하시길 "그의 사람 됨됨이가 소인(小人)이면서도 재주만은 있는데 군자의 대도(大道)를 아직 들어보지도 못하였으니, 곧 그것으로써 자기 몸을 죽이기에 족할 따름인 것이다."

(16) 고대 중국(古代中國)의 탈리오(탈리오: 동해형(同害刑))

❀ 맹자께서 말씀하셨다.

"나는 이제 와서 비로소 남의 어버이 죽이는 일이 얼마나 중대한 것인가를 알게 되었다. 남의 아비를 죽이면 남도 또한 제 아비를 죽일 것이고, 남의 형을 죽이면 남도 또한 제 형을 죽일 것이다.

그렇게 된다면 제 손으로 그 부형을 죽이는 것과 차이가 거의 없게 되는 것이다."

(17) 때에 맞게 처신하는 길

⑧ 손우곤이 맹자에게 말하였다. "명예와 공적은 남을 위해서 하는 일에서 생기고, 명예와 공적을 뒤로하는 것은 자기 한 몸의 안일을 위한 것이다. 선생은 삼경(三卿) 중의 한 사람으로 있으면서 명예와 공적이 아직 위아래에 미치지 못하였는데 그래도 그것을 버리고 떠나가니 인자한 사람은 본래 그런 것인가?"

이에 맹자께서 대답하셨다. "백성의 자리에 처하면서도 그 현명을 가지고 불초(不肖)한 사람을 섬기지 아니한 이는 백이다. 다섯 차례 탕 임금에게 나아갔고 또 다섯 차례 걸(桀)에게도 나아간 이는 이윤이다. 더러운 군주를 싫어하지 않고 작은 벼슬자리도 사양하지 않는 이는 유하혜이다. 이 세 사람은 방법은 같이하지 않았으나 그 나아가는 바는 하나였다."

"그 하나라고 한 것은 무엇을 의미하는 말인가?"

"인자한 것이다. 군자는 역시 인자해야 할 뿐이다. 하필 방법이 같아야 할 필요가 있겠는가?"

"노나라 목공 때에 공자의가 재상이 되어 정사(政事)를 하고 자류(子柳)와 자사(子思)가 그 신하가 되었는데 노나라 땅이 깎이는 것이 더욱더 심하였다. 현명한 사람들의 나라 다스림에 있어서 무익한 것이 이와 같은 것인가?"

"우(虞)나라에서는 백리해를 등용하지 않았기 때문에 멸망하였으며, 진(秦)나라 목공은 그를 등용하였기 때문에 패(覇)를 칭하게 되었다. 현명한 사람을 등용하지 않을 것 같으면 곧 한 나라가 멸망하게 되는 것인데 성이 깎이는 그 정도로 어찌 그칠 수 있겠는가?"

"옛날에 왕표가 기수(淇水)가에 살아서 하서(河西)지방 사람들이 노래를 잘 부르게 되었고, 면구가 고당(高唐)에 살아서 제나라 서쪽 지방 사람들이 노래를 잘 부르게 되었다. 또 화주(華周)와 곤량(髡梁)의 처들이 그 남편의 죽음을 슬피 울었기 때문에 그 나라의 풍속이 좋게 변하게 되었다. 안에 그것이 있으면 반드시 그것이 밖에 나타나는 것이다. 한 가지 일을 해서 그 효과가 나지 않는 것을 나는 이제까지 본 일이 없다. 그러므로 지금 이 나라에는 현명한 사람이 없는 것이다. 있다면 곧 내가 반드시 그것을 알게 될 것이다."

"공자가 노나라의 사구(司寇 : 형벌을 맡는 관직)로 있었으나 그다지 중용되었던 것은 아니다. 수행원으로 제사에 참례하였는데도 번육(제육으로 쓰는 익힌 고기)이 분배되어 오지 않았기에 곧 면복을 벗어버릴 사이도 없이 그곳을 떠나갔다. 이것을 모르는 사람들은 고기 때문이었다고 생각할 것이고, 그것을 아는 사람들은 그들이 무례했기 때문이라고 여길 것이다. 공자는 제육이 정당하게 분배되지 않는 등 그 비례(非禮)의 책임이 오히려 자신의 죄에 있다고 하면서 평소에 마음에 들지 않던 그곳을 떠나가버린 것이지 아무 까닭도 없는데 그만두려고 했던 것이 아니다. 군자가 하는 일을 일반 대중은 본래 잘 모르는 것이다."

5부

이단론異端論의
반박反駁

1. 이단계보(異端系譜)

一. 양묵이론(楊墨理論)

(1) 묵자(墨子)의 겸애사상(兼愛思想)

❀ 묵자학파인 이지(夷之)가 서벽(徐辟)을 통해서 맹자에게 면회를 청했다. 이에 맹자께서 말씀하셨다. "직언을 하지 않으면 도(道)를 밝힐 수 없다. 나는 그대의 잘못을 직언하겠다. 내가 듣기에 장례에 박하게 지내는 것을 바른길로 생각하는 것이 그대들 묵자의 무리이다. 그러면서도 그대는 자신의 어버이를 후하게 장사 지냈으니 이것은 곧 자기가 천하게 여기는 것을 가지고 어버이를 섬긴 것이다."

이자 왈 "유자(儒子)들에게도 옛사람은 백성 사랑하기를 어린아이 보살피듯 했다는 말이 있는데 나는 그것이 사랑엔 차등이 없고 다만 사랑을 베푸는 데 있어 가까운 곳에서부터 시작한다는 뜻이라고 생각한다."

맹자가 답하시길 "그대는 그대 형의 아들과 이웃집 아이를 똑같이 사랑하는가? 하늘이 만물을 생성하는 데에 한 가지 근본에 따르도록 했다고 함은 '부모가 둘이 될 수 없음'을 뜻하는 말이다. 그런데 사랑에 차등이 없다 함은 두 가지 근본을 생각함과 같다. 또한 먼 옛날에 자기 어버이를 매장하지 않던 시대가 있어서 그 어버이가 죽으면 들어다가 골짜기에 버렸다. 그가 뒤에 그곳을 지나가자니까 여우와 너구리가 그 시체를 뜯어먹고, 파리와 모기가 그것을 빨고 있기에 그의 이마에 진땀이 흐르고 눈을 돌려 똑바로 그것을 보지 못하였다. 그 진땀이 솟는 것은 남 때문이 아니고 마음속의 느낌이 얼굴에 나타난 것이다. 그는 집으로 돌아가 삼태기와 삽을 가지고 와서 흙으로 그 시체를 덮던 것이다. 흙으로 덮는 것이 정말로 옳다면 효자(孝子)와 인인(仁人)이 그들의 어버이를 덮는 데에도 반드시 그 방법과 예의가 있어야 마땅할 것이다."

(2) 이단규정(異端規定)과 그 배척(排斥)

🕸 맹자께서 말씀하셨다. "요임금과 순임금이 죽고 우임금까지 죽자 성인의 도(道)가 쇠퇴하고 포악한 임금이 번갈아 나타났다. 집을 헐어 큰 못을 만들어 백성들은 편히 쉴 곳이 없어지고, 밭을 몰수하여 동산을 꾸며서 백성들로 하여금 의식(衣食)을 얻을 수 없게 했다. 주(紂)의 대에 이르러 천하가 또 한 번 크게 혼란해졌다. 주공(周公)이 형인 무왕을 도와서 주(紂)를 쳐 죽이고, 나머지 불의한 제후들과 포악한 인물들과 맹수들을 죽이고 혹은 멀리 쫓아버리자 천하 사람들이 기뻐했다. 그러나 또다시 세상이 쇠퇴하고 정도(正道)가 희미해져서 사설(邪說)과 폭행이 일어났다. 신하가 자기 임금을 죽이는 일이 생기고 자식이 아비를 죽이는 일이 생기게 되었다. 공자가 이것이 두려워 춘추(春秋)를 지었으나 성왕(聖王)이 나오지 않고 제후(諸侯)가 마음대로 행동을 취했다. 학자들이 불온한 의론을 하게 되고 양주(楊朱)와 묵적(墨翟)의 이론이 천하에 가득 차서 천하의 언론이 양주의 이론을 찬성하거나 묵적의 이론을 찬성하는데로 돌아갔다. 양 씨는 위아(爲我)를 말했으니 임금을 무시하는 것이고, 묵 씨는 겸애를 내세웠으니 그것은 자기 아버지를 무시

하는 것이다. 자기 아비와 임금을 무시하는 것은 새나 짐승이 하는 짓이다. 그와 같은 양주와 묵적의 도가 없어지지 않으면 공자의 도는 드러나지 않게 된다. 그것은 사설(邪說)이 백성을 속이고 인의(仁義)의 길을 막아버리기 때문이다. 인의(仁義)의 길을 막는 것은 곧 짐승을 몰아다가 사람을 잡아먹게 하고 장차는 사람들 서로가 잡아먹게까지 하는 것이 될 것이다. 나는 이것이 두려워서 옛 성인의 도(道)를 지키고 양주와 묵적의 이론을 배격하여 방자스런 언사를 내몰아 사설(邪說)을 내세우는 자가 나오지 못하게 할 것이다. 만일 그러한 요망한 사설(邪說)이 그 마음에 작용하면 하는 일을 해롭게 하고, 그 일에 작용하면 정치에 해가 되는 것이다. 옛날에 우가 홍수를 다스려서 천하가 평온했고, 주공이 이적(夷狄)을 정복하고 맹수를 몰아내서 백성들이 편안했고, 공자가 춘추(春秋)를 완성해서 난신적자가 두려워하게 되었다. 자기 아비를 무시하고 천자(天子)를 무시하는 자는 곧 주공(周公)의 정벌대상이었다. 나도 역시 사람들의 마음을 바로잡기 위해 사설(邪說)을 없게 하여 치우친 행동을 막고 방자스런 말을 내 몰아 세분의 성자(聖者)를 계승하려고 한다. 이 어찌 내가 논변을 좋아해서이겠는가? 할 수 없어서 그런 것이다. 능히 언론으로 양·묵을 막아낼 수 있는 사람은 다 성인과 동류인 사람인 것이다."

(3) 양주(楊朱)의 이기주의(利己主義)

양주는 나 자신을 위한다는 주의를 취하여 터럭 한 오라기를 뽑아서 천하가 이롭게 된다 하더라도 하지 않는다. 묵자는 겸애를 주장하여 머리꼭지부터 발꿈치까지 다 닳아 없어지더라도 천하를 이롭게 하는 일이라면 한다. 자막(子莫)은 그 중간을 잡고 나간다. 중간을 잡고 나가는 것이 도에 가깝다고는 하겠으나 그 중간을 잡고도 권이 없으면 역시 한 가지를 고집하는 것과 같다. 한 가지를 고집하는 것을 미워하는 까닭은 그것이 도(道)를 해치기 때문이며, 한 가지 일을 들어서 백 가지 일을 막아버리기 때문이다.

〈보충설명 : 윗글에서 권이 없다고 함은 사태의 경·중을 가려 처리할 줄 모른다는 뜻이며, 한 가지를 고집한다는 것은 어떤 주의(主義)의 관념화를 의미하는 것으로 그것은 유가(儒家)의 정도(正道)를 훼손시킬 수 있기 때문이다.〉

二. 농가자류(農家者流)

(1) 허행(許行)과 농사시범(農事示範)

신농(神農)의 가르침을 실행한다는 허행(許行)이라는 사람이 있어 초(楚)나라로부터 등나라에 갔다. 그가 문공 앞에 이르러 '먼 곳의 사람이 임금께서 인정(仁政)을 하신다고 듣고 왔다. 집 한 채 얻어 백성 되기를 원한다.' 이에 문공이 그에게 거처할 집을 주었다. 거기서 그의 무리 수십 명이 모두 베잠방이를 입고 농사를 지으면서 짚신 삼고 자리 짜서 먹고살았다. 진량(陳良)의 제자 진상(陳相)이 그의 동생 진신(陳辛)과 함께 농구를 짊어지고 송나라로부터 등나라에 가서 말했다. '임금께서 성인의 정치를 하신다고 들었는데 역시 성인이다. 성인의 백성이 되기를 원한다.' 진상(陳相)이 허행을 만나보더니 크게 기뻐하고 이전에 배운 것을 다 버리고 그에게서 배웠다. 진상이 맹자를 만나서 허행의 가르침을 들어 말했다.

"등나라 임금은 참으로 현명한 분이지만, 그러나 아직 올바른 도를 알지 못한다. 현명한 사람은 백성과 함께 농사를 지어서 먹고, 아침저녁을 손수 밥을 지어 먹고서 나라를 다스린다. 그런데 지금 등나라에는 곡식 창고와 재물창고가 있다. 그것은 백성들을 괴롭혀서 자기를 살리는 것이니 어찌 어질다고 할 수 있겠는가?"

맹자가 물으시길 "허자는 자기가 반드시 곡식을 심은 다음에야만 밥을 먹는가?"

"그렇게 한다."

"허자는 반드시 천을 손수 짠 다음에야만 옷을 입는가?"

"아니다. 허자(許行)는 베잠방이를 입는다."

진정한 유법천지有法天地를 향하여 하

"허자는 머리에 관을 쓰는가?"

"관을 쓴다."

"어떤 관을 쓰는가?"

"흰 관을 쓴다."

"손수 그것을 짜는가?"

"아니다. 곡식으로 그것을 교환한다."

"허자는 어찌해서 손수 그것을 짜지 않은가?"

"농사를 짓는데 방해가 되기 때문이다."

"허자는 솥과 시루로 밥을 지어 먹고 쇠 쟁기로 농사를 짓는가?"

"그렇게 한다."

"자기가 그것을 만들어 쓰는가?"

"아니다. 곡식을 가지고 쟁기와 그릇을 교환하여 쓴다."

"곡식을 가지고 쟁기와 그릇을 교환하여 쓰는 것은 도공과 야공(대장장이)을 괴롭히는 것이 아니다. 그러므로 도공과 야공도 역시 그들의 쟁기와 그릇을 가지고 곡식을 교환하여 먹는 것이 어찌 농부를 괴롭히는 것이 되겠는가? 그리고 또한 허자는 왜 도공과 야공(冶工)의 하는 일을 않고, 모든 것을 다 자기 집안에서 만들어 쓰지 않고 여러 공쟁이와 교역을 하는 것인가?"

"여러 공쟁이가 하는 일을 농사와 함께 할 수 없기 때문이다."

"그렇다면 천하를 다스리는 일만이 농사를 같이 지으면서 할 수 있다는 것인가? 대인이 할 일이 따로 있고 소인이 할 일이 따로 있는 것이다. 또 한 사람의 몸에도 여러 공쟁이가 만든 것을 모두 필요로 하는데 반드시 그것을 다 자기가 손수 만든 다음에 쓸 수 있게 된다면 이것은 천하 사람들을 끌어다가 일에 지치게 만드는 것이다. 마음을 수고롭게 하는 사람은 남을 다스리고, 몸을 수고롭게 하는 사람은 남에게 다스림을 받는다. 남에게 다스림을 받는 사람은 남을 먹여주고, 남을 다스리는 사람은 남에게서 얻어먹는 것이 온 천하에 통하는 원칙이다. 요임금 때에는 천하가 아직 안정되지 않았다. 큰 물이 아무 데나 흘러서 천하가 범람하고 초목이 무성하여 새와 짐승이 번성하고 오곡은 여물지를 않았다. 그래서 새와 짐승이 사람에게 달려들어 해를 입히고 짐승의 발굽과 새의 발자국이 지나간 길이 나라 안 여기저기 얽혀 있었다. 요임금이 그것을 혼자서 근심하다가 순임금을 등용하여 널리 다스리게 했다. 순임금은 익(益)으로 하여금 불을 맡아보게 했다. 익이 산과 늪지대에 불을 질러서 태우니 새와 짐승이 도망쳐 숨어 버렸다. 또 우를 시켜 아홉 강물의 막힌 곳을 뚫어 제수(濟水)와 누수(濃水)를 통하게 해서 그 물을 바다로 뽑고, 여수(汝水)와 한수(漢水)를 터서 회수(淮水)와 사수(泗水)로 통하는 물길을 열어 그 물을 양자강으로 뽑아냈다. 그렇게 한 후에 나라 안은 먹고 살 수 있게 되었다. 그 당시 우는 8년 동안이나 외지에서 살았으며 세 차례나 자기 집 문 앞을 지나가면서도 들어가지 아니했다. 하물며 그가 농사를 지으려고 했더라도 지을 수가 있었겠는가. 또 후직(后稷)을 시켜 백성들에게 농사법을 가르쳤다. 오곡을 씨 뿌려 가꾸게 하니 그 곡식이 다 여물어서 백성들이 살게 되었다. 그러나 사람이 살아가는데 아무리 배불리 먹고 따뜻하게 입고 편히 거처하더라도 교육이 없다면 마치 새나 짐승과 다를 바 없는 것이다. 성인이 그 점을 근심하여 계에게 사도의 직책을 주어서 인륜을 가르치게 했다. 그것이 바로 오륜(五倫)이다. 요임금이 '백성들을 위로하고 격려하라! 바로 잡아주고

진정한 유법천지有法天地를 향하여 하

곧게 해주어라! 그들을 도와주고 부축해서 제 스스로 인륜을 이해하도록 시켜라! 그리고 그들을 형편에 따라서 구호해주고 은혜를 베풀어 주어라!'고 명했다. 요임금은 순을 얻지 못하는 것을 가지고 자기의 근심거리로 삼았고, 순임금은 우와 고도(皐陶)를 얻지 못하는 것을 가지고 근심거리로 삼았다. 그런데 백묘(百畝)의 밭이 잘 가꾸어지지 않는 것을 가지고 자기의 근심거리로 삼는 사람은 농부이다. '남에게 재물을 나누어주는 것을 혜(惠)라고 말하고, 남에게 선을 가르치는 것을 충(忠)이라고 말하고, 천하를 위해 인물을 얻는 것을 인(仁)이라고 말했다.' 그렇기 때문에 천하를 남에게 주는 일은 쉬워도 천하를 위해 인물을 얻는 일은 어렵다는 것이다. 공자께서 '위대하다, 요임금의 임금 됨이여! 오직 하늘만이 위대할 수 있는 것인데 요임금의 덕만이 그것을 본받을 수 있었다. 끝없이 넓도다, 그 덕이여! 백성들은 그것을 무엇이라고 능히 이름 짓지 못하였다. 임금답다 순임금의 높고 또 높은 그 덕이여! 천하를 차지하고도 자기가 직접 그것에 관여하지 아니했다.'고 말했다. 요임금과 순임금이 어찌 천하를 다스리는 데에 그들의 마음을 쓰지 아니할 수가 있었겠는가마는 이것은 역시 그들은 직접 농사를 지을 수는 없었다는 뜻일 뿐이다. 나는 하(夏)의 것을 가지고 이(夷)의 풍속을 바로 잡았다는 말은 들었어도 이(夷)의 것에 의해 하(夏)의 문화가 바로 섰다는 말은 이제까지 듣지 못했다. 진량은 초나라 태생이면서 주공과 중니(공자)의 도에 대해 좋게 생각했다. 그래서 북쪽으로 올라와 중국에서 배웠다. 북쪽의 학자들도 능히 그보다 더 우수하지 못했으니 그 사람을 훌륭한 선비라고 말할 수가 있다. 자네 형제들은 그를 수십 년 동안 섬겨 오다가 스승이 죽게 되자마자 이내 그를 배반했던 것이다. 옛날에 공자가 작고하자 그 제자들은 3년 상을 지낸 다음 짐을 꾸리고 집으로 돌아갔다. 그때 자공(子貢)에게 가서 인사를 나누고 서로 마주 보며 울었는데 다들 목이 쉬어버린 후에야 돌아갔다. 자공은 다시 공자의 무덤에 돌아와 무덤 앞 제단이 있는 터에 여막을 짓고 혼자서 3년을 다시 더 지내고 난 후 돌아갔다. 이제 와서 남쪽 미개한 지역의 액가리 떼 같이 떠벌이는 야만인이 일월과 같은 선왕의 도를 비난하는데 자네는 자네의 스승을 배반하고서 그 사람에게서 배우니 부끄럽지 않은가? 나는 새들까지도 깊숙한 골짜기에서 빠져나와 높은 나뭇가지에 옮겨 산다는 말은 들었어도 사람으로서 굳이 높은 나무 밑으로 내려가서 깊숙한 골짜기로 찾아드는 자가 있다는 이야기는 듣지 못했다."

"그러나 허자(허행)의 이론에 따르면 시장의 물가는 서로 틀리지 않고, 나라 안에 거짓이 없게 되어 어린아이를 시장에 내보내어도 그 아이를 속이는 일이 없다. 베와 비단은 그 길이가 같으면 값이 서로 같고, 삼실과 명주실 솜 같은 것은 그 무게가 같으면 값이 서로 같고, 곡식은 그 양이 같으면 값이 서로 같고, 신은 그 크기가 같으면 값이 서로 같다고 했다."

"대체로 물품은 그 품질이 같지 않다는 것이 물품의 실정이다. 서로 2배나 5배, 또는 10배나 100배, 천 배나 만 배의 차이가 나는 것인데 자네가 그것을 양에만 맞추어 값을 같게 한다면 이것은 곧 천하를 어지럽히는 것이 된다. 굵게 삼은 신과 가늘게 삼은 신의 값이 같다면 사람들이 어찌 그런 것들을 다르게 만들겠는가? 허자의 이론에 따른다는 것은 서로 끌고 나서서 거짓을 꾸미는 것이 되니 그것으로 어떻게 나라를 다스릴 수 있겠는가?"

(2) 진중자(陳仲子)의 근로정신

❀ 광장(匡章)이 맹자에게 말하였다. "진중자(陳仲子)가 어찌 정말 청렴한 사람이 아니겠는가? 어능(於陵)에 살면서 사흘이나 먹지 않아 귀가 들리지 않고 눈이 보이지 않았다. 우물가에 오얏이 떨어져 있었는데 굼벵이가 그것을 태반이나 파먹었다. 그가 기어가서 그것을 집어 먹었는데 세 번 삼킨 뒤에 겨우 귀가 들리고 눈이 보였다."

맹자가 답하시길 "제나라 사람들 중에서 나는 반드시 중자(仲子)를 엄지로 꼽는다. 그렇기는 하지만 중자가 어떻게 그 자신이 주장하는 것처럼 청렴할 수가 있겠는가? 중자의 절조를 확충시켜 나가려면 지렁이가 된 다음에나 가능할 것이다. 지렁이는 그저 위에서는 흙을 먹고 아래에서는 땅 속의 물만을 마실 뿐이다. 중자가 거처하고 있는 집은 백이가 지은 것인가, 그렇지 않으면 도척이 지은 것인가? 그리고 그가 먹는 음식은 백이가 심은 것인가, 그렇지 않으면 도척이 심은 것인가? 그 점을 알지 못하겠노라."

"그런 것이 무슨 상관이 있겠는가? 그 사람은 자기가 손수 신을 삼고, 그의 처는 삼실을 뽑고 길쌈을 해서 그것으로 물건을 바꿔서 살아간다."

"중자는 제나라에선 대대로 벼슬살이를 해온 집안의 사람이다. 벼슬살이를 하는 자기 형의 녹(祿)이 의롭지 못한 것이라 하여 그것을 먹지 않고 형을 피하고 모친을 떠나서 어능(於陵)에 거처하였다. 그렇게 한다고해서 능히 그의 절조를 확충해 나갈 수 있다고 보는가? 어느 날 그가 형의 집에 갔는데 그의 형에게 살아있는 거위를 선사한 사람이 있었다. 그는 이맛살을 찌푸리면서 '이 꽥꽥하는 것을 무엇에다 쓰자는 것인가?'라고 말했다. 훗날에 그의 모친이 그 거위를 잡아서 그에게 주어 먹게 하였다. 그때 그의 형이 밖에서 들어와서 '그것은 꽥꽥하는 것의 고기다.'라고 말하자 그는 나가서 그것을 토해 버렸다고 한다. 모친이 주면 먹지 않고 처가 주면 먹고, 형의 집이면 살지 않고 어능이면 사는 것이니 그렇게 하고서도 능히 그의 절조를 확충해 나갈 수 있다고 보는가? 중자와 같은 사람은 지렁이가 된 다음에나 그가 주장하던 그 절조를 확충시킬 수 있는 것이다."

〈**보충설명** : 윗글은 지렁이가 아닌 이상 흙만 먹고 살 수는 없으며, 중자가 먹고 집을 지니고 살아가고 있는데 그것이 반드시 의로운 것만을 골라서 사는지 알 수가 없으며, 모친과 형에게서 등을 돌리는 것은 인륜의 대도를 저버리는 큰 불의이며, 자기가 직접 일하지 않고 살아가고 있는 벼슬아치들을 무조건 불의로 규정하고 극단적인 태도를 보이는 중자(仲子)를 논박한 것이다.〉

(3) 권농(勸農)과 참된 의(義)

🎱 맹자께서 말씀하셨다. "중자(仲子)는 의롭지 않으면 비록 제나라를 다 주어도 받지 않을 거라는 것을 사람들은 다들 믿고 있다. 그러나 그것은 한 대그릇의 밥과 한 나무그릇의 국을 버리고서 취하는 작은 의(義)다. 사람에게는 친척과 군신과 상하의 의리를 잊어버리는 것보다 더 큰 불의는 없다. 작은 일을 가지고 큰일도 그러하리라고 미루어서 믿는 것이 어찌 옳을 수 있겠는가?

三. 정통입장(正統立場)

(1) 춘추(春秋)의 정치사관(政治史觀)

⊛ 맹자께서 말씀하셨다.

"성왕들의 어진 정치 흔적이 그치고 난 뒤에 시가 없어졌고, 시가 없어지고 난 뒤에 춘추(春秋)가 지어졌다. 진(晋)나라의 승(乘)과 초나라의 도올(檮杌)과 노나라의 춘추는 같은 것이다. 거기에 다루어진 일들은 제나라 환공과 진나라 문공 등에 관한 것들이고 그 글은 사관이 쓴 기록이다. 공자는 '거기에 기록된 사실에 관한 뜻은 내가 개인적으로 취해서 쓴 것이다.'라고 말하였다."

〈보충설명 : 옛적에 천자(天子)가 직접 천하를 두루 순회하여 각 지방의 민요와 풍속을 통해서 정치의 득실을 분간하고 백성들의 생활 상태를 시찰하던 시대가 있었다. 그것이 차츰 쇠퇴해지기 시작하여 민간의 시를 채집하는 일이 중단되고 백성들의 풍교(風敎)가 문란해졌다. 공자가 그것을 바로잡기 위하여 춘추를 지은 것이다. 일반적으로 이때부터 역사 기록이 있게 되었다고 해석된다. 진(晋)나라의 승(乘)과 초나라의 도올(檮杌)과 노나라의 춘추(春秋)가 그 명칭은 다르나 모두 다 제후 나라의 사관(史館)이 기록한 역사라고 하는 점에서는 같은 것이다. 그리고 거기에 다루어진 사실들은 주로 제나라 환공(桓公)과 진(晋) 문공(文公) 등의 패업(霸業)에 관한 것들이고 공자는 그 사실(史實)을 비판하여 인륜(人倫)의 올바른 길을 제시하였던 것이다. 그러나 최근에 와서 그것이 공자의 저작이 아니고 점차 발전하여 정돈된 것이라는 견해도 있다.〉

(2) 대중(大衆)의 지도이념(指導理念)

❀ 맹자 왈 "묵(墨)에서 도망쳐 나오면 반드시 양(楊)에게로 돌아가고 양(楊)에서부터 도망쳐 나오면 반드시 유(儒)에게로 다시 돌아온다. 돌아오면 그들을 여기에 받아들일 뿐이다. 지금 양·묵과 더불어 논변하는 사람은 마치 달아난 돼지를 쫓는 것과 비슷하다. 이미 우리 속에 들어갔음에도 다시 따라가서 그 다리를 또 묶는 것이 된다."

2. 인물평가(人物評價)

一. 관중론(管仲論)

(1) 관중(管仲)과 안자(晏子)의 공(功)

⑧ 공손추가 맹자에게 "선생께서 제나라의 정사(政事)를 맡아본다면 관자와 안자가 세운 공적을 다시 이룩할 자신이 있습니까?" 하고 물었다.

이에 맹자께서 말씀하셨다. "자네는 정말 제나라 사람이로다. 관자와 안자만 알 뿐이구나. 어떤 사람이 증서(曾西)에게 묻기를 '선생과 자로(子路)는 어느 쪽이 우수한가?'라고 하자 증서가 펄쩍 뛰면서 '내조부(증자)도 두려워하시던 분이다.'라고 말하였다. 그러나 다시 '그러면 선생과 관자는 어느 쪽이 우수한가?'라고 물으니 증서가 성난 얼굴을 짓고 기분 나빠하면서 '자네는 무엇 때문에 또 나를 관자에게까지 비교하려 드는가? 관자는 국군(國君)의 신임을 얻어 나랏일을 전단하였고 정사(政事)를 맡아본 것이 그와 같이 오래되었는데도 그의 공적은 그와 같이 대단하지 않은데 자네는 어떻게 나를 관자에게 비교하려고 드는 것인가?'라고 말하였다. 관자는 증서가 본받아 하지 않는 사람인데 자네는 내가 그 사람처럼 되기를 원한다는 말인가?"

"관자는 그 임금이 패(覇)를 칭하게 하여 주었고 안자는 그 임금의 이름을 떨치게 하여 주었습니다. 그래도 관자와 안자가 본받을 만하지 않습니까?"

"제나라를 가지고 왕(王)의 나라로 만들기는 손을 뒤집는 것같이 쉬운 일이다."

"그렇다면 저의 의혹은 더 심해집니다. 주문왕의 덕으로도 또한 백 살이 가깝도록 산 후에 작고하였음에도 여전히 그 덕이 천하에 흡족하게 퍼지지 않았고 무왕과 주공이 그것을 계승한 후에야 그 덕이 크게 퍼지기 시작하였던 것입니다. 이제 왕(王)으로 만드는 것이 그와 같이 쉽다면 문왕은 본받을 것이 못 됩니까?"

"문왕을 어떻게 감당할 수 있겠는가? 탕(湯)으로부터 무정(武丁)에 이르기까지 덕 있는 임금이 6~7명이나 나온 후, 천하는 은나라로 돌아가 버린 지가 또한 오래되었다. 오래되면 바꾸기 어려운 것이다. 무정(武丁)이 제후들을 시켜 조공을 바치게 하고 천하를 차지한 것은 손바닥에서 움직이는 것 같이 쉬웠다. 폭군 주(紂)도 무정(武丁) 때로부터 얼마 안 떨어진 때였으므로 그 옛 집안들과 전해 내려오는 풍속과 전통과 선정의 끼친 덕이 아직도 남아 있었다. 미자와 미중과 비간과 기자와 교력은 모두 현인이었다. 현인들이 그를 보필해 주었기 때문에 오래 지탱하다가 망하게 된 것이다. 한 척의 땅도 그의 소유가 아닌 것이 없고 한 백성도 그의 신하 아닌 사람이 없었다. 그런 처지에서 문왕이 백 리밖에 안 되는 땅을 근거로 하여 일어났던 것이니 그토록 힘이 들었던 것이다. 제나라 사람들 하는 말에 '지혜가 있다 하여도 시세에 편승하는 것만 못하고, 농구가 있다하여도 제때를 기다려 농사짓는 것만 못하다.'는 것이 있는데 지금은 그렇게 쉬운 때이다. 하후(夏后)와 은(殷)과 주(周)가 흥성할 때에도 땅을 천 리 이상 차지한 경우가 없었다. 그런데 제(齊)나라는 그만한 땅을 차지하고 있다. 땅을 더 개척할 것도 없고 백성들을 더 모을 것도 없이 인정(仁政)을 실시하여 왕 노릇만 한다면 그것을 막을 수는 없는 것이다. 또한 덕 있는 왕이 나지 않은 지가 이때보다 오래된 적은 없었고 백성들이 포악한 정치에 시달리는 것이 이때보다 심한 적은 없었다. 굶주린 사람에게 마실 것을 장만해 주기는 쉽다. 공자가 말하기를 '덕이 퍼져나가는 것은 역마를 갈아 타고 명(命)을 전달하는 것보다 빠르다.'고 하였다. 지금 같은 때에 만승의 나라에서 인정(仁政)을 실시하면 백성들이 그것을 기뻐하는 것은 마치 거꾸로 매달리는데서 풀려난 것 같을 것이다. 그러므로 옛날 사람들이 한 것의 반 만 하고도 그 공은 그것의 배가 될 것이다. 다만 이때만이 그렇게 할 수 있다."

(2) 빈사(賓師)에 대한 예우(禮遇)

⁂ 맹자가 왕에게 문안드리러 가려고 했을 때 왕이 사람을 시켜서 말을 전해왔다. "과인이 가서 만나볼 것이나 감기가 들어서 바람을 쐴 수 없다. 선생이 나와주시면 만나볼까 한다. 혹시 과인이 만나볼 수 있게 해주실는지."

맹자가 답하시길 "불행히도 병이 나서 문안드리러 나갈 수가 없다."

그 이튿날 맹자는 동곽 씨(東郭 氏) 댁에 조상하러 나가려고 했다. 공손추가 "어제는 병이 났다 하여 나가는 것을 사절하고 오늘은 조상하러 나가시니 혹시 잘못된 것이 아닙니까?"

"어제 앓다가 오늘 병이 다 나았는데 왜 조상하러 가지 못하겠는가?"

그런데 왕이 문병할 사람과 함께 궁중의 의원을 보내왔다. 맹중자가 그 문병 온 사람에게 말하였다.

"어제는 오라는 왕명이 있었으나 병이 나서 뵈옵지 못했던 것이다. 오늘은 병이 좀 나아서 서둘러서 만나 뵈러 갔다. 하지만 잘 갔는지는 잘 모르겠다."

그리고 여러 사람을 시켜 길에서 맹자를 만나게 하여 지금 돌아오지 말고 꼭 왕을 뵈러 가시라고 이르게 하였다. 맹자는 이러지도 못하고 저러지도 못하여 경축 씨(景丑 氏)를 찾아가 거기서 묵게 되었다. 경자(景子 : 경축)가 맹자에게 말하였다.

"집안에서는 부자(父子)가, 밖에서는 군신(君臣)이 인륜 중의 큰 것이다. 부자간에는 은혜를 위주로 하고, 군신 간에는 공경을 위주로 한다. 나는 왕이 선생을 공경하는 것은 보았지만 아직 선생이 왕을 공경하는 경우는 보지 못하였다."

맹자가 답하시길 "아니 그게 무슨 말인가? 제나라 사람 중에는 인의(仁義)를 가지고 왕과 말하는 사람이 없다. 그런데 그것이 어찌 인의를 좋지 않다고 여겨서 그렇겠는가? 그들(제나라 학자들)이 마음속으로 그(제나라 선왕)가 어찌 함께 인의를 이야기할 만한 존재인가 하고 경멸하기 때문이다. 그렇게 한다면 불경(不敬)이 그보다 더 클 수는 없다. 나는 요임금과 순임금의 도가 아니면 감히 왕 앞에 의견을 늘어놓지 않는다. 그러므로 제나라 사람들은 내가 왕을 공경하는 것같이 하지 못한다."

경자 왈 "그렇지 않다. 그런 것을 두고 한 말이 아니다. 예(禮)에 부친이 부르면 대답만 하고 마는 일이 없고, 임금이 명을 내려서 부르면 수레에 말을 달기를 기다리지 않고 나선다고 하였다. 선생은 왕(제선왕)을 뵈러 가려고 하였음에도 왕의 명을 듣고는 마침내 가지 않고 말았으니 그 예와는 다른 것이 아닌가 생각된다."

"어찌 그런 예를 두고 한 말이겠는가? 증자(증삼)가 '진(晉)나라와 초나라의 부는 따라가지 못한다. 하지만 그들이 부(富)를 가지고 나오면 나는 인(仁)을 가지고 대하고, 그들이 작(爵)을 가지고 나오면 나는 의(義)를 가지고 대하는데 내가 어찌 딸리겠느냐?'라고 말하였다. 증자가 어찌 의(義)가 아닌 것을 가지고 말했을 리가 있겠는가? 이것도 또한 하나의 도(道)일 것이다. 천하에는 보편적으로 존경되는 것이 세 가지가 있다. 작(爵 : 벼슬)이 그 하나이고 나이가 그 하나이고 덕(德)이 그 하나이다. 조정에서는 작만 한 것이 없고, 향리에서는 나이만 한 것이 없고, 세상을 돕고 백성들의 어른 노릇을 하는 데는 덕만 한 것이 없는데 어찌 그 하나만을 가지고서 나머지 두 가지를 소홀히 할 수가 있겠는가? 그러므로 큰일을 하려는 임금은 반드시 불러들여서 볼 수가 없는 신하를 갖고 있다. 그리고 그와 의논하고 싶은 일이 있으면 자기가 가서 만나는 것이다. 덕을 존중하고 도를 즐기기를 이와 같이 하지 않으면 함께 일을 하기에 부족한 것이다. 그래서 탕 임금은 먼저 이윤(伊尹)에게서 배운 후에 그를 신하로 삼았고 따라서 힘들이지 않고서 왕(王 : 덕 있는 왕)이 되었던 것이다. 그리고 환공은 관중에게서 배운 후에 그를 신하로 삼았으므로 힘들이지 않고 패(霸)를 칭하게 된 것이다. 지금 온 천하의 제후들이 차지한 땅이 서로 비슷하고 덕이 같아서 서로 간에 뛰어나게 월등하지 못한 이유가 다른 데에 있지 않고 자기가 가르친 사람을 신하로 삼기를 좋아하고 자기가 가르침을 받아야 될 사람을 신하로 삼기를 좋아하지 않기 때문이다. 탕 임금이 이윤에 대해서, 그리고 환공이 관중에 대해서는 감히 불러서 만나보지 않았다. 관중조차도 불러서 볼 수 없었는데 하물며 관중을 대단하게 생각하지 않는 나에 대해서야 더 말할 나위가 있겠는가?"

(3) 이(利)의 독점 배제(獨占 排除)

❀ 맹자가 신하노릇 하던 것을 그만두고 집으로 돌아가려고 할 때 왕(제나라 선왕)이 나와서 맹자를 만나보고 "오래전부터 선생을 만나보기를 원했는데 만나볼 수가 없다가 ㄱ 후 한 조정에서 같이 있으며 모실 수 있게 되어서 대단히 기뻤다. 그런데 지금 또 과인을 버리고 돌아가니 이후에도 계속해서 만나볼 수가 있을는지 모르겠다."

맹자가 왕에게 대답했다. "감히 그렇게 하시라고 청할 수는 없는 것이지만, 내가 본래 그렇게 되기를 바랐던 바입니다."

그 후 어느 날 제 선왕이 시자(時子 : 제선왕의 신하)에게 일러 말하였다. "나는 맹자에게 나라 한가운데에 집을 마련해주고 만종(萬鍾)의 녹(綠)을 주어서 제자들을 기르게 하고 여러 대부들과 나라 사람들이 다 공경하고 본받을 수 있게 해주고 싶다. 자네가 나를 위해 이 말을 전해주지 않겠는가?"

이에 시자는 진자(陳子 : 맹자의 제자)를 통해서 그 말을 맹자에게 고하도록 하였다.

이에 맹자께선 "그런가. 시자 따위가 어찌 그 불가함을 알겠는가. 만약 나로 하여금 부를 원하게 하겠다는 것이라면 십만종(十萬鍾 : 대부의 봉록)을 사양하고 만종을 받는 그것이 된다고 생각하는가? 계손(季孫)이 이런 말을 하였다. '자숙의는 이상하다. 자기가 정치를 하다가 받아들여지지 않으면 곧 그만두고 말 일인데 또 자기 자제(子弟)에게 경 노릇을 시켰다. 부귀 가운데서 혼자만 우뚝한 높은 지점을 자기 것으로 차지하려고 한다.' 옛날의 시장이란 것은 자기가 가진 것으로 자기에게 없는 것과 바꾸는 것이었고 유사(有司)는 그것을 살필 뿐이었다. 그런데 마음이 천한 한 사나이가 있어서 반드시 우뚝한 높은 지점을 차지하여 거기에 올라서서는 좌우를 둘러보면서 이익 되는 것을 찾아 닥치는 대로 시장의 이익을 독점하였다. 사람들은 모두 그것을 천하게 생각했다. 그래서 그런 행위에 따라서 세(稅)를 징수하게 된 것이다. 상인에게서 세(稅)를 징수하게 된 것은 이 천한 사나이로부터 시작된 것이다."라고 하면서 제 선왕의 제의를 거절했다.

二. 백이론(伯夷論)

(1) 백이(伯夷)의 결벽(潔癖)

※ 맹자께서 말씀하셨다. "백이는 자기가 섬길 만한 임금이 아니면 섬기지 않았고, 사귈 만한 벗이 아니면 벗으로 삼지 않았다. 악한 사람의 조정(朝廷)에는 서지 않았고 악한 사람과는 더불어 말을 하지 않았다. 악한 사람이 조정에 서고 악한 사람과 이야기하는 것을 마치 조정에서 입는 옷을 입고 조정에서 쓰는 관을 쓰고서 진흙과 숯 위에 앉는 것 같이 여겼다. 그가 악을 미워하는 마음을 미루어 생각한다면, 시골 사람들과 함께 서 있을 때 그들이 쓴 관이 바르지 않으면 뒤도 돌아보지 않고 가 버리는 것이 마치 그것으로 해서 자기가 더럽혀지기나 한 것 같았다. 그러했기 때문에 비록 제후들이 초빙하는 글을 정중하게 써가지고 와도 받아들이지 않았다. 그 받아들이지 않는 것은 역시 나가는 것을 떳떳하게 여기지 않는 것이다. 유하혜는 더러운 임금을 부끄럽게 여기지 않았고 작은 벼슬자리를 하찮게 여기지 않았다. 벼슬하러 나가면 자기의 우수한 면을 숨기지 않고 반드시 그 정당한 방법으로 일하였다. 버려져도 원망하지 않았고 곤궁에 빠져도 성내지 않았다. 그래서 '너는 너고 나는 난데 내 곁에서 옷을 벗고 있은들 네가 어찌 나를 더럽힐 수 있겠느냐?' 하고 말했던 것이다. 그러했기 때문에 씩씩한 기상으로 그들과 함께 있으면서도 스스로 실망하지 않았던 것이다. 자기를 끌어서 머물러있게 하면 머물러있는 것이니, 그것은 물러나는 것을 떳떳하게 여기지 못함이다. 두 사람 다 훌륭한 인물들이지만 백이는 편협한 사람이고 유하혜는 불공(不恭)스런 사람이라고

할 수 있다. 편협한 것과 불공스러운 것은 군자(君子)가 취하지 않는 바이다."

(2) 이윤(伊尹)의 처생신조(處生信條)

❀ 만장이 맹자에게 물었다. "남들은 이윤이 요리하는 일을 가지고 탕에게 써 주기를 요구했다고 말하고 있는데 그것이 사실입니까?"

맹자가 답하시길 "아니다. 그렇지 않다. 이윤은 유신(有莘) 땅의 논밭에서 농사를 지으면서 요임금과 순임금의 도를 즐기고 있었다. 그 의(義)가 아니고 도(道)가 아니면 천하를 녹(祿)으로 주어도 돌아다보지 않았고, 기르는 말 4천 필을 매어놓고 기다린다 하여도 돌아보지 않았다. 또 그 의(義)가 아니고 도(道)가 아니면 한 오라기의 풀도 남에게 주지 않았고 한 오라기의 풀도 남에게서 취하지 않았다. 탕(湯)이 사람을 시켜 폐백을 보내어 그를 초빙하였으나 태연하게 말하였다. '탕이 초빙하는 폐백을 가지고 내가 무엇을 하겠는가? 내가 그에게 가는 것이 어찌 밭에서 살며 요임금과 순임금의 도를 즐기는 것만 하겠는가?' 탕 임금이 세 차례나 사람을 보내어 그를 초빙하였다. 그제야 마음을 바꾸어 말하였다. '내가 밭 가운데서 살며 요임금과 순임금의 도를 즐기는 것이 어찌 임금을 요임금과 순임금처럼 만드는 것만 같기야 하겠는가? 백성들을 요임금과 순임금의 백성들과 같이 만드는 것만 같기야 하겠는가? 하늘이 백성들을 세상에 내어서 먼저 아는 사람을 시켜서 뒤늦게 아는 사람을 알게 해주고, 먼저 깨달은 사람을 시켜서 뒤늦게 깨닫는 사람을 일깨워주게 하였다. 나는 하늘이 낸 백성 중 먼저 깨달은 자이다.

나는 이 도를 가지고 백성들을 일깨워 주겠다. 내가 일깨워주지 않으면 누가 하겠는가?' 그는 온 천하의 백성 중에 한 필부(匹夫)와 필부(匹婦) 일지라도 요임금과 순임금의 은덕을 입지 못한 자가 있으면 그것을 마치 자기가 그들을 도랑에 밀어 넣은 것 같이 생각하였다. 그가 천하의 중대한 사명을 자임(自任)하고 나선 것이 이와 같았다. 그래서 그는 탕에게루 가서 하(夏)를 쳐서 백성들을 구할 것을 설득하였던 것이다. 나는 이제까지 자기를 굽히고서 남을 바로잡았다는 사람의 말을 들어본 일이 없다. 하물며 자기를 욕되게 하여서 천하를 바로잡았다는 사람이야 더 말할 나위도 없다. 성인(聖人)들의 행동은 같지가 않아서 멀리 물러나 있기도 하고 가까이 임금을 받들기도 한다. 그리고 또 떠나가 버리기도 하고 떠나지 않고 견디기도 하지만 결국은 다 자기의 몸을 깨끗이 한다는 데 귀결될 따름이었다. 나는 이윤이 요임금과 순임금의 도를 가지고 탕에게 그 실현을 요구하였다는 말은 들었어도 요리하는 일을 가지고 했다는 말은 들은 일이 없다."

진정한 유법천지有法天地를 향하여 하

三. 공자론(孔子論)

(1) 집대성(集大成)의 사적(史的) 의의(意義)

❀ 맹자께서 말씀하셨다. "공자가 제나라를 떠날 때에는 씻어놓았던 밥할 쌀을 건져가지고 갔는데 노나라를 떠날 때에는 '내 발이 잘 떨어지지 않는다.'고 말하였다. 그것은 부모의 나라를 떠나는 도리였다. 속히 할 만하면 속히 하고 오래 있을 만하면 오래 있고, 머물 만하면 머무르고 벼슬을 할 만하면 한 사람이 공자이다. 백이는 성(聖) 중에서도 청렴했던 것으로 우수하였고, 이윤은 성(聖) 중에서도 사명감으로 우수하였다. 유하혜는 성(聖) 중에서도 특히 조화의 기질이 우수하고 너그러운 사람이었으며, 공자는 시기를 잘맞추어 일을 해나간 사람이었다. 공자 같은 이를 가리켜 집대성(集大成)한 자라고 하는 것이다. 집대성했다는 것은 금속 소리를 울려낸 데다가 옥소리를 떨쳐내어 조화를 이룬 것이다. 음악에 있어서 금속 소리를 울려낸다는 것은 처음에 조리 있게 시작하는 것을 말하고, 옥소리를 떨쳐낸다는 것은 조리 있게 끝맺는다는 것이다. 조리 있게 시작한다는 것은 지(智)가 할 일이고 조리 있게 끝맺는다는 것은 성(聖)의 할 일이다. 또 지(智)를 비겨 말하면 곧 기교(技巧)이고, 성(聖)을 비겨 말하면 곧 힘이다. 마치 백보(百步) 떨어진 데서 활을 쏘는데 화살이 표적에까지 도달하는 것은 그의 힘에 의한 것이지만 표적에 적중하는 것은 그의 힘에 의한 것이 아님과 같다."

〈보충설명 : 네 사람 중 오직 공자만이 여러 면을 다 겸해가지고 늘 때와 일에 맞추어 실제 행동에 반영시킬 수가 있었다는 글이다.〉

(2) 공자(孔子)의 처신(處身)과 영향

✿ 만장이 맹자에게 물었다. "어떤 사람이 말하기를 공자가 위나라에 가 계실 때에는 옹저의 집에서 숙박하였고, 제나라에 가 계실 때에는 척환의 집에서 숙박하였다고 하는데 그것이 사실입니까?"

맹자가 답하시길 "아니다, 그렇지가 않다. 호사자(好事者)가 꾸며서 그런 말을 한 것이다. 공자는 나아가는 데는 예(禮)에 따라서 하였고, 벼슬을 얻고 못 얻는 것은 천명에 달렸다고 말했다. 그런데 그가 왕의 측근인 환관 옹저의 집과 역시 왕의 시종을 들고 있던 환관 척환의 집에 숙박하였을 리가 없다. 내가 듣기에 가까운 신하를 살펴보는데 그의 집에 주인을 정하고 있는 사람으로 하고, 먼 신하를 살펴보는 데는 그가 정하고 있는 주인으로 한다고 했다. 만일 공자가 옹저와 척환의 집에 주인을 정하고 숙박하였다면 무슨 점을 취해서 그를 가리켜 공자라고 말할 수 있겠는가?"

〈보충설명 : 공자는 노나라와 위나라에서 환영을 받지 못하였다. 송나라에 가서는 환사마(桓司馬)가 길목을 지켜 기다렸다가 죽이려고 하는 일을 당해서 변복을 하고 송나라를 지나간 일도 있었다. 그리고 벼슬(취직)을 하기 위해서 상당히 적극적이었다고 전해지는 공자에 대한 이러한 세평(世評)들을 맹자는 강하게 부정하고 있다. '공자쯤 되는 사람이 어찌 왕의 신임이 두터운 측근의 하찮은 시종들 집에 찾아들어 벼슬길을 구걸하는 비굴한 짓을 했겠는가?' 하면서 공자를 변호한 글이다.〉

(3) 인류(人類)의 대사표(大師表)

✿ 맹자께서 말씀하셨다. "성인(聖人)은 백대(百代)의 스승이다. 백

이와 유하혜가 그 산 예이다. 그래서 백이의 청렴 강직한 인품과 기상을 들으면 아무리 완악한 사나이도 청렴결백해지고 겁 많은 사나이도 지조를 세우게 된다. 유하혜의 유풍을 들으면 박한 사나이가 후해지고 비루한 사나이가 너그러워진다. 백대 전에 높이 드러나 감화를 주던 것이 백대 후에도 그것을 듣는 사람들이 또한 예외 없이 감동하게 되는 것이니, 성인이 아니고서야 능히 그렇게 될 수가 있겠는가? 그러니 하물며 성인에게 가까이해서 가르침을 받는 경우에 있어서랴!"

3. 시비논난(是非論難)

一. 노동(勞動)의 정의(定義)

(1) 선비의 비생산성(非生産性)

❀ 공손추가 맹자께 물었다. "시(詩)에 '일하지 않고서 먹어서는 아니 된다.'라고 하였는데 군자(君子)가 농사를 짓지 않고서도 먹고 살 수 있는 것은 무엇 때문입니까?"

맹자가 답하시길 "군자(君子)가 한 나라에 살고 있어서 그 임금이 그를 등용하면 그 나라는 편안해지고 존귀해지고 부유해지고 번 영하게 된다. 그 나라의 자제들이 그를 따라서 배우면 효성 있고 우애 있고 충성되고 신용 있게 된다. 그러므로 일하지 않고서는 먹지 않는다는 것이 이보다 더 큰 것이 어디에 있겠는가?"

(2) 재화(財貨)를 취(取)하는 경우

❀ 진진(陳臻)이 맹자에게 물었다. "지난날 제나라에 있을 때에는 왕이 좋은 황금 백일(百鎰)을 보내왔는데도 받지 않으셨습니다. 송 (宋)나라에서는 칠십일(七十鎰)을 보내왔는데 받으시고, 설(薛)에서는 오십일(五十鎰)을 보내왔는데 받으셨습니다. 선생님께서는 다 받던 지 다 안 받던지 중의 어느 한 가지를 선택하셨어야 했습니다."

맹자가 답하시길 "그때 안 받고 또 받고 하는 것은 둘 다 옳은 것 이다. 내가 송나라에 있을 적에 먼 길을 떠나려고 하였다. 길 가는 사람에게는 반드시 왕이 노자를 주게 마련이다. 그때 마침 전해온 말에 '노자를 보내드린다.'고 하였으니 내가 무엇 때문에 그것을 받지 않겠는가? 또 설나라에 있을 적에는 나 자신에 대한 위협이 있어서 늘 경계하는 마음을 가지고 있었는데 전해온 말에 '경계한다는 말을 들었기 때문에 군자금으로 쓰시라고 이 돈을 보내드린다.' 하였으니 무엇 때문에 내가 그것을 받지 않겠는가? 그러나 제나라에서는 받을 일이 전혀 없었다. 받을 일이 없는데 주는 것은 재물로 환심을 사려는 것이다. 그런데 군자(君子)로서 어찌 재물에 매수될 수가 있겠는가?"

(3) 팽갱(彭更)과 노동가치설(勞動價値說)

⊛ 팽갱이 맹자께 물었다. "뒤따르는 수레 수십 대와 수행하는 사람 수백 명을 거느리고서 제후한테서 제후한테로 옮겨 다니며 녹을 받아먹는 것은 사치스러운 일이 아닙니까?"

맹자가 답하시길 "정당한 방법에 의한 것이 아니라면 한 대그릇의 밥도 남에게서 받아서는 아니 된다. 그러나 만약에 정당한 방법에 의해서라면 순임금이 요임금으로부터 천하를 이어받는 일도 결코 사치스럽다고 하지 않는 것인데, 자네는 그 정도의 것을 가지고 사치스럽다고 생각하는 것인가?"

"그런 말이 아닙니다. 선비라는 사람들이 하는 일 없이 녹만을 받아먹는 것이 안 된다는 말입니다."

"만약 자네가 당국자로 앉아가지고 백성들에게 만든 물건을 융통해주고 일거리를 분담해 주어서 남는 것을 가지고 부족한 데를 보충하도록 강구하지 않는다면 농부에게는 곡식이 남아돌아가는 일이 생기고 여공에게는 천이 남게 될 것이다. 그런 것을 자네가 융통시켜 준다면 목수나 수레 만드는 사람들이 자네로 인연해서 먹을 것을 얻게 되는 것이다. 여기에 한 사람이 있어 집에 들어가면 어버이를 효성스럽게 섬기고 밖에 나가면 어른을 공경하고 선왕의 도(道)를 지켜서 뒤에 배울 사람들을 기다려 그것을 가르쳤는데도 그 사람이 자네로 인연해서 먹을 것을 얻지 못하게 된다면 자네는 어찌 목수와 수레 만드는 사람은 존경하면서 인의를 실천하는 선비를 경멸하는 것이 아니겠는가?"

"목수와 수레 만드는 사람은 그들의 목적이 기술을 가지고 먹을 것을 벌어먹자는 데에 있습니다. 그런데 군자가 인도(人道)를 실천하는 것도 역시 그 목적이 그렇게 함으로써 먹을 것을 얻자는 데에 있는 것입니까?"

"자네는 왜 하필이면 그 목적을 가지고 문제 삼는 것인가? 누군가가 누구에게 해준 일이 있으면 먹여줄만 하여서 먹여주는 것일 뿐이다. 또한 자네는 그 목적에 따라서 먹여주는 것인가? 아니면 그 해준 일의 성과에 따라서 먹여주는 것인가?"

"목적에 따라서 먹여줍니다."

"그렇다면 여기에 일솜씨가 좋지 못한 사람이 있어서 그가 기왓장을 부수고 담벼락에 칠을 잘 못하였어도 그 목적이 먹을 것을 얻자는 것이라면 자네는 그 사람을 먹여주겠는가?"

"먹여주지 않습니다."

"그러면 자네도 역시 목적에 따라서 먹여주는 것이 아니고 해놓은 일의 성과에 따라 먹여주는 것이다."

二. 직업문제(職業問題)

(1) 벼슬과 생(生)의 수단의식(手段意識)

❀ 맹자께서 말씀하셨다. "벼슬하는 것이 가난을 벗어나기 위해서 하는 것은 아니지만 때로는 가난을 벗어나기 위해서 하는 수도 있다. 그리고 아내를 맞이하는 것이 일을 시키기 위해서 하는 것은 아니지만 때로는 일을 시키기 위해서 하는 수도 있다. 단지 가난을 벗어나기 위해서 벼슬하는 사람은 높은 자리를 사양하고 낮은 자리에 있고, 많은 녹을 사양하고 적은 녹을 취해야 한다. 그런 경우는 어떤 자리가 적당한가? 문지기나 야경군 정도가 적당할 것이다. 공자도 일찍이 위리(委吏 : 창고를 지키고 출납하는 일을 맡아보는 하급 관리)를 지냈던 일이 있었다. 그때는 '회계를 잘 맞추는 일을 할 뿐이다.'라고 말하였다. 또 일찍이 승전(乘田 : 임금의 동산을 관리하는 관리 중 목축을 맡는 직책)을 지냈던 일도 있었다. 그때는 '소와 양이 무럭무럭 힘차게 자라게 하는 일일 뿐이다.'라고 말하였다. 벼슬자리가 낮으면서 높은 자리의 언론(言論)을 하는 것은 죄이다. 또한 조정의 높은 자리에 서 있으면서 도(道)가 행하여지지 않는 것도 수치이다.

(2) 군자(君子)와 직업선택(職業選擇)

❀ 진자(陳子)가 맹자에게 물었다. "옛날의 군자는 어떠했을 경우에 벼슬을 하는 것입니까?"

맹자가 답하시길 "벼슬하러 나가는 경우가 세 가지 있고 벼슬에서 물러나는 경우가 세 가지 있다. 자기를 맞이하는데 경의(敬意)를 표시하고 예를 갖추어 자기의 말을 받아들여 행하겠다고 말하면 벼슬하러 나아간다. 이때 예모는 쇠하지 않았지만 말이 행해지지 않으면 벼슬에서 물러난다. 그다음은 비록 자기의 말을 받아들여 행하지 않는다 하더라도 자기를 맞이하는데 경의를 표시하고 예모가 있으면 벼슬하러 나가고 예모가 쇠하면 벼슬에서 물러난다. 그 아래 경우는 조반도 먹지 못하고 저녁도 먹지 못해서 굶주려 문밖에 나서지 못하는 것을 임금이 듣고 '내가 크게는 그의 도를 행하지도 못했고 또 작게는 그의 말을 따르지도 못했으나 내 땅에서 굶주리게 한다는 것은 내가 부끄럽게 생각하는 것이다.'라고 말하면서 자기를 구제해 준다면 역시 그것을 받아도 좋다. 그러나 그것은 죽음을 면하는 것으로 그칠 뿐이다."

『孟子』는 실로 왕양·방패한 이론과 웅장·호건한 문장을 지녔으므로 결코 한 개의 법칙만을 지키기에 급급하지 않고, 그 호연(浩然)의 기(氣)가 성대히 유행(流行)하는 곳에 말을 입에 내면 문득 문장이 이룩되었던 것이다. 그러면서도 이제 우리가 읽어서 잘 알 수 있고 이용해서 아름다운 효과를 거둘 수 있는 것을 추천한다면 유사 이래 동서고금을 통틀어 이 『孟子』의 일서(一書)만 한 것이 없다고 감히 단언하는 바이다. 맹자는 일찍이 젊은 나이에 오서육경에 통했는데 특히 시(詩)와 서(書)에 더욱 통달하였으며, 덕이 높고 영기(英氣)가 신묘하여 그가 이르는 곳마다 사람들이 모두 우러러보았으며, 따르는 종자가 구름과 같았고 열국의 제후들이 모두 예를 갖추고 그를 맞았다고 하며 천하에 감히 맞서 대적할 자가 없었다고 한다. 본시 키가 큰 나무는 바람을 많이 받고, 그 어떤 옳은 말을 하더라도 반대 의견을 내세우는 자들이 있기 마련이다. 그래서 학문이 깊은 사람이라 하더라도 또 그만큼 적이 많이 생기는 것이 세상의 이치인 것이다. 공자 님께서도 그러했기 때문에 그만큼 힘든 인생을 사셨지만, 졸하신 지 백 년도 못 되어 그분의 학통이 끊기고 그분이 내세우던 성현의 도(道)라는 것도 쇠퇴해서 그 명맥만 유지한 채 제자백가들이 각기 제 목소리를 내는 춘추시대가 되었고, 곧이어 상호공벌이 치열한 불법·무도한 전국시대가 도래했던 것이다. 바로 그 어지러운 전국시대에 인류 최고의 스승이신 맹자 님께서 태어나시어 옛 성현들의 도(道)를 다시 일으켜 세우고, 공자 님을 유교의 조종으로 우뚝 세우셨으며 후세에까지 인류 도덕이 길이 이어지게 만드셨다.

공자 님도 물론 위대하신 분이다. 그러나 공자는 조조와 제갈공명을 합해놓은 것 같은 자공(단목사)과 관우와 장비를 합해놓은 것 같은 자로(중유)와 정사(政事)의 실무에 밝았던 소하와 같은 자유(염구)라는 뛰어난 세 제자가 없었다면 아마 그처럼 크게 행세하지는 못했을 것이다. 용맹스럽고 호방한 자로가 공자를 스승으로 모시고, 여러 제후도 존중해 마지않던 자공이 평생을 공자 곁에서 보필했기 때문에 세상 사람들이 공자를 가볍게 보지 못했으며, 아무런 소득도 없이 천하 주유를 마치고 고국으로 돌아와 있을 때 나라의 큰 벼슬을 하던 자유가 없었다면 그저 은퇴한 한 노인으로서 쓸쓸한 말년을 보냈을 것이다. 하지만 맹자 님의 덕과 지혜는 그 크기와 깊이를 측량할 수가 없어서 그 살벌한 전국 천하였음에도 남녀노소 빈부귀천을 가릴 것 없이 세상 모든 사람이 그분을 우러러보았으니 공자와 자공과 자로와 자유와 석가와 예수와 소크라테스와 노자와 장자를 모두 맹자라는 그릇에 담아도 그 속에 깊숙이 잠기고 말 것이다. 그런데도 맹자 님께선 공자를 자신의 친조부처럼 여기면서 그 부족함이 보여도 한사코 그것을 변호하면서 한결같이 존숭했으며, 증자와 자사의 고루함까지 변호하여 공자를 조종으로 세우고 공자-증자-자사-맹자의 순으로 유교의 학통을 정립하셨다. 그것은 자신이 자사의 문인(門人 : 제자)이었으며 자사는 증자의 제자였기 때문이다. 혹자들은 증자가 공자 말년의 어린 제자였기 때문에 거대한 공자의 학문을 일부밖에 이어받지 못한 인물이며, 자사는 그런 증자의 제자이고, 맹자는 그런 자사의 문인이었기 때문에 공자와는 하늘과 땅 차이라는 논리를 내세우기도 하지만, 그렇다면 왜 '청출어람'이란 말이 생겼겠는가? 맹자 님은 자사만을 스승으로 삼은 것이 아니고 요·순·우·탕·문·무·주공·이윤·공자 등 모든 옛 성현들을 마음속의 스승으로 삼아 마침내 그분들을 능가하여 인류 역사상 유일하게 성(聖)의 경지를 넘어 천인합일(天人合一)의 경지에까지 도달하신 분이었다.

제11장

성리학과 성학십도

　우리 조상들이 신봉했던 성리학(性理學)이란 과연 무엇인가? 후손
들인 우리는 당연히 그 실체가 무엇인지 관심을 가져야 하고 또 그
내용이 무엇인지 알아야 할 것이다. 알지도 못하면서 공리공론이
니 지난날의 낡은 유물이니 하면서 고개를 돌리는 것은 크게 잘못
된 태도라 하겠다. 성리학은 남송 시대의 주희(朱熹 : 朱子)가 정이(程
頤)의 학통을 계승·발전시킨 것이라 하여 주자학(朱子學) 또는 정주
학(程朱學)이라고도 하는데, 이것은 기존 유학의 미진한 부분을 이
론적으로 더욱 완벽하게 보충한 학문이며 신유학이라고 불리기도
한다. 퇴계 선생은 이러한 주자학을 더욱 다듬어 마무리를 지었기
때문에 유학을 완성시켰다고 할 수 있다. 성리학(性理學)은 성즉리
설(性卽理說)과 이기론(理氣論)을 주장한 것이 그 핵심인데, 우주의 원
리를 연구하고 인간의 마음을 다스리는 학문인 것이다. 성즉리설
(性卽理說)이란 "인간의 본성인 성(性)과 우주의 근원인 이(理)가 서로
같다." 즉 천리(天理)와 인성(人性)의 합일(合一)을 주장한 것이고, 이
기론(理氣論)이란 "심(心)은 인간이 하늘로부터 얻어서 생긴 기(氣)이
며, 성(性)은 인간이 하늘로부터 얻어서 생겨난 리(理)다. 성(性)은 마

　　　　　　　　진정한 유법천지有法天地를 향하여 하

음의 도덕적 핵심이니 고로 이(理)가 기(氣)를 지배해야 한다." 즉 착한 본성(이성)이 심(마음의 작용)을 지배(자제하고 조절)해야 한다고 주장하는 것이다. 이러한 이론적 토대는 이미 맹자 님께서 성선설(性善說)을 주장하실 때 만들어 놓으셨던 바다. 즉 맹자 님께선 심(心)과 성(性)과 정(情)을 구분하지는 않았지만 인간 심성의 본질을 본성과 본능으로 나누어 마음이 착한 본성을 따르면 선(善)이 되고, 마음이 본능인 욕심(생욕) 쪽만 따르면 악(惡)이 된다고 말씀하셨는데, 여기에서 발전하여 훗날 이기론(理氣論)과 사단칠정론(四端七情論)이 태동하게 되어 "인·의·예·지의 4단은 그것을 확충시켜 나가고, 칠정(七情: 기쁨, 노여움, 슬픔, 두려움, 사랑, 미움, 욕심)은 그것을 억제하고 조절해야 한다."고 주장하였던 것이다. 그래서 율곡 같은 이도 "도심(道心)은 성(性)이요, 인심(人心)은 정(情)이니 도심(道心)인 인의지심(仁義之心)을 따르면 대인(大人)이 되고, 인심(人心)인 이기심(利己心)을 따르면 소인(小人)이 된다."고 맹자 님의 말씀을 흉내 냈던 것이다.

여기서 잠깐 순자의 성악설(性惡說)을 살펴본다면 순자 역시 인간이 무조건 악하게 태어났다고 주장한 것은 아니고, 인간 심성의 본질을 사려 선택을 하는 심(心)과 심(心)을 제외한 나머지 부분인 정성(情性)으로 나누어, 생각하지 않고 정성(情性)만을 따르면 악이 된다고 본 것이다. 즉 나면서부터 이(利)를 좋아함, 미워함, 성색(聲色)을 좋아함이 있는데 여기에만 순응하면 쟁탈이 생기고 음란이 생긴다는 것이다. 그러면서 또 한편으론 정성(情性)을 다시 성(性)과 정(情)으로 나누어 "성(性)은 비록 선한 것이나 정(情)으로 흐르면 악함에 빠지기 쉽다."고 주장하기도 했는데 이는 맹자의 성선설을 믿고 혹시 후학들이 수양을 게을리할 것을 경계한 말이었으니 이는 엄

밀히 말하면 성악설(性惡說)이 아니고 정악설(情惡說)이라고 했어야 맞는 말이었다. 이처럼 맹자 님의 성선설과 순자의 성악설(정악설)은 사실 일맥상통한 주장이었다고 할 수 있는데, 그 후 일부 학자들이 '선악절충설' 등을 주장했지만 후학들은 오직 맹자 님의 성선설만을 하늘 높이 존숭했던 것이다. 이기론(理氣論)이란 심성학(心性學)의 근본이 되기도 하는데 우주의 근원을 이(理)와 기(氣)로 파악하여 이(理)는 만물을 만들어내는 원리이고, 기(氣)는 만물의 진료적인 원리 또는 현상으로 본 것이다. 즉 만물의 생성 원리에 대해서 설명했는데 근원으로서의 이(理)가 기(氣)와 합쳐져서 만물을 만들어낸다고 본 것이다. 일종의 우주론으로 볼 수도 있는데, 심성론(心性論)과 수양론(修養論)을 정립하는데 그 이론적 기초가 되었던 것이다. 좀 더 깊이 들어가 보면 이기론(理氣論)에 있어서 일반적으로 이(理)와 기(氣)의 관계를 이기불상잡(理氣不相雜 : 理와 氣는 서로 뒤섞이지 않는다.)과 이기불상리(理氣不相離 : 理와 氣는 서로 분리되지 않는다.)란 두 가지 말로 정리하는데, 인간의 심성(心性)을 중시하고 존재의 본질 회복을 목적으로 하는 수양 철학에서는 이(理)를 중시해야 하므로 전자의 입장에 비중을 두는 경향이 있으니 여기에 치중하면 이기이원론(理氣二元論)으로 발전하고, 현실의 개혁에 치중하는 실천철학에서는 기(氣)를 중시해야 하므로 후자의 입장에 비중을 두는 경향이 있으니 여기에 치중하면 이기일원론(理氣一元論)으로 발전하는 것이다. 이처럼 이(理)에 중심을 두면 주리철학(主理哲學 : 主理論)이 되는 것이니 퇴계 선생을 중심으로 한 영남학파가 여기에 속하며, 기(氣)에 중심을 두면 주기철학(主氣哲學 : 主氣論)이 되니 율곡 선생을 중심으로 하는 기호학파가 이에 속하는 것이다.

조선 시대 성리학의 양대 학파 중 하나인 주기철학이란 이기일원론의 입장에 가까웠는데, 우주 만물의 존재 근원을 기(氣)로 보고 이(理)는 단순히 기(氣)를 주재하는 보편적 원리에 불과하다는 주장이다. 따라서 심성론(心性論)의 주요 논제인 사단칠정(四端七情)을 설명함에 있어서도 사단칠정이 모두 기(氣)가 발동하여 된 것이며, 사단은 칠정 가운데서 선한 측면만을 가리키는 개념에 불과하다고 주장했다. 이념적 윤리보다 실천적 윤리를 중시하는 이 견해는 서경덕에서 비롯되어 율곡에 의해 집대성되었으며, 김장생, 송시열, 송준길 등에게 계승되었는데 서경덕은 "기(氣)밖에 이(理)가 없으며 이(理)는 기(氣)를 주재하는 보편적 원리에 불과하다."라고 하여 이기일원론적(理氣一元論的) 입장을 수용하였으며, 율곡 역시 "이(理)와 기(氣)는 혼연하여 사이가 없고 서로 떨어지지 않으므로 다른 물(物)이라고 할 수 없다."라고 주장함으로써 이기일원론적(理氣一元論的) 입장에 비중을 두었다. 다음으로 주리철학(主理哲學)은 확실하게 이기이원론(理氣二元論)을 바탕으로 했는데 우주 만물의 궁극적 실재를 이(理)로 보고 이(理)와 기(氣)는 어디까지나 두 가지이지 한 가지가 아니며, 기(氣)는 존재하되 사실상 생멸하는 것이라고 보았다. 나아가 이(理)는 항존·불멸하는 것으로 기(氣)를 움직이게 하는 근본 법칙이며 능동성을 가진 이(理)가 발동하여 기(氣)를 주재한다는 주장이다. 따라서 심성론(心性論)의 주요 논제인 사단칠정(四端七情)을 설명함에 있어서도 심성 내부에 존재하는 천부적인 선한 본성인 사단(四端 : 측은지심, 수오지심, 사양지심, 시비지심)은 이(理)가 발동한 것이고, 선과 악이 섞여 있는 칠정(七情 : 희, 노, 애, 구, 애, 오, 욕)은 기(氣)가 발동한 것이라는 이기호발설(理氣互發說)을 주장하였다. 이

언적이 처음 주장한 것을 퇴계 이황이 집대성하였고, 이현일, 유치명, 이항로 등에게 계승되었다. 퇴계 선생께서는 이 주리철학(主理哲學: 主理論)을 주장하시며 경(敬) 사상을 성학(聖學)의 중심에 두셨는데 충신(忠信), 독실(篤實), 겸허(謙虛), 공손(恭遜)을 가르치셨고 예(禮)를 중시하셨다. 이기이원론(理氣二元論)의 입장에서 사단(四端: 惻隱之心, 羞惡之心, 辭讓之心, 是非之心)은 이(理)에서 나오고, 칠정(七情: 喜, 怒, 哀, 懼, 愛, 惡, 欲)은 기(氣)에서 나오므로 기(氣)는 이(理)의 지배를 받아야 한다고 강조하시면서 심성론(心性論)과 수양론(修養論)을 정립하여 주자가 완성하지 못한 성리학(性理學)을 완결시킨 분이다. 인성(人性)과 천리(天理)를 합일시킨 성리학의 이기론에 대한 필자의 생각은 다음과 같다. 이 우주 공간은 기(氣)로 가득 차 있으면서 천지만물과 끊임없이 소통하며 순환하고 있는데 그것은 어떤 우주적 원리(天理)에 의해서 소통하는 것이다. 예컨대 겨울엔 차가운 기가 흐르고 여름엔 더운 기가 흐르는 경우 등이다. 한편 천리인 원, 형, 이, 정은 인간의 사단으로 나타나고, 우주에 가득 찬 기는 인간의 기질로 구현되었기 때문에 칠정(七情)인 기(氣)는 사단(四端)인 이(理)의 아래에 있어야 한다는 이론이 바로 성리학이라는 것이다. 이처럼 우리 동양의 성리학은 마음을 다스려 인간의 덕성을 지극한 곳까지 끌어올릴 수 있는 세상에서 가장 심오한 수양 철학이라고 평가하고 싶다. 그에 대한 구체적인 공부 방법은 성학십도(聖學十圖)를 숙독하면 그 핵심적인 내용을 어느 정도는 알 수 있으리라 믿는다. 성학십도는 퇴계 선생이 고향인 안동으로 물러나 연구와 저술에만 몰두하고 있을 무렵, 17세의 어린 나이로 선조가 즉위하자 내성외왕(內聖外王)의 조건을 갖출 수 있도록 제왕학(帝王學)을 가르치려는 뜻으로 주렴계의 태극도설(太極圖說)을 비롯하여 전통유학 및 성리학의 중심사상이 되어온 열 가지 학설을 원문과 함께 도표로 만들고 보충설명을 한 후, 책머리에 차문(箚文 : 상주문)을 지어 올린 만년성충(晚年誠忠)의 뜻이 담긴 것이다.

이케다 다이사쿠! 만약 그대가 생전에 나의 이 저서를 손에 잡는 날이 온다면 교세의 확장은 그만큼 해두고 비록 늦었지만 진정한 학문의 길에 입문하기를 바라노라. 이『성학십도』를 본다면 그대의 만학(晚學)에 큰 도움이 될 것이니라. 이는 예나 지금이나 우리나라는 그대 일본국에 대한 문화 대은의 나라이니 이 천강이 그대에게 태평양처럼 깊고 드넓은 성학(聖學)의 세계를 그대가 느낄 수 있도록 특별히 배려함이니라. 그러면 그대가 보았던 동네 앞의 호수가 가장 큰물이 아니었음을 뒤늦게나마 깨닫고, 그런 정도의 공부와 학문으로 세상을 바로 세우고자 했던 자신의 어리석음도 함께 깨닫게 될 것이다. 그리고 다시는 찬란한 윤리의 성곽인 우리의 금수강산 안으로 들어와 금옥 같은 우리의 아들딸들에게 그럴듯한 요설을 늘어놓아 맑은 영혼을 현혹시키지 말고 미개한 그대 일본 국민이나 제대로 교도하고 교화시키기를 바라는 바이다. 이는 분명히 문화적 침략이기 때문에 문화적 침략을 중단하라는 뜻이니라. 이 땅의 아들딸들도 정신을 차리고 경건한 마음으로 필자의 저서를 공부한 후 사람의 도리를 실천하여 세계 윤리국 건설에 앞장서야 할 것이다. 아 참, 이케다 다이사쿠! 그대와 그대 일본 국민에게 한 마디만 조언을 더 하고자 한다. 그대는 그대 일본국의 영웅인 사카모토 료마가 300년이 가깝게 계속되어오던 막부 정치를 쓰러뜨리고 새 세상을 만들어 자신이 죽은 후 따르던 동지들로 하여금 명치유신을 단행케 하여 막강한 국력을 키웠지만, 그 후 왜 군국주의 노선을 걷게 되어 남의 나라를 침공하고 세계대전까지 일으켰다가 결국은 원폭을 맞고 처참하게 몰락하게 되었는지, 또 왜 난징 대학살과 생체실험을 하는 등 인류와 역사 앞에 씻을 수 없는 엄청난 대죄를 짓고도 일본인들이 끝내 그 죄를 인정하지 않고 반성도 하지 않는 이유를 아는가? 그것은 바로 혁명을 주도한 료마나 사이고 다카모리 등이 전혀 성학(聖學)을 공부하지 못했고, 극악무도한 제국 일본을 탄생시킨 원흉이며 정신적 지주였던 '요시다 쇼인'이라는 요사스런 소인배 놈이 이토 히로부미 등 그의 제자들에게 침략 사상을 심어주었기 때문에 명치유신 이후 계속 도덕성의 기반이 없는 문화로 성장했기 때문이니라. 그런데도 너희 일본인들은 명치유신을 맹자 님의 혁명사상을 본받은 것이라고 강변하고 있으니, 이거야말로 무식의 극치요 어불성설이 아닌가? 따라서 그대 일본국에 꼭 필요한 것은 불경 한 자락의 가르침이 아니라 우리 동양의 윤리 도덕, 즉 인륜대도인 삼강오륜과 효치명륜 사상을 배워야 하느니라. 내 그대를 깨우쳐주기 위해 이러한 가르침을 내리는 것이니 충언으로 알고 깊이 새겨들을지어다.

『성학십도』의 본문으로 들어가기 전에 먼저 『성학십도』를 올릴 때 그 머리글로 함께 올린 상주문(上奏文 : 아뢰는 글)의 내용을 한 번 살펴보도록 하자.

"도(道)는 너무 넓고 옛 성현들의 가르침은 너무 많으니 어디서부터 공부를 해야 할 것입니까? 성학(聖學)에는 큰 실마리가 있고 심법(心法)에는 지극한 요점이 있으니 그것을 그림으로 그리고 설명을 붙여서 도(道)에 들어가는 문과 덕(德)을 쌓는 기초를 보여주는 것은 후현(後賢)들이 부득이 해야만 할 일인 것입니다. (…중략…) 오직 옛 현인(賢人)과 군자(君子)들이 성학(聖學)을 밝히고 마음을 다스렸던 방법을 그림으로 그리고 설명을 붙여 사람에게 보여준 것이 후세에 전해 내려와 해와 별같이 밝고 또렷함으로, 이에 감히 전하께 올려 옛 왕들이 음악으로 듣고 그릇 등에 새겨서 반성했던 뜻을 대신하고자 합니다. 이렇게 하는 것은 지나간 과거를 본받아 미래에 유익함이 있을 것이라 여겨서입니다. 그 가운데 가장 탁월한 것 일곱 가지를 골라내고 거기에 새롭게 세 가지를 더하여 성학십도를 만들어 그 밑에 신(臣)의 우견(愚見)을 덧붙여 조심스럽게 글로 써서 전하게 바치옵니다. 다행히 물리치지 않으신다면 이 원본을 경연관에 내려보내시어 논의를 거쳐 보완하게 하시고, 글씨를 잘 쓰는 사람에게 바르게 쓰도록 하여 병풍을 하나 만들어 청연한 곳에 펴 놓으시거나 따로 조그맣게 장첩을 꾸며 항상 책상 위에 놓아두고 늘 보시고 경계하신다면 충성된 마음을 바치려는 신(臣)에게 이보다 더 다행한 일이 없겠나이다. 일찍이 듣자오니 맹자 님께서 '생각하면 얻고 생각하지 않으면 얻지 못한다.' 하셨고, 기자(箕子)가 무왕(武王)을 위하여 홍범(洪範)을 진술(陳述)할 때에도 '생각하면 총명하게 되고 성인이 된다.'고 하였습니다. 무릇 마음이란 사방 한마디밖에 안 되는 작은 가슴에 담겨 있지만 지허지령(至虛至靈)한 것이요, 리(理)는 도서(圖書)에 나타나 있으면서 매우 분명하고 확실한 것이옵니다. 지허지령한 마음으로 분명하고 확실한 이치를 구한다면 얻지 못함이 없을 것이니 생각하여 얻어내고 총명을 다하여 성인이 됨이 어찌 오늘날이라고 해서 실현되지 못하겠습니까? 그러나 마음의 허령함도 만약 그것을 주재하는 경(敬)이 없다면 일이 목전에 닥쳐도 생각하지 못하게 되고, 이치가 확실하게 드러나더라도 만약 그것을 살펴볼 궁리가 없다면 날마다 눈으로 「성학십도」를 보면서도 보지 못하게 될 것이오니 그림을 볼 때 생각을 소홀히 해서는 안 될 것입니다. 또 듣자오니 공자께서는 '배우기만 하고 생각하지 않으면 어두워지고, 생각하기만 하고 배우지 않으면 위태로워진다.'라고 하였습니다. 배운다는 것은 그 일을 익혀 참되게 실천하는 것을 말하는 것입니다. 성인의 학문이란 마음으로 구하지 않으면 어두워서 얻는 것이 없으므로 반드시 생각하여 그 미묘한 이치에 통해야 하고, 그 일은 익히지 않으면 위태하고 불안하므로 반드시 배워서 실천해야만 합니다. 그리하여 생각과 배움이 서로 발명(發明)하고 서로 도움을 주는 것입니다. 원하옵건대 전하께서는 이러한 이치를 통촉하시고 먼저 뜻을 세워서 맹자 님께서 말씀하셨듯이 '순(舜)은 어떤 사람이고 나는 어떤 사람인가? 노력하면 다 그렇게 된다.'는 생각으로 분연히 학문과 생각에 힘쓰기를 바랍니다.

지경(持敬 : 공경하는 마음을 유지하는 것)은 생각과 배움을 겸하고, 움직임과 고요함을 일관되게 하며, 안과 밖을 일치시키고, 분명하게 나타난 것과 작아서 보이지 않는 것을 하나로 하는 방도(方道)입니다. 그리고 지경(持敬)을 행하는 방법은 반드시 마음을 깨끗이 하고 엄숙히 하며 고요하고 일관되게 유지하면서 이러한 이치를 배우고 묻고 생각하고 분별하는 가운데서 궁리하며, 보지 못하고 듣지 못하는 곳에서 경계하고 두려워하기를 더욱 엄하고 공경스럽게 하여 숨어있거나 혼자 있을 때라도 자신을 돌아보기를 더욱 정밀하게 해야 하는 것입니다. 한 그림을 생각하면 그것에 정신을 집중하

진정한 유법천지有法天地를 향하여 하

여 다른 그림이 있다는 사실을 모르는 것처럼 해야 하고, 한 일을 익힐 때에는 오직 그것에 전념하여 다른 일이 있는지를 모르는 것 같이 하여야 합니다. 아침저녁으로 늘 그렇게 해야 하며 오늘도 내일도 쉼 없이 계속 그렇게 해야 합니다. 때로는 우주의 기운이 많은 이른 새벽에 실마리를 찾아내어 느끼고 생각해보고, 일상생활 속에서 사람들을 만날 때에도 체험하면서 능력을 키우셔야 합니다. 이와 같이 하다 보면 처음엔 마음대로 잘 되지 않겠지만 그럴수록 더욱 참된 것을 많이 쌓고 오래도록 힘쓴다면 자연스럽게 마음과 이치가 서로 용납되어 자신도 모르는 사이에 융회관통할 것이옵니다. 그리되면 익혀야 할 것과 해야 할 일들이 서로 익숙해져서 차츰 모든 행동이 순탄하고 자연스럽게 됨을 알게 될 것입니다. 처음에는 각각 한 가지에 전념하던 것이 이제는 여러 가지가 하나의 근원에서 만나 화합될 것이오니 이것이 맹자 님께서 말씀하신 심조자득(深造自得 : 깊이 탐구하여 스스로 많은 것을 미루어 깨달아 얻음)의 경지이며 살아있는 동안에는 그만둘 수 없는 경지의 경험인 것입니다. 또 이것에 따라서 힘써 재능을 다한다면 안자(顔子 : 顔回)의 '인(仁)'을 어기지 않는 마음'과 '나라를 위하는 사업'이 모두 다 그 속에 있는 것이며, 증자(曾子)의 일관된 충서(忠恕 : 정성을 다해 남의 사정을 헤아리는 것)와 도(道)를 전할 책임이 그 몸에 있게 되는 것이옵니다. 일상 속에서 공경하고 두려워하는(삼가는) 태도를 떠나지 않는다면 중용과 조화 그리고 만물이 제자리에서 잘 길러지는 공덕을 완수할 수 있는 것이며, 덕행이 윤리를 벗어나지 않으면 천인합일(天人合一)의 경지도 알 수 있을 것입니다. 그러므로 비록 그림과 도설이 열 폭 종이 위에 적어 놓은 것에 지나지 않더라도 또 생각하고 익히는 공부는 평소 거처하는 곳에서 하는 것일지라도, 도(道)를 깨달아 성인이 되는 요령과 근원을 바로잡아 정치를 경륜(經輪)하는 근원이 모두 여기에 갖추어져 있습니다. 오직 전하께서 깊이 살피시고 특별히 유의하시어 시종 끊임없이 반복하시고 경미한 일이라고 소홀히 여기시거나 번잡하다 하여 버려두는 일이 없으시다면 나라의 행운이며 백성들에게도 행운일 것입니다."

이상이 상주문의 내용이다. 퇴계께선 학문을 하고 마음을 수양하는 방법으로 주자(朱子)가 제시한 거경(居敬)과 궁리(窮理)를 계승하셨는데, 주자께선 사물의 이치를 궁리하는 〈궁리〉에 중점을 두셨지만 퇴계께선 경(敬)에 머무는 〈거경〉을 중요시했으며 〈성학십도〉에서도 경을 중심으로 설명을 하셨다. 퇴계 선생께선 경(敬)을 모든 철학과 인간 행위의 중심에 두었기 때문에 그의 철학을 〈경철학(敬哲學)〉이라고 한 것이다.

제1도인 태극도(太極圖)는 우주의 원리를 이해하기 위한 그림인데, 송대 역학자인 염계 주돈이(周敦頤)가 글과 그림을 모두 만들었다. 제일 위에 있는 둥근 원은 〈무극이태극(無極而太極)〉을 나타낸 것인데, 무극인 동시에 태극이라는 뜻으로 이는 우주와 인간을 포함한 모든 만물이 만들어지는 근원자, 즉 원리란 뜻인데 이때의 태극의 음과 양이 나누어지기 전의 상태인 처음 우주의 본체를 말하는 것이다.

그 밑의 두 번째 그림은 음과 양이 좌우로 어우러져 있는데 원의 반쪽인 하얀 부분은 양(陽)을 나타내고 검은 부분은 음(陰)을 나타내며, 양이 두 개인 좌측은 양동(陽動), 음이 두 개인 우측은 음정(陰靜)이라고 쓰여 있다. 태극이 동(動)하니 양이 생기고 그 움직임이 극도에 달하면 정(靜)하게 되는데 정하면 음이 생기고 그 고요함이 극도에 달하면 다시 동하여 양이 된즉슨 이로써 음과 양의 두 기운이 우주공간의 한 축을 기준으로 맞서게 되는 것이다. 세 번째 그림은 양이 변화하고 음이 결합하여 오행(五行)인 수·화·금·목·토(水, 火, 金, 木, 土)가 생성된 모양인데 이 오행이 상생(相生)과 상극(相剋)의 결합을 통하여 만물을 구성하게 되는바, 고대의 동양 철학자들을 이 음양과 오행의 결합으로 만물과 인간을 설명했다. 네 번째로 다시 둥근 원이 나오는데 원의 왼쪽에는 건도성남(乾道成男) 오른쪽에는 곤도성녀(坤道成女)라는 글이 있다. 즉 양의 기운은 하늘의 도(道)로서 남성을 이루고, 음의 기운은 땅의 도(道)로서 여성을 이룬다는 뜻이다. 태극과 음양과 오행이 오묘하게 결합하여 남성과 여성을 만들고 만물을 만드는데, 인간과 만물은 생겨날 때 모두 각기 하나의 본성을 가지며 하나의 태극을 가지게 되는데, 인간만이 우주의 신령스러운 맑은 기운을 받고 태어났기 때문에 만물이 생성되는 그림보다 앞에 놓은 것이다. 다섯 번째로 가장 밑에 그려진 원은 만물이 생성되는 것을 나타내는 것이며 그 밑에 만물화생(萬物化生)이라고 적혀있는데, 태극에서 음양이 나오고 이 음양이 결합하여 만물을 만들어 낸다는 것이다. 이상으로 그림에 대한 설명은 끝났는데 여기에 다시 주렴계의 해설을 살펴본다면 "오행(五行)은 하나의 음양이요 음양은 하나의 태극이며 태극은 본래 무극인데, 오행의 생(生)함이 각각 그 성(性)을 하나씩 가지니 무극의 진(眞)과 음양오행의 정(精)이 묘합(妙合)하여 건도(乾度)는 남성적인 것이 되고 곤도(坤道)는 여성적인 것이 되어 이 두 기(氣)가 서로 감응

하여 만물(萬物)을 생성(生成)한다고 했다. 즉 이 음양과 오행의 기운이 오묘하게 결합하여 만물을 생성한다고 했는데, 이 만물은 낳고 또 낳아 그 변화는 다함이 없으며 이중 오직 사람만이 빼어남을 얻어 가장 맑은 기운을 받았기 때문에 형체가 갖추어지기 시작하면서 그 속에 사물을 인식하는 능력이 주어졌고, 오성(五城 : 仁義禮智信)이 감(感)하여 움직이니 여기서 선과 아이 갈리고 만사가 생겨난다고 했다. 이에 만사 처리의 기준이 필요하게 되었으며 성인은 이 기준을 중정인의(中正仁義)로서 정(定)하셨다. 그리고 인간 윤리생활의 최고표준을 세웠는데 그것은 고요함(靜)을 주(主)로 삼아야 하며, 사욕(私欲)을 버리면 정(靜)할 수 있고 정(靜)하면 사물의 처리기준인 중정(中正)과 인의(仁義)를 실현할 수 있다고 보았다. 그러므로 성인은 천지(天地)와 더불어 그 덕이 합하고 일월(日月)과 더불어 그 밝음이 합하며 사시(四時 : 4계절)와 더불어 그 질서가 합하니 군자(君子)는 이것을 닦으므로 길(吉)하고 소인은 이것을 어기므로 흉(凶)하다."고 했다. 그리고 "천(天)의 도(道)를 세워 음과 양이라고 하고, 지(地)의 도(道)를 세워 유(柔)와 강(剛)이라 하며, 인(人)의 도(道)를 세워 인(仁)과 의(義)라고 한다." 또 "시작을 알고 끝을 돌이키면 죽음과 삶의 의미를 알게 된다."고 하면서 끝을 맺었다. 즉 우주의 모습과 일치하는 사람이 성인이며 그러한 성인이 되기 위해서는 우주의 원리를 이해하고 인간의 도리를 실천해야 하며, 그것은 인간이 우주의 한 부분이고 만물과 동등한 근원에서 태어났기 때문이라는 것이다. 그래서 주역(周易 : 易經)속에 인간의 삶에 대한 깊은 지혜가 담겨 있는 것이다. 그리고 우주를 구성하는 세 가지 요소인 천·지·인(天·地·人)을 삼재(三才)라 하며, 하늘의 음과 양, 땅의 유와 강, 사람의 인과 의를 주역의 괘(卦)를 구성하는 여섯 가지 요소로 삼아 우주의 모든 것 중 가장 중요한 근원으로 삼았다. 성현의 도(道) 속으로 깊숙이 들어가기 위해서는 먼저 이 태극도설을 알아야 하는데 이 태극도설의 연원은 5경(五經) 중의 하나인 주역(周易) 책에서 시작되었으며 "역(易)에 태극(太極)이 있는데 이것이 양의(兩儀 : 음과 양)를 낳고, 양의가 사상(四象 : 태양·태음·소양·소음)을 낳는다."는 이치를 넓혀서 밝힌 이론이다. 여기서 4상은 서양 과학에서 말하는 우주에 존재하는 네 가지 기본적인 힘인 '중력, 전자기력, 강한 핵력, 약한 핵력'과 대치되는 개념이라고 볼 수 있겠다. 주자께선 "이 태극도는 도리(道理)의 큰 핵심이요, 백세도술(百世道術 : 영원한 도의 길)의 연원이다."라고 말씀하셨다. 그래서 근사록(近思錄)에서도 이 태극도설을 맨 첫머리에 두었던 것이며, 퇴계께서도 그러므로 성인을 본받아 배우고자 하는 사람은 여기서부터 단서를 잡아 『소학』이나 『대학』 등의 경서를 읽어서 학문을 점차 넓혀나간다면 마침내 우주 자연의 이치를 파악하고 인간의 본성을 실천하며 천명(天命)을 이해하는 경지에 도달할 수 있으며, 자연의 변화와 만물의 조화를 깨달아 자신의 덕을 왕성하게 할 수 있다고 결론지으셨다. 이 태극도설을 처음 대하는 독자들께선 좀 어렵게 느껴질 수도 있고 쉽게 납득이 가지 않을 수도 있겠지만 자꾸 읽고 생각해 가면서 또 읽다 보면 느낌이 오고 수긍이 가리라 믿는다. 제2도인 서명도(西銘圖)는 북송(北宋) 때 사람인 장횡거(장재)가 손수 써서 자신이 거처하는 곳에 붙여 놓았던 글인 서명(西銘)을 보고 원나라 때 사람인 정복심이 그림을 그린것인데, 서명의 원래제목은 정완(訂頑: 완고함을 바로잡음)이었던 것을 정자(程子)가 서명으로 고쳤다고 전해지고 있다.

그림의 우측 부분이 상도(上圖)인데 그 내용을 보면 "건(乾 : 하늘)을 아버지라 부르고 곤(坤 : 땅)을 어머니라 부르며 나는 매우 작은 존재로서 그 가운데 자리 잡고 있으니 천지 사이에 충만한 것이 내 몸이요, 천지를 이끄는 것은 내 본성이다. 모든 백성이 다 나의 동포요, 만물은 나와 같은 존재다."라고 했는데 상도에서 말하고자 하는 바는 성리학에서 중요하게 다루는 이일분수(理一分殊) 대한 설명이다. 이일(理一)이란 만물은 하나의 원리에서 나왔다는 뜻이고, 분수(分殊)는 이것이 각기 서로 다른 모습으로 나뉘어 존재한다는 뜻이다. 하도(下圖)에선 어버이를 섬기는 도리를 밝히고 있는데 이 것을 인(仁)이라고 했다. 그래서 서명(西銘)이란 글의 내용은 이일분수(理一分殊)와 인(仁)에 대한 것인데 즉 하늘의 뜻에 합당한 인(仁)의 실천 방법을 말한 것이다. 그 내용을 살펴보면 만물이 모두 한 원리에서 나왔기 때문에 하늘과 땅을 섬기는 인간이 어찌 이기적인 존재로 남아있어야 되겠는가? 그래서 만물을 두루 사랑해야 하나 그 나뉨이 같지 아니하므로 그 베푸는 바에도 차등(差等)이 있어야 하니 응당 먼저 그 어버이를 친(親)한 다음에 그 마음을 미루어서 백성(사람)을 사랑하고, 백성(사람)을 사랑한 다음에 물(物 : 동물, 식물, 재물)을 사랑하는 것이 타당하다고 했다. 그러니까 묵자의「겸애설」같은 것은 잘못이라고 할 수 있다. 즉 낳고 길러주신 부모님의 하늘 같은 높은 사랑과 은혜는 세상의 그 무엇과도 비교할 수 없는 지고한 것이므로, 그 위대하신 부모님의 은혜를 망각하고 타인과 똑같게 생각하는 것은 어리석은 발상이며, 이일분수(理一分殊)의 천리(天理)에도 어긋나는 것이라고 본 것이다. 또 집안에는 부모와 자식이 있고 사회에는 어른과 아이가 있으며 나라에는 임금과 신하가 있으니 각기 그 할 도리가 다르며 그 위치에서 자신의 역할을 해야만 모든 것이 처음처럼 하나가 될 것이라고 했다. 그리고 효를 실천하여 하늘의 뜻을 받든 인물들을 소개하고 "부귀와 복택은 장차 나의 생(生)을 두텁게 하려 함이요, 빈천과 근심 걱정은 나를 귀중히 여겨 장차 나의 삶을 성취시키려 함이니 살아있는 동안 나는 순하게 섬기고 죽을 때는 편안히 돌아가리라."라고 했으며, "인(仁)은 곧 천지만물이 나와 한몸이란 것을 알고 널리 덕을 베푸는 것이며 의(義)는 그 다르게 나뉨을 바로 알고 그에 맞게 행동하는 것이다."라고 했다. 그리고 "따라서 이러한 분별을 명확하게 알고 인(仁)을 자신의 마음에 가득 채우는 것이 성인 되는 지름길이다."라고 끝을 맺었다. 제3도인 소학도(小學圖)는 소학(小學)이라는 책의 목차를 퇴계가 도표로 그린 것이고 글은 주자가 쓴 것인데 한눈에 보면 알 수 있도록 되어 있다. 소학(小學)은 보통 주자의 저서로 알고 있는데 주자의 친구인 유청지(劉淸之)의 원고를 주자가 가필(加筆)하여 꾸민 것이라고 전해지고 있다. 앞부분엔 입교(立敎 : 교육의 내용과 방법을 수록) 편과 명륜(明倫 : 오륜을 통해 교육의 목적과 기본 방향을 제시함) 편과 경신(敬身 : 몸과 마음을 단속하는 요체와 절차를 밝힘) 편이 있고, 그다음 계고(稽古) 편에서는 옛것(하·은·주 3대의 행적)을 돌아보고 입교와 명륜과 경신의 행적을 증명했으며, 뒷부분의 가언(嘉言) 편과 선행(善行) 편에서는 행적들을 모아놓은 것으로서 입교와 명륜과 경신의 뜻을 더욱 넓히고 실천케 하려는 듯이 담겨있다. '소학도'에 실린 글은 주자(朱子)가 쓴 소학제사원문(小學題辭原文)을 그대로 썼는데 그 내용을 보면 "원·형·이·정(元亨利貞)은 변하지 않는 천도(天道)이며 인·의·예·지(仁·義·禮·智)는 인간이 지켜야 할 마땅한 도리(道

理)다. 이것들은 처음에 선하지 않음이 없었으니 애연(藹然 : 화기로운 모양)한 사단(四端 : 측은지심, 수오지심, 사양지심, 시비지심)이 느낌에 따라 나타나서 어버이를 사랑하고 형을 공경하며 임금에게 충성하고 어른에게 공손하니 이를 일러 본성(本性)이라 한다. 본성은 그저 순리에 따를 뿐 강제함이 없으니 오직 성인만이 털끝만 한 힘을 가하지 않아도 만 가지 선이 갖추어지게 되나 일반 사람들은 어리석기 때문에 물욕에 가리어 그 도리를 무너뜨리고 자포자기에 빠져 버린다. 성인께서 이것을 측은하게 여겨 학교를 세우고 인륜(人倫)을 가르쳐 인간이 그 본성을 회복하도록 한 것이다. 소학(小學)의 방법이란 물 뿌리고 청소하고 손님을 대접하며, 집안에서는 효도하고 나아가서 공경하며 행동을 이법(理法)에 어긋남이 없게 하는 것이니, 행하고 남은 힘이 있으면 시를 외우고 글을 읽으며 노래 부르고 춤을 추되 생각하는 것들이 조금이라도 분(分)에 넘치지 않도록 해야 한다. 이치를 탐구하고 몸을 닦는 것(수양)이 학문의 큰 요체이며, 밝은 명(命)이 환하여 안과 밖이 없으니 덕(德)을 높이고 업(業)을 넓혀야 그 본성을 회복하게 된다. 이제 세대가 멀어지고 성인(聖人)이 사라져서 경전(經典)이 잃어지고 가르침이 해이(解弛)해져 어린이를 기름이 단정치 못하여 자라서 더욱 들뜨고 경박해지니 마을에는 선한 풍속이 없어지고 세대(世代)마다 좋은 인재가 부족하다. 이욕으로 옥신각신 싸움하며 이단(異端)의 말들이 시끄럽게 되었으나 다행히 이 본성이 완전히 떨어지지는 않았으니 이에 옛날에 대해 들었던 말들을 주워 모아 뒤에 오는 세대(世代)를 깨우칠까 하노라. 탄식스럽도다! 젊은 사람들이여! 이 책을 잘 받들어 읽으라. 이것은 나의 노망한 말이 아니라 오직 성인의 말씀이니라." 이상과 같다.

어떤 사람이 주자에게 〈선생께서는 다른 사람들에게 대학의도(大學之道)〉를 말씀하시면서 소학(小學)의 글을 상고하려 하니 무슨 까닭입니까?" 하고 묻자 "유소년 시절에 소학(小學)을 통해 그 기본을 몸에 익히지 않으면 잃어버린 마음을 거두어들이고 덕성을 길러 대학(大學)의 기초를 삼을 수 없으며, 또 대학을 배우지 않으면 그것을 여러 가지 일에 실천하여 소학의 완성을 이룰 수 없다."라고 대답하면서 대학과 소학의 도(道)는 하나라고 말씀하셨다. 즉 어린 나이에 소학(小學)을 통해서 몸과 마음을 닦는데 스스로 힘을 다하게 함으로써 일상생활에서 갖추어야 할 기본적인 태도들을 익히게 하고, 대학(大學)을 통해서 인류의 이상을 실현할 큰 뜻을 펼칠 수 있도록 하기 위함이니 『소학』과 『대학』은 서로 의존하여 이루어진 것으로 이른바 하나이면서 둘이고 둘이면서 하나라고 했다. 또 어떤 사람이 "만약 이미 어른이 되었는데도 공부가 그러한 경지에 미치지 못한 사람은 어떻게 해야 합니까?" 하고 묻자 "이미 지나가 버린 세월은 어쩔 수 없지만 그 공부의 순서와 조목이야 어찌 보충하지 못할 것이 있겠는가? 내가 들건데 경(敬)이라는 한 글자는 성학의 시작이며 끝이라고 했으니 소학을 공부하는 이로서 이에 말미암지 않고서는 본원(本源)을 함양하여 그 가르침을 제대로 실천할 수 없을 것이며, 대학을 공부하는 사람 역시 이 경(敬)을 기초로 하지 않으면 총명함을 계발하여 덕으로 나아가 학업을 닦아서 명명덕(明明德 : 밝은 덕을 밝히는 것)과 신민(新民 : 백성을 새롭게 함)의 공을 이루지 못할 것이다. 그렇기 때문에 때를 놓치고 난 뒤에 학문을 하는 사람이라도 진실로 경(敬)에 힘써서 『대학』을 공부하고 『소학』을 함께 보충한다면 장차 근본이 없어서 스스로 도달하지 못할 근심은 없게 될 것이다."라고 대답했다. 소학(小學)은 명심보감(明心宝鑑)과 더불어 성학(聖學)의 근본이 되는 매우 소중한 경전으로서 결코 나이 어린 초학자들이나 보는 그런 가벼운 책이 아니니 모두 경건한 마음으로 힘써 공부해야 할 것이다. 이제 제4도인 대학도(大學圖)를 살펴보도록 하자. 대학(大學)은 예로부터 '제왕학'이라고 불릴 만큼 통치하는 사람이면 반드시 공부해야 하는 책인데 지금 세상이나 후세에 가서도 위정자라면 꼭 공부해야 될 책이다. '대학도'는 사서(四書) 중의 하나인『대학(大學)』이라는 책을 조선 초기의 성리학자 권근이 그림으로 요약하며 정리한 것이며 거기에 실린 글은 대학(大學)의 경1장(經一章)이다. 내용은『대학(大學)』에 담긴 삼강령(三綱領)인 명명덕(明明德), 신민(新民), 지지선(止至善)과 팔조목(八條目)인 격물(格物), 치지(致知), 성의(誠意), 정심(正心), 수신(修身), 제가(濟家), 치국(治國), 평천하(平天下)를 설명하고 공부하는 과정과 효과에 대해서 언급했는데,『소학』을 통해서 기본을 닦은 사람이 지속적으로 자신을 수양해서 집안과 국가를 잘 다스리고 나아가서 인류를 안정시키는 것을 나타낸 것이다. 그림 맨 위의 우측으로부터 삼강령인 명명덕과 신민과 지지선을 일렬로 배치했는데 그중 맨 우측인 명명덕 밑에 다시 격물과 치지를 우측에 두고 성의와 정심과 수신을 좌측에 두었다. 격물과 치지는 사물의 이치를 궁리하여 앎을 완성한다는 뜻이니 그것을 한 글자로 지(知 : 앎)라 했고, 성의, 정심, 수신은 뜻을 성실하게 해서 마음을 바르게 함으로써 자신을 수양함이니 이것은 실천이 포함되는 것이므로 이를 한 글자로 표현하여 행(行 : 실천)이라 했다. 즉 명명덕이란 지(知)와 행(行)을 일치시켜 밝은 덕(本性)을 밝힌다는 뜻이다. 명명덕 옆의 가운데엔 신민(新民)이 자

진정한 유법천지有法天地를 향하여 하

리 잡고 있는데 그 밑엔 8조목 중 나머지 셋인 제가, 치국, 평천하를 두었는데 제가는 집안을 가지런히 함이며, 치국은 나라를 다스리는 것이고, 평천하는 천하를 평안하게 함이니 이는 성의, 정심, 수신한 행(실천)의 영역을 더욱 확대시켜 나간다는 것인즉 이를 일러 추행(推行 : 미루어 실천함)이라는 두 글자로 표현하는 것이다. 즉 제가, 치국, 평천하는 사회적 실천의 일로써 백성을 새롭게 하는 일인 것이다. 또 명명덕 옆에 본(本)과 체(体)란 두 글자가 있고 신민 옆에는 말(末)과 용(用) 두 글자가 적혀 있는 것은 명명덕을 본(本)으로 하고 신민을 말(末)로 삼으며, 또 명명덕을 체(体 : 본체)로 삼고 신민을 용(用 : 작용)으로 본다는 뜻이다. 끝으로 맨 좌측에 지지선(止至善)을 배치했는데 그것은 밝은 덕을 밝혀서 자신과 백성을 새롭게 하여 함께 지극히 선한 경지에 머무른다는 것이니 즉 지지선(止至善)을 명명덕과 신민의 최고 목표로 본다는 뜻이다. 그리고 지지선 밑에는 우(右)로부터 차례로 지지(知止 : 그칠 곳을 앎), 정(定 : 정함), 정(靜 : 고요함), 안(安 : 편안함), 려(慮 : 생각함), 능득(能得 : 얻음)이란 말이 적혀 있다. 즉 머무를 곳을 안 다음에 방향을 정할 수 있으며, 방향을 정한 다음에 고요할 수 있고, 고요해진 다음에 평온할 수 있고, 평온해진 다음에 생각할 수 있고, 생각한 다음에 능히 얻을 수 있다고 했는데, 지지(知止)를 시(始 : 시작)라 했으며 능득(能得 : 명명덕과 신민이 모두 至善에 도달해서 거기에 그친 상태)을 종(終 : 끝)이라 했다. 이렇게 배치한 것은 모두 학문의 목적과 과정을 밝히기 위한 것이다. 학문이란 '지극히 선한 경지'가 어디인가를 알고 '지극히 선한 경지에 머무는 일을 추구'하여 '백성을 새롭게 하는 경지'에 이르는 공부를 의미한다 했다.

그리고 '대학도'에 실린 경문(經文)은 공자께서 남기신 대학의 첫째 장인데 이미 이 책의 제1장에서 전술한 바가 있기 때문에 여기선 생략하고자 한다. 제5도인 백록동규도(白鹿洞規圖)는 주자가 백록동 서원에서 학생들을 가르치기 위해 만든 규범의 목차를 따라 퇴계가 그림으로 그린 것이다. 이 그림은 두 개의 영역으로 나눌 수 있는데 윗부분은 인륜(人倫) 중에서 가장 중요한 오륜(五倫)에 관한 부분으로 고대에는 이것을 오교(五敎)라고 하였다. 그 내용은 모두 잘 알고 있듯이 부자유친(父子有親), 군신유의(君臣有義), 부부유별(夫婦有別), 장유유서(長幼有序), 붕우유신(朋友有信)이다. 아랫부분은 『중용』에 있는 박학(博學), 심문(審問), 신사(愼思), 명변(明辯), 독행(篤行) 이 다섯 가지를 공부하는 순서에 따라 그림으로 표현한 것이다. 박학은 넓게 배운다는 뜻이고, 심문은 자세하게 묻는다는 뜻이고, 신사는 신중하게 생각한다는 뜻이고, 명변은 분명하게 분별한다는 뜻인데 이 네 가지는 궁리지요(窮理之要 : 이치를 연구하는 요체)이며, 독행은 독실하게 실천한다는 뜻인데 이에는 수신지요(修身之要 : 몸을 수양하는 요체)와 처사지요(處事之要 : 일을 처리하는 요체)와 접물지요(接物之要 : 사물을 대하는 요체)가 있다. 수신지요에는 다시 언충신행독행(言忠信行篤行 : 말을 충실하고 믿음 있게 하고 행실은 독실하고 공경스럽게 함)과 징분질욕천선개과(懲忿窒慾遷善改過 : 분노를 삼가고 욕망을 억누르며, 허물을 고쳐 선을 따름)가 있고, 처사지요에는 정기의불모기리(正基義不謨基利 : 의로움을 바르게 하고 이익을 도모하지 않음)와 명기도불계기공(明基道不計基功 : 도를 밝히고 공로를 계산하지 않음)이 있고, 접물지요에는 기소불욕물시어인(己所不欲勿施於人 : 내가 원하지 않는 바를 남에게 베풀지 마라)과 행유부득반구제기(行有不得反求諸己 : 행하고도 얻지 못하면 돌이켜 자신에게서 그 이유를 찾으라. 즉 남에게 예를 갖추어 잘해 주었는데도 남이 나에게 좋지 않게 대할 때는 자신에게 그 원인이 있지 않은 가 다시 한번 잘 생각해보라는 뜻이다)가 있다. 즉 박학·심문·신사·명변 의 궁리지요는 지(知 : 앎)로, 나머지 독행의 수신지요, 처사지요, 접 물지요는 행(行 : 실천)으로 재구성한 것이다. 그리고 아랫부분의 맨 마지막 좌측에는 "이상에서 말한 오교(오륜)의 항목은 순임금이 설 이라는 사람에게 사도(司徒)라는 직책을 주어 오교를 널리 보급하 게 한 것이다. 학문이란 이러한 오륜을 배우는 것이며 학문하는 순 서에도 또한 다섯 가지가 있는 것이다."라는 글이 있으며, 주자가 지은 백록동규도에 실려 있는 '동규후서원문(洞規後叙原文)'을 쉽게 역해해 보면 다음과 같다. "내가 보건대 옛 성현이 사람을 가르쳐 학문을 하게 하는 뜻은 옳고 그름을 분별할 수 있는 능력을 갖추 고 자신을 수양하여 남에게까지 좋은 영향을 주고자 함이요, 한갓 내용을 외우고 많이 읽어서 문장을 만드는 일에만 힘을 써서 명성 을 구하거나 이익을 취하려는 것이 아니었다. 그런데 오늘날 학문 을 하는 사람들은 학문의 진짜 목적과 반대로 한다. 성현들이 사 람을 가르치는 방법은 모두 경전에 갖추어져 있으니 뜻있는 선비들 은 진실로 숙독하고 깊이 생각하여 질문하고 분별해야 할 것이다. 진실로 이치의 당연함을 알아서 스스로 그렇게 하려고 노력한다면 어찌 다른 사람이 규범과 금지 항목을 만들어 준 다음에야 그것에 따라 지켜가길 기다리겠는가? 오늘날에도 학교에 규범이 있지만 배우는 사람들을 대함이 천박하고 또 그 법(法)이 옛사람들의 뜻 이 아니므로 이제 이 학당에서는 그것을 시행하지 않고 성현들께 서 특별히 사람들을 교육시키던 학문의 큰 단서만을 취하여 그 항목을 문 위 현판에 걸어둔다. 여러분들이 그것을 서로 연구하고 지켜서 스스로 실천한다면 생각하고 말하고 행동함에 있어서 삼가고 두려워해야 할 것이 지난번의 복잡한 규범 때보다 더욱 엄격할 것이다. 그렇지 않고 만약 이것을 지키지 못해서 가끔 금지하는 범위를 벗어남이 있다면 그 복잡한 규범들을 반드시 취(取)해야 할 것이며 생략할 수 없는 것이 되나니 제군들은 이것을 명신해야 할 것이다." 주자가 이 글을 쓴 요지는 아무리 많은 지식을 배워도 실천하지 않으면 배우지 않는 것과 같다는 것을 강조함이니 성인이 되지 못한 이유도 아는 것을 실천에 옮기지 못하기 때문인 것이다. 그래서 퇴계도 오륜을 밝히기 위해서는 궁리와 역행을 해야 함을 거듭 이야기하고 있는데, 궁리란 이치를 연구하는 것이고 역행이란 힘껏 실천하는 것을 말함이다. 주자가 큰 단서만을 현판에 걸어둔 이유도 세세한 규칙을 강요하는 것보다도 자발적으로 규범을 실천케 하는데 있었으니, 스스로 지키도록 하면 실천하기 위해서 깊이 생각하고 행동을 더욱 신중하게 할 수 있다고 보았기 때문이다.

제6도인 심통성정도(心統性情圖)는 세 개의 그림으로 구성되어 있는데 상도(上圖)는 정복심이 그렸고, 중도와 하도는 퇴계가 그렸으며 글은 정복심이 썼다. 이것은 대학도에 나왔던 '마음을 바르게 한다.'는 것의 성리학적 해석인데, 그림도 복잡하고 내용도 조금 어려운 편이지만 되도록 알기 쉽게 설명해 보고자 한다. 상도에서의 심통성정(心統性情)이란 말은 마음(心)이 성(性 : 본성)과 정(情 : 감정)을 포괄하고 통제한다는 뜻인데, 마음이 고요하여 움직이지 않으면 성(性)이 되고 마음이 다른 사물과 반응하면 정(情)이 된다고 했다. 중도(中圖)에선 마음(心)이란 이(理)와 기(氣)가 합해져서 이루어진 것으로 일신을 주재하고 모든 변화가 갖추어진 곳으로 성(性)과 정(情)을 통제한다는 이기론(理氣論)을 보여주고 있는데 그 좋고 선한 부분을 설명하고 있다. 하도(下圖)에선 성(性)의 발현이 기질 때문에 두 측면으로 나타나는 것을 설명하고 있는데 그것이 바로 '본연의 성'과 '기질의 성'이다. 즉 본성이 발현되어 감정이 될 때 사단(四端)과 칠정(七情)으로 구분되는 것이니 좋고 선한 부분이 사단(측은지심, 사양지심, 수오지심, 시비지심)이고, 악한 요소를 포함한 부분이 칠정(기쁨, 노여움, 슬픔, 두려움, 사랑, 미움, 욕심)이라 했으며, 여기서 사단(四端)은 그 싹이 자라서 사덕(四德 : 仁·義·禮·智)이 되니 사단은 씨앗의 눈과 같고 사덕은 그 열매와 같은 것이며, 7정(七情)은 일곱 가지의 감정을 말하는데 사물과 접촉하면서 선악(善惡)이 결정되니 잘 조절하면 선(善)이 되고 잘못 조절하면 악(惡)이 되는 것이다. 따라서 사단의 작은 싹은 잘 가꾸고 키워서 열매가 맺도록 하고 칠정은 잘 조절하여 경계를 해야 한다고 했다. 부연하여 설명하자면 성(性)이 겉으로 드러나서 정(情)이 되는 순간이 바로 일심(一心)이 싹트는 곳이며 만 가지로 변화되는 핵심이며 선악(善惡)이 나뉘는 분기점이므로 학자는 진실로 경(敬 : 항상 조심하고 삼가는 마음으로 남을 대할 때도 몸가짐을 공손히 하고 예를 갖추며 매사를 신중하게 판단하는 태도)을 간직하는데 전념하여 천리(天理)와 인욕(人欲)의 분별에 어두워지지 말고 더욱 삼가야 한다는 뜻이다. 그리고 성(性)이 이미 겉으로 드러났을 때에는 반성하고 살피는 것에 익숙해져서 참을 쌓고 오래 힘써 마지않으면 이른바 정일집중(精一執中 : 오로지 한결같이 하여 중용의 도를 잡는다)의 성학(聖學)과 존체응용(存體應用 : 본체를 보존하여 응용할 수 있다)의 심법(心法)을 여기에서 얻을 수 있는 것이다. 제7도인 인설도(仁說圖)는 글과 그림을 모두 주자가 만들었는데 만물을 낳은 천지(天地)의 마음이 곧 인(仁)의 마음이란 것을 밝히고, 이 인(仁)을 인간이 자신의 마음으로 삼아 실천해야 함을 강조했다. 또한 인(仁)의 본체와 작용을 구체적으로 제시하면서 유학의 핵심 내용인 인(仁)을 자세하게 설명했다. 인설도는 열 개의 그림 중에서 가장 복잡한 그림인데 세 영역으로 나누어서 볼 수가 있다. 첫 번째 영역인 맨 우측의 그림은 "인(仁)이란 천지가 만물을 생성하고 기르는 마음으로 사람이 그것을 얻어 마음으로 삼는 바다. 이러한 마음은 우주에 있어서는 원·형·이·정(元·亨·利·貞)의 사덕(四德)으로 나타난다."고 했는데 이는 인(仁)의 정의(定義)를 말한 것이다. 두 번째 영역인 가운데 그림은 인(仁)을 미발(未發)과 이발(已發), 그리고 체(体)와 용(用)으로 구분한 것인데 그 내용을 보면 "미발(未發)이란 인(仁)이 아직 발현되기 전의 상태를 말하고, 이발(已發)이란 인(仁)이 이미 발현된 뒤의 상태를 말한다. 인(仁)은 미발지전(未發之前)에는 인·의·예·지의 사덕을 포괄하고 생지성(生之性 : 모든 것을 생성하게 하는 본성)과 애지리(愛之理 : 사랑의 이치)를 갖고 있는데 이것이 인(仁)의 본체(本體)이고, 이발지제(已發之際 : 인(仁)이 이미 발현되었을 때)에는 사단이 드러나는데 이중 오직 측은지심만이 사단을 관통하여 두루 통하지 않음이 없으며 성지정(性之情 : 성(性)이 발하여 정(情)이 됨)하고 애지발(愛之發 : 사랑하는 마음이 발현됨)하게 되는데 이것이 인(仁)의 작용(作用)이다."라고 했다. 세 번째 영역인 맨 좌측의 그림 역시 선(線)을 따라 잘 보면서 글을 맞춰 역해를 해보면 다음과 같다. "전체적으로 말하면 아직 발현되지 않는 것이 본체(本体)이고 이미 발현된 것이 작용이며, 부분적으로 말하면 인(仁)은 본체이고 측은지심은 작용이다. 공(公)은 인(仁)을 몸소 체험하여 얻는 것인데 마치 '자기의 욕망을 극복하여 예를 회복하는 것이 인(仁)을 행하는 것이다.'라는 말과 같다. 대체로 공적(公的)이면 어질게 되고 어질면(仁하면) 남을 사랑하게 된다. 효제(孝悌)는 인(仁)의 작용이고 서(恕)는 인(仁)을 베푸는 것이며, 지각(知覺)은 인(仁)을 아는 것이다. 즉 세 번째 그림은 공(公)이라는 개념을 적용시켜 인(仁)을 몸소 실천하고 체험하는 문제를 설명하고 있는 것이다. 공(公)이란 공적인 입장을 말하는 것이므로 사(私)적인 것과 대립되는 개념이다. 인(仁)의 실천은 효제(孝悌)와 서(恕)로 이루어진다고 했는데 효제란 부모에게 효도하고 형제간에 우애하는 것이고 서(恕)는 남을 용서하고 인정을 베풀며 남의 입장을 헤아리는 것을 말함이다. 이처럼 인(仁)의 실천은 바로 공적인 이익을 만들어가는 것이니 우선 부모를 사랑하고 형제간에 우애를 지키며 어른을 공경하고 친구에게 믿음을 주며, 이러한 마음을 모든 사람과 만물에까지 미치도록 하는 것이니 이것이 바로 인설도의 진정한 의미다.

부연하여 설명하자면 사람의 마음에는 네 가지 덕이 있는데 바로 인·의·예·지다. 그 가운데 인(仁)이 나머지 모든 것을 포괄한다. 이것이 드러나면서 작용하게 되면 사랑(애 : 愛), 공경(공 : 恭), 마땅함(의 : 宜), 분별(별 : 別)의 정(情)이 되는데 여기서도 측은지심 즉 애의 정(愛의 情)이 나머지를 관통한다. 대체로 인(仁)이라고 하는 도(道)는 천지가 만물을 생성하는 마음으로 만물에 부여되어 그 속에 보존되어 있는데 정(情)이 발(發)하면 그 작용은 다함이 없다. 진실로 이것을 몸소 체험하여 깨달아 보존할 수 있다면 모든 선(善)의 근원과 백 가지 행실의 근본이 모두 여기에 있게 된다. 이것이 공문(孔門)

의 가르침에 있어 배우는 사람으로 하여금 반드시 인(仁)을 찾는 일에 무엇보다 마음을 쏟으라고 한 까닭이다. 공자께서 논어에서 극기복례위인(克己復禮爲人)이라 했는데 이 말씀은 사욕(私慾)을 극복하여 천리(天理)에 돌아가면 이 마음의 본체가 보존될 것이며 이 마음의 작용이 행해질 것이라는 뜻이다. 또 『대학(大學)』에서 말하기를 '임금이 되어서는 인(仁)의 경지에 머물러야 한다.'라고 하였으니 옛 성왕들이 마음을 전하고 인(仁)을 체득하던 오묘한 이치를 찾으려 한다면 어찌 여기에 뜻을 다하지 않을 수가 있겠는가? 제8도인 심학도(心學圖)는 글과 그림을 모두 정복심이 만들었는데 마음의 다양한 존재 형태를 설명하면서 몸을 주재하는 마음(心)과 마음을 주재하는 경(敬)의 구조를 밝혀 경(敬)이 심학(心學)의 근본임을 설명하고 있다. 심학도는 윗부분과 아랫부분의 두 영역으로 나누어져 있는데 먼저 윗부분의 그림을 보면 심(心)자를 원의 한 중앙에 써놓고 그 위해 허령(虛靈 : 마음은 텅 비어 있으면서 신령스러운 것이다) 신명(神明 : 마음은 신령스럽고 맑은 것이다) 지각(知覺 : 마음은 인식하는 것이다)이라는 세 단어를 적어 놓았는데 이는 마음(心)의 개념적 특징을 정의(定義)한 것이다. 그리고 심(心)자 아래에 일신주재(一身主宰)라는 말이 있는데 이것은 마음이 우리 인간의 몸을 주재한다는 뜻이다. 이 둥근 원 주변으로 여섯 개의 낱말들이 배치되어 있는데 이것들은 모두 마음의 형태를 나타낸 것이다. 원의 위쪽 양쪽엔 양심(良心)과 본심(本心)이라고 쓰여 있는데 양심은 사람으로서 마땅히 가져야 할 타고난 선량한 마음이고, 본심을 본래 지니고 있는 마음이란 뜻으로 성선설(性善說)을 주장하는 근거가 되는 것이다. 원의 우측에 쓰여진 적자심(赤子心)이란 갓난아이의 순수한 맑은 마음을 뜻하며, 원의 좌측에 쓰인 대인심(大人心)이란 노력해서 도달할 수 있는 대인(大人)의 마음을 말한 것이고, 원의 아래쪽 우측에 쓰인 인심(人心)은 육체를 지님으로 해서 발생할 수 있는 마음을 뜻하며, 원의 아래쪽 좌측에 쓰여진 도심(道心)은 순수하고 선한 마음을 뜻한다. 아래 그림을 보면 경(敬)이란 글자를 한 중앙에 써 놓고 그 바로 밑에 일심주재(一心主宰)라고 써 놓았는데 이는 경(敬)이 마음을 주재한다는 뜻이다. 그리고 위의 중앙에 유정유일(惟精惟一), 그 옆에 택선고집(擇善固執)이라고 쓰여 있는데 '유정유일'은 심(心)과 경(敬)을 연결하는 말로 '오직 정밀하게 하고 오직 한결같이 하라.'는 뜻이고, '택선고집'은 '선(善)을 택하여 굳게 지킨다.'는 뜻이다. 경(敬)의 오른쪽은 반원 모양을 그리면서 위로부터 신독(愼獨 : 홀로 있을 때를 삼가라) 극복(克復 : 자신의 욕심을 이겨내어 예로 돌아가라) 심재(心在 : 마음이 없으면 보아도 보이지 않고 들어도 들리지 않는다) 구방심(求放心 : 잃어버린 마음을 찾아라), 정심(正心 : 마음을 바르게 하라), 사십부동심(四十不動心 : 40세가 되어 마음이 나쁜 유혹에 흔들리지 않는다)라고 쓰여 있으며, 그 왼쪽 역시 반원 모양을 그리면서 위로부터 계구(戒懼 : 경계하고 두려워하라. 즉 조심하고 겸손하고 삼가라), 조존(操存 : 마음이란 잡으면 보존되고 버리면 없어진다), 심사(心思 : 마음은 생각하는 기능을 가지고 있다), 양심(養心 : 타고난 본심을 길러라), 진심(盡心 : 마음을 극진하게 하라), 칠십이종심(七十而種心 : 70세가 되어서는 자기 마음이 원하는 대로 해도 말이나 행동이 결코 법도를 넘어서지 않는다)라고 쓰여 있다. 그림 자체는 일목요연하여 한눈에 알아볼 수 있으나 그 의미는 심오한 것이다."

다시 심학도설원문(心學圖說原文)을 살펴보도록 하자. "적자심은 사람의 욕심에 물들지 않은 양심(良心)이요, 인심(人心)은 그 욕심에 눈이 뜨인 마음이다. 대인(大人)의 마음이란 의리가 모두 갖추어진 본래의 마음이고 도심(道心)이란 의리를 깨달은 마음이다. 그러나 이것이 두 개의 마음이 있다는 것을 의미하는 것은 아니니 이것이 형기(形氣 : 형태와 기)에서 나오면 인심(人心)이 없을 수 없고 성명(性命 : 본성과 천명)에 근원을 두면 도심(道心)이 되는 것이다. 심학도에 그려져 있는 유정유일(惟精惟一)과 택선고집(擇善固執)으로부터 그이하는 모두 인간의 욕심을 막고 천리(天理)를 보존하도록 하는 공부인데, 우측의 신독(愼獨) 이하는 욕심을 막는 공부이니 부동심(不動心)에까지 이르러야 부귀가 그 마음을 어지럽히지 못하고 빈천이그 마음을 바꾸게 하지 못하며 위무(威武)가 그 마음을 굴복시키지못하게 되어 도(道)가 밝아지고 덕(德)이 확립될 수 있는 것이다. 좌측의 계구(戒懼)이하는 천리(天理)를 보존하는 공부인데 반드시 종심(從心)의 경지에까지 이르러야 마음이 곧 본체이고 본체가 곧 도(道)이며, 욕망이 곧 작용이고 작용이 곧 의(義)가 되며, 음성이 음률에맞고 몸은 법도에 맞게 되어 생각하지 않아도 얻을 수 있고 힘쓰지않아도 적중할 수 있다는 것을 알 수 있을 것이다. 요컨대 공부하는 요체는 오로지 경(敬)에서 벗어나선 안 된다. 이렇듯 마음이란한 몸의 주인이고 경(敬)을 유지하는 방법인 주일무적(主一無適 : 마음을 하나로 집중하여 다른 곳에 팔리지 않음), 정제엄숙(整齊嚴肅 : 몸가짐을단정하게 하고 마음을 엄숙하게 함), 기심수렴(基心收斂 : 마음을 거둬들여잡념이 없도록 함), 상성성법(常惺惺法 : 항상 맑은 상태로 깨어 있음) 말씀에 대하여 깊이 공부한다면 성인의 경지에 들어갈 수 있을 것이다."

이상이 심학도설 원문의 내용이다. 이에 대한 퇴계 선생의 보충설명을 들어 보기로 하자.

"심학도는 임은정 씨(정복심)가 옛 성현이 심학(心學)을 논한 명언(名言)들을 모아서 이 그림을 만든 것입니다. 이 그림에서 류(類)를 나누어 상대시켜 놓기를 되도록 많이 한 것은 성학(聖學)의 심법(心法)이 일단(一端)이 아님을 보여주어 모두 힘쓰지 않으면 안 될 것이라고 생각한 것입니다. 그러나 그 차례는 대학에서의 성의, 정심, 수신, 제가처럼 꼭 선후가 있는 것은 아닙니다. 정(程) 씨의 자(字)는 자견(子見)이요, 신안(新安) 사람인데 은거하여 벼슬을 아니 하고 행의(行誼)가 매우 갖추어졌으며 늙도록 경서를 궁구(窮究)하여 소득이 깊었고 사서장도삼권(四書章圖三券)을 저술하였습니다. 원(元)의 인종조(仁宗朝)에 천(薦)으로 불러 장차 등용(登用)하려고 했으나 자견(子見)이 원하지 않았기에 향군박사를 시켰더니 벼슬을 그만두고 향리로 돌아갔습니다. 그 사람됨이 이러하오니 어찌 소견(所見)이 없이 함부로 그림을 지었겠습니까?"

이로써 심학도에 대한 설명은 끝났다. 다음엔 제9도인 경제잠도(敬齊箴圖)에 대해서 살펴보도록 하겠다. '경제잠도'는 주자가 쓴 경제잠이란 글에 왕백이 그림을 그린 것인데 주자는 이 글을 자신의 서재에 걸어놓고 항상 경계했다고 한다. 이 '경제잠도'는 제10도인 '숙흥야매잠도'와 안과 밖을 이루는 것으로 자신이 처한 상황에 맞는 공부 방법에 대해서 설명한 것이다. 그림을 보면 한 중앙의 자그만 원 속에 심(心)자가 쓰여 있으며, 이 심(心)을 중심으로 위·가운데·아래의 세 부분으로 나누어 설명을 할 수가 있는데 맨 위는 경(敬)의 실천 항목에 대해서 설명하였고, 가운데는 경의 원리를 설명하였으며, 아래는 경(敬)을 실천하지 않은 병폐에 대해서 설명하였다. 이치상 맨 처음 가운데를 설명하고 그다음 위와 아래를 설명하도록 하겠다. 그림의 가운데 부분을 보면 심(心)의 왼쪽과 오른쪽에 각각 주일(主一 : 마음을 하나로 정하여)과 무적(無適 : 다른 것에 신경을 쓰지 않는다)이라는 말이 있는데 이것이 바로 경(敬)의 원리다.

그리고 이에 대한 설명이 있는데 좌측의 주일(主一) 옆에 불이이이(弗二以二 : 두 가지 일이라고 두 마음을 가져선 안 되고) 불삼이삼(弗三以三 : 세 가지 일이라고 세 마음을 가지지 말며) 유심유일(惟心惟一 : 오직 미음을 한결같이 하여) 만변시감(萬變是感 : 모든 변화를 살펴보아야 한다)이라 적혀 있고, 우측의 무적(無滴) 옆엔 부동이서(不東以西 : 동쪽으로 간다고 말한 후 서쪽으로 가지 말고) 불남이북(不南以北 : 남쪽으로 간다고 북쪽으로 가지 말며) 당사이존(當事而存 : 일을 할 때에는 마음을 보존하여) 미타기적(靡他其適 : 다른 곳으로 가지 않아야 한다)이라 적혀 있다. 두 번째로 경(敬)의 실천 항목을 적어놓은 윗부분을 살펴보면 우선 우측의 불위(弗違 : 어그러짐이 없도록)와 좌측의 교정(交正 : 번갈아 바르게 해야 한다)으로 나뉘고, 불위는 다시 정(靜)과 동(動)으로, 교정은 표(表 : 겉)와 리(裏 : 속)로 나뉘는데 그것을 정리하면 "움직일 때나 고요하게 있을 때나 어기지 말고, 겉과 속을 번갈아 바르게 해야 한다."라는 뜻이다. 그리고 불위와 교정의 가운데에 종사어사시왈지경(從事於斯 是曰持敬 : 이러한 태도를 따르는 것이 지경 즉 경을 간직한다고 하는 것이다)이라는 글이 있다. 여기서 다시 맨 우측의 정(靜)을 나타낸 글들을 보면 정기의관(定其衣冠 : 의관을 바르게 하고) 존기첨시(尊其瞻視 : 쳐다보는 시선을 높이 하며) 잠심이거(潛心以居 : 마음을 가라앉혀 거처하기를) 대월상제(對越上帝 : 마치 상제를 대한 듯이 하라)이고, 그다음 동(動)을 나타낸 글들을 보면 족용필중(足容必重 : 발의 모습은 반드시 신중해야 하고) 手容必恭(수용필공 : 손의 모습은 반드시 공손해야 하며) 택지이도(擇地而蹈 : 걸을 때는 땅을 가려서 걸으며) 절선의봉(折旋蟻封 : 개미집도 밟지 말고 돌아서 가라)이라고 적혀있다. 그다음 좌측의 표(表)를 나타낸 글들을 보면 출문여빈(出門如賓 : 문을 나서서 사람을 대할 때는 마치 손님을 대접하듯 공손하게 하고) 승사여제(承事如祭 : 일을 할 때에는 제사를 모시듯이 하며) 전전긍긍(戰戰兢兢 : 조심하고 두렵게 하여) 망감혹이(罔敢或易 : 감히 대충해서는 안 된다)이고, 맨 좌측의 리(裏)를 보면 수구여병(守口如瓶 : 병마개 막듯이 입을 다물고) 방의여성(防意如城 : 성곽을 지키듯이 잡념을 막으며) 동동속속(洞洞屬屬 : 성실하고 진실하여) 망감혹경(罔敢或輕 : 감히 잠시도 경박하고 소홀하지 마라)이라 적혀 있다. 세 번째 그림인 제일 아래쪽을 보면 경(敬)을 실천하지 않았을 때의 병폐에 대해서 말하고 있는데 우측엔 유간(有間 : 조금이라도 차질이 있으면)라고 쓰여 있다. 유간 쪽엔 다시 수유유간(須臾有間 : 순간이라도 틈이 생기면) 사욕만단(私欲萬端 : 개인적인 욕심이 모두 일어나) 불화이열(不火而熱 : 불을 피우지 않아도 더워지고) 불빙이한(不氷而寒 : 얼음이 없어도 차가워지게 될 것이다)이라 했고, 유차(有差) 쪽엔 호리유차(毫釐有差 : 털끝만큼이라도 차질이 있으면) 천양역처(天壤易處 : 하늘과 땅이 바뀌고) 삼강기륜(三綱旣淪 : 인륜이 어지럽게 되며) 구법역도(九法亦斁 : 구법 또한 무너지게 된다)라고 적혀 있다. 그리고 유간(有間)과 유차(有差) 사이에 오호소자 염재경재(於乎小子 念哉敬哉 : 아아! 어린 학생들이여! 깊이 생각하고 공경스럽게 하여라) 묵경사계 감고영대(墨卿司戒 敢告靈臺 : 먹물로 글을 써서 경계를 삼아 감히 마음에 고하노라)란 글을 적어 끝을 맺었다. 주자(朱子)께서 자신의 서재에 걸어놓고 경계를 삼았던 글인 만큼 성학(聖學)을 공부하고자 하는 사람이라면 누구든 깊이 익혀야 할 글이다. 장경부란 사람은 주자가 존경하는 친구인데 경제잠도는 장경부의 주일잠(主一箴)을 보고 주자가 경제잠이라는 글을 쓰고 왕백이란 학자가 그림을 그린 것으로 그 요지는 역시 경(敬)에 있는 것이며 경(敬)의 실천을 강조한 글이다.

이제 마지막으로 제10도인 숙흥야매잠도(夙興夜寐箴圖)를 살펴보도록 하자. '숙흥야매잠도'는 진백이 글을 쓰고 퇴계께서 그림을 그렸다. '숙흥야매'라는 말은 "아침 일찍 일어나고 밤늦게 잔다."는 뜻인데 그만큼 시간을 아껴서 학문에 전념해야 한다는 말이다. 이 그림의 중앙에 있는 원안에 쓰인 글자는 경(敬)인데 이것을 중심으로 일곱 개의 작은 사각형(그 안에 각각 한 개씩의 낱말이 있음)이 여러 방향으로 나뉘어 전체의 구조를 이루고 있다. 이것은 시간적으로 분류하면 숙오(夙寤)와 신흥(晨興)은 아침의 일이고, 독서(讀書)와 응사(應事)는 낮의 일이며, 일건(日乾)과 석척(夕惕)은 저녁의 일이다. 겸숙야(兼夙夜)는 아침부터 저녁을 모두 말한 것이며, 이 그림에서 경(敬)을 중심에 둔 것은 학문을 할 때에는 항상 경의 자세를 가져야 함을 뜻하는 것이다. 그림을 위의 일곱 개 영역으로 분리해서 설명해 보도록 하겠다.

첫 번째로 위쪽의 우측 부분은 숙오(夙寤 : 일찍 잠에서 깨어남)인데 그 위에 다음과 같은 글이 있다. 계명이오(鷄鳴而寤 : 닭이 울어서 잠에서 깨어나면) 사려점지(思慮漸馳 : 생각이 차츰 일어나게 되니) 합어기간(盍於其間 : 그 사이에) 담이정지(擔以整之 : 조용히 마음을 정돈해야 한다) 혹성구건(或省舊愆 : 혹은 지난날을 반성하고) 혹주신득(或紬新得 : 혹은 새로 깨달은 것을 모아서) 차제조리(次第條理 : 차례와 조리를) 요연묵식(瞭然黙識 : 분명하게 알아야 한다).

두 번째 영역은 신흥(晨興 : 새벽에 일어난다)인데 위쪽의 좌측 부근에 자리하고 있으며 그 위로는 다음과 같은 글이 있다. 본기립의(本 旣立矣 : 근본이 확립되었으면) 매상내흥(昧爽乃興 : 새벽에 일찍 일어나서) 관즐의관(盥櫛衣冠 : 세수하고 머리 빗고 옷을 갖추어 입고) 단좌렴형(端坐 斂形 : 단정하게 앉아 몸을 가다듬는다) 제철차심(提掇此心 : 마음을 끌어모 으기를) 교여출일(皦如出日 : 환하게 해가 뜬 것같이 해야 한다).

그림의 중간 부분인 경(敬)자 우측에 세 번째 영역인 독서(讀書 : 책을 읽음)가 자리하고 있는데 그 옆에 다음과 같은 글이 있다. 내계 방책(乃啓方冊 : 책을 펴서) 대월성현(對越聖賢 : 성현을 대하게 되면) 부자 재좌(夫子在坐 : 공자께서 자리를 계시고) 안증후선(顔曾後先 : 안회와 증자 가 앞뒤에 있을 것이다) 성사소언(聖師所言 : 성사께서 말씀하신 것을) 친절 경청(親切敬聽 : 친절하게 귀담아듣고) 제자문변(弟子問辨 : 제자들의 묻는 말을) 반복참정(反覆參訂 : 또다시 참고해서 바로 잡는다).

그리고 경(敬)자의 좌측에 네 번째 영역인 응사(應事 : 일에 대응하 는 자세)가 있는데 그 옆에 다음과 같은 글이 있다. 사지사응(事至斯 應 : 일이 생겨서 대응하게 될 때에는) 즉험우위(則驗于爲 : 실천으로 증명해 야 한다) 명명혁연(明命赫然 : 밝은 천명은 빛나는 것이니) 상목재지(常目在 之 : 항상 눈을 거기에 두어야 한다) 사응기이(事應旣已 : 일에 대응하고 나 면) 아즉여고(我則如故 : 나는 예전과 같다) 방촌담연(方寸湛然 : 마음속이 고요하니) 응신식려(凝神息慮 : 정신을 모으고 사사로운 생각을 멈추도다).

그림의 아랫부분 우측에 자리한 다섯 번째 영역은 일건(日乾 : 낮 이 다할 때까지 부지런히 노력하는 것)인데 그 밑에 다음과 같은 글이 있다. 동정순환(動靜循環 : 움직임과 고요함이 돌고 도는 것을) 유심시감 (惟心是監 : 오직 마음만은 볼 수가 있다) 정존동제(靜存動祭 : 고요할 때는 이 마음을 잘 보존하고 움직일 땐 잘 살펴서) 물이물삼(勿貳勿參 : 마음이

둘 또는 셋으로 오가지 말라) 독서지여(讀書之餘 : 글을 읽고 남는 틈에) 간이유영(間以游詠 : 간간이 여유로운 마음으로 휴식을 취하여) 발서정신(發舒精神 : 정신을 놓아 펴고) 휴양정성(休養情性 : 성정을 쉬어 곱게 길러야 한다).

여섯 번째 영역인 석척(夕惕 : 저녁에는 항상 조심하고 정신과 마음을 가다듬어야 한다)은 그림이 아랫부분 좌측에 자리하고 있는데 그 밑에 다음과 같은 글이 있다. 일모인권(日暮人倦 : 해 저물고 사람이 고달프면) 혼기이승(昏氣易乘 : 흐린 기운이 들어오기 쉬우므로) 재장정재(齋莊整齊 : 장중하게 가다듬어) 진발정명(振拔精明 : 맑은 정신으로 이끌어야 한다) 야구사침(夜久斯寢 : 밤이 깊어 잠을 잘 때는) 제수렴족(齊手斂足 : 손발을 가지런하게 모아) 부작사유(不作思惟 : 아무런 생각을 하지 말고) 심신귀숙(心神歸宿 : 마음과 정신을 잠들게 해야 한다).

마지막 일곱 번째 영역은 좌우대칭 문장들의 가운데 부분에 자리한 겸숙야(兼夙夜 : 아침부터 밤까지 자신의 정신과 기를 가다듬는 것)인데 경(敬) 자의 윗부분엔 양이야기(養以夜氣 : 밤의 기운으로 마음과 정신을 잘 기르면) 정즉복원(貞則復元 : 정이 다시 원으로 돌아올 것이다)란 글이 있고, 경(敬) 자의 아랫부분엔 염자재자(念玆在玆 : 생각을 언제나 여기에 두어) 일석건건(日夕乾乾 : 밤낮으로 부지런히 힘써야 할 것이다)로 끝을 맺었다. 여기에 다시 퇴계 선생의 보충설명을 부연하면 "위의 숙흥야매잠은 남당 진무경이 지어서 스스로를 경계한 글입니다. 왕백(왕로재)이 일찍이 상채서원(上蔡書院)에서 교육을 주관할 때 오로지 숙흥야매잠을 사람들에게 가르쳐 모두 외우고 익혀서 실천하도록 하였는데 제가 삼가 왕백의 경제잠도를 모방하여 이 그림을 그려서 서로 상대가 되게 하였습니다. 도(道)가 일용 사이에서 유행(流

진정한 유법천지有法天地를 향하여 하

行)함은 어느 곳을 가더라도 존재하지 않는 곳이 없습니다. 순식간도 이(理)가 없는 곳이 없으니 어느 곳에선들 공부를 하지 않을 수가 있겠습니까? 그러므로 자사가 말하기를 '도(道)라는 것은 잠시도 떠날 수 없는 것이니 떠날 수 있다면 도(道)가 아니다. 그러므로 군자(君子)는 그 보지 못하는 곳에서 삼가고 듣지 못하는 곳에서 두려워한다.'라 하였고, 또 이르기를 '숨은 곳보다 더 잘 보이는 곳이 없으며 작은 것보다 더 잘 드러나는 것이 없으니 군자(君子)는 홀로 있음을 삼가는 것이다.'라고 하였던 것입니다. 이것은 움직일 때나 고요할 때나 어느 곳 어느 때나 존양(存養 : 存心養性)하고 성찰(省察)하여 그 공부를 완성하는 방법입니다. 이와같이 할 수만 있다면 그 어떤 경우라도 털끝만 한 잘못도 없게 될 것이며, 어느 순간이라도 잠시의 멈춤조차 없게 될 것입니다. 이 두 가지로써 병진하면 성인이 되는 요령이 여기에 있는 것입니다." 이상과 같다.

지금까지 성학십도를 정리해서 말한다면 처음의 다섯 가지 그림(태극도, 서명도, 소학도, 대학도, 백록동규도)은 천도(天道)에 근본한 것인데 그 공적은 인륜(人倫)을 밝히고 덕업(德業)에 힘쓰도록 하는데 있고, 나머지 다섯 가지 그림(심통성정도, 인설도, 심학고, 경제잠도, 숙흥야매잠도)은 심성(心性)에 근원을 둔 것인데 일상생활에 힘쓰고 경외(敬畏 : 공경하고 두려워함)의 태도를 높이는데 요점이 있다. 성학(聖學)이란 '인심유위 도심유미(人心惟危 道心惟微) 유정유일 윤집궐중(惟精惟一 允執厥中)'이 열여섯 자로 집약된다고 했다. 이는 학문과 성덕으로써 정치의 대본(大本)을 삼으라는 말이다. 그 뜻을 풀어보면 "사람의 욕심(생욕)은 위태롭고 사람의 도심은 미미한 것이니, 오로지 그 마음을 한결같이 하여 도리의 중심을 잡는다."이다. 유정유일(惟精

惟一)과 윤집궐중(允執厥中)의 준말인 정일집중(精一執中)은 학문의 대법(大法)인 것이니 대법(大法)으로써 대본(大本)을 세우면 천하의 정치는 다 이로부터 나오는 것이라고 보았다. 이는 유학의 덕치주의 사상에 근거한 것으로 공자께서도 일찍이 "정치를 하되 덕으로써 하면 마치 북극성이 그 자리에 가만히 있어도 뭇별들이 그리로 향해 도는 것과 같다."라고 말씀하셨다. 퇴계 선생께서 『성학십도』를 꾸민 것은 모든 군주로 하여금 위치(爲治)의 대본(大本)인 덕(德)을 세우기 위해서였는데, 이 덕은 바로 대학의 명명덕(明明德)의 덕이요, 태극도의 정지의 중정인의이 주정입인극(定之矣 中正仁義而 主靜立人極)이란 인극(人極)으로서의 덕이며, 서명(西銘)에서 말한 성기합덕(聖其合德)의 덕이며, 인설도에서 말한 천지생물지심(天地生物之心)으로서의 인(仁)의 덕이며, 심학도에서 말한 양심·본심·적자심·대인심·도심(良心·本心·赤子心·大人心·道心)을 뜻하는 덕이며, 심통성정도에서 말한 본연지성(本然之性)의 발(發)인 사단(四端)의 덕인 것이다. 이 덕을 어떻게 올바로 인식하여 어떻게 일상생활에 있어서 체득·실천하고, 어떻게 일일만기(一日萬機)의 제왕의 자리에서 그것을 적절하게 정치에 구현시키는가 하는 구체적인 방법과 절차를 말한 것이 소학도, 백록동규도, 경제잠도, 숙흥야매도의 내용인 것이다. 유교 정치 문화의 정신은 법치(法治)를 보조수단으로 삼고 덕치를 근본 목적으로 삼았다. 제왕학으로서의 심법(心法)은 이런 의미에서 현대문화의 위기를 극복할 수 있는 가장 핵심적인 방법적 과제의 하나로써 주의를 환기시키고 있으니 퇴계 선생의 『성학십도』는 그 존재의의가 매우 크다고 할 것이다.

다스리는 지위에 나아가고자 하는 자들이 성학을 공부한다면 나라를 다스림이 바르게 될 것이며, 백성들이 성학을 공부한다면 인륜·도덕이 반듯하게 살아날 것이니 어찌 가볍게 여겨 고개를 돌릴 수가 있겠는가? 이토록 심오하고 위대한 우리 동양의 학문과 영명하셨던 조상님들을 모독하고 하시(下視)하면서 그토록 사특하고 거짓되며 어리석은 서양 종교에 빠져서 날마다 눈을 뜨면 하늘 무서운 줄 모르고 입으로 죄를 짓고 축재를 일삼고 있는 한국 목사들을 보면 참으로 한심하다. 어떤 목사는 교회 안에다 귀빈석(VIP석)을 따로 마련해 사람을 차별하고 모든 양기(陽氣)가 입으로만 몰려 경박한 약장사를 연상하게 하는데 너무나도 진지함이 부족하고 진실성이 없어 보여 평생 동안 과연 그 입을 통해 단 한마디라도 진실된 말을 했을까 의심스러울 정도이다. 또 다른 한 사람은 한눈에 봐도 무식하고 탐욕스러워 보이는 사람인데, 사석도 아니고 교회당 안에서 그것도 전 국민과 전 세계 사람이 지켜보는 영상 포교 중에 우리 동양의 문화를 부모 죽인 원수를 용서하고 사랑할 줄 모르고 원수를 갚아야 한다고 생각하기 때문에 '짐승의 문화'라고 규정하고 '불쌍하다'고 하는가 하면, 동방예의지국으로 우뚝 솟은 우리 조상들과 우리 민족의 숭고한 전통문화를 비하하는 발언을 서슴지 않고 심지어는 우리의 국민성과 민족성을 '천박하다', '조잡하고 비열하다', '저속하고 한심스럽다'라는 등의 극단적인 표현을 쓰면서 미국 문화를 입에 침이 마르도록 칭찬하고 부러워하는 모습을 보이고 있다. 해방 이후 기형적인 역사를 거듭하면서 우리의 전통문화를 상실하고 파도처럼 밀려드는 서구 문명에 휩쓸려 도덕성이 퇴락하였지만, 그것은 결코 본래의 우리 국민성과 민족성은 아닌 것이니 그와 같은 말을 함부로 입에 올리는 것은 순전히 배우지 못한 무지의 소치인 것이다. 그리고 성령으로 충만한 '빛의 자식들'인 자기들이 '어둠의 자식, 마귀의 자식들'인 비기독교인들을 사랑해야 한다면서 거듭 '불쌍하다'는 표현을 쓰고 있으니 이는 폐륜의 자식이 훌륭하기 그지없는 자신의 조부모와 조상님들을 능멸하는 짓이며, 또한 똥 묻은 개가 깨끗한 개를 나무라는 격인 것이다. 이런 자들은 대개 어려서부터 한문 교육을 전혀 받지 못한 사람들인데, 이런 사람들을 가리켜 우리는 '본 데 없는 놈', '배우지 못한 놈', '불상놈', '불학무식한 놈', '인간말종'이라고 하는 것이다. 관용으로 사람을 용서하고 감복시키는 것은 좋은 일이나, 극악무도한 자들이나 부모 죽인 원수를 용서하고 사랑하는 것은 크나큰 불의(不義)이다. 그리고 그러한 사랑의 이론은 인간이 마음속에 사단을 지니고 태어났다는 성선설의 바탕 위에선 통용 가능한 이론이지만 (큰 사랑을 받으면 반성할 수도 있음), 원죄설의 입장에선 전혀 맞지가 않는 억지 이론인 것이다. 왜냐하면 그들은 아무리 큰 사랑을 베풀어도 개과천선이 어렵기 때문이다. 부모와 아내와 어린 자식을 처참하게 죽여서 시궁창 같은 곳에 버려놓아도 용서하고 사랑하는 것이 선(善)인가? 지독한 독재를 하면서 백성을 도탄에 빠뜨리고 국고를 탕진하며 저항하는 사람들을 무자비하게 잡아다가 형문을 가하는 극악무도한 통치자와 조국을 침범해서 수많은 동족을 살해하고 방화하고 약탈하고 부녀자들을 겁간한 후 찔러 죽여도 그 침략국의 지도자들을 용서하고 사랑해야 하는 것이 선(善)인가? 그러한 극악무도한 죄는 용서하고 사랑할 수 있으나 예수가 성령으로 잉태된 하나님의 독생자란 황당한 거짓말을 믿지 않는 지혜로운 현자들은 결코 용서할 수 없다는 것인가? 그래서 과거에 수백 년 동

진정한 유법천지有法天地를 향하여 하

안이나 여러 나라의 수없이 많은 죄 없는 사람들을 '신의 뜻'을 내세워 차례로 살육하고 불태운 것인가?

그처럼 어리석고 사특한 너희가 반성은커녕 감히 "네 원수를 사랑하라."는 가증스러운 말을 할 수가 있느냐 말이다. 세상엔 용서할 수 있는 일과 용서할 수 없는 일이 있으며 대의(大義)와 도리(道里)라는 것이 있는데, 지사(志士)는 대의(大義)를 위해서 목숨을 바치고 사람의 도리(道里)를 소중히 여기며, 어지러운 세상을 바로 잡기 위해선 사랑과 응징이 함께 필요한 것이다. 깊이 반성할지어다. 또 본 데 있는 집안에서 태어나 사람 교육을 받았음에도 어리석게도 사특한 서양 종교에 빠져 조고기일(組考忌日 : 할아버지 제사)에 참사(慘事 : 제사에 참례하는 것)도 하지 않고 배례(拜禮 : 절하는 것)도 하지 않아 부친의 노여움을 사 쫓겨났던 일을 마치 자랑거리라도 되는 양, 그리고 훌륭하신 자신의 선친(先親 : 아버지)은 잘못된 사람이고 그런 아버지의 충언을 거역한 자신은 매우 현명하고 올바른 사람인 양 무용담을 늘어놓듯 신도들 앞에서 늘어놓으며 지천명의 나이가 되어서도 자신의 잘못을 깨닫지 못하는 목사도 있다. 불가의 무리와 예수 모자의 추종자들 중 교단에 몸담고 있으면서 축재(蓄財)를 하고 있는 자들은 모두 망언을 일삼아 남의 돈을 갈취하고 있어 썩은 고양이의 시체 속에 들어앉아 그 고인 물을 파먹고 사는 구더기와 같은 존재들이다. 선량한 신앙인들에게는 미안한 말이나 그들 역시 모두 구제불능의 지적미숙아들임을 자각해야 할 것이다. 지금 이 순간도 중동의 여러 지역에서 종교분쟁으로 수많은 어리석은 무리가 자신들의 종교를 맹신하며 분쟁과 살육을 일삼고 있지 않은가? 그래서 필자는 종교는 마약과 같은 것이며 맹신

자는 지적장애를 가진 마약중독자와 같다고 보는 것이다. 내가 이처럼 과격한 말들을 쓰는 이유는 그렇게 하지 않으면 사람들이 그 잘못을 실감하지 못하기 때문이며, 후세의 모든 종교와 유사 종교를 경계하기 위함이다. 남의 나라 문화나 서양 종교를 공부하기 전에 먼저 우리 동양의 학문과 우리의 선조들께서 물려주신 고유한 우리 것이 과연 무엇인지부터 공부하는 것은 너무나도 당연한 일이 아닌가?

　기독교도건 비기독교도건, 불교신자이건 창가학회 회원이건 조선 반도(한반도) 안에 살고 있는 한국인이라면 그 누구든 이 책을 숙독하여 참과 거짓을 분별하고 위대한 성학(聖學)의 가치와 조상의 얼이 담긴 숭고한 민족문화에 대해 눈을 뜨고 새로운 삶을 시작해야 할 것이며, 나라의 장래를 책임지고 있는 이 땅의 아들딸들도 이 책을 깊이 공부하여 동방예의지국의 옛 명성을 되찾고 세계 윤리국 건설에 앞장서야 할 것이다.

오랫동안 가슴속에 품어왔던 생각들을 책으로 내게 되어 감개가 무량하다. 지금부터 나의 소신과 지나온 삶과 나의 부모님에 대한 얘기 등을 해볼까 한다. 우리가 이 혼탁한 세상을 살아가는데 필요한 롤 모델은 두말할 필요도 없이 옛 성현들이며, 우리는 그러한 옛 성현들의 삶과 가르침들을 배우려고 노력해야 하는 것이니 이는 예나 지금이나 또 지금보다 몇 배나 첨단과학이 발달하게 될 수천 년 후에까지 인류가 생존해 있는 한 결코 변할 수 없는 진리인 것이다. 문제는 그럼에도 불구하고 이제 그분들의 가르침이 대가 끊기고 맥이 끊긴 지 오래되어 사람들이 생각하기를 '그것들은 다만 지난 시대의 낡은 유물로써 그저 조금 참고로 할 뿐인 가벼운 대상'으로만 여긴다는 것이다.

　과연 누가 있어 그러한 대법대도(大法大道)를 다시 밝혀 일으켜 세워 그 막중함을 일깨우고 그것들을 후대의 인류에게 다시 전할 수 있을 것인가? 또 누가 있어 진짜 성인과 가짜 성인을 구별하고 참과 거짓을 분별하여 후세의 인류에게 전할 수 있을 것인가? 그것은 후현(後賢)들의 피할 수 없는 사명이니 천하를 둘러보아도 그러한 대임을 맡을 사람은 오직 나 말고는 없다는 생각 끝에 누구나 알아보기 쉽게 풀어 써서 이 책을 후세에 남기는 것이다. 사람들이 이 책의 진가를 알아보든 못 알아보든 내 알바가 아니다. 또 사람들이 나의 사람됨을 알아보고 못 알아보는 것 역시 내 알바가 아니다. 다만 나는 내게 주어진 천명(天命)을 수행할 뿐이다. 하지만 필자를 세속적인 눈으로 볼 때는 지금까지 평생 동안 단 한 가지도 이렇다 하게 내세울 만한 것이 없는 사람이기도 하다. 그리고 젊어서부터 유학을 좋아했던 모범생도 아니었고, 하늘을 우러러 한 점 부끄러움도 없이 완벽하게 살아온 사람도 아니다. 그래도 항상 주어진 상황 속에서 성실하게 일하면서 시간 나는 대로 공부(학문)를 계속했으며, 어린 시절부터 자세가 반듯하여 서 있을 때나 앉아있을 때나 마치 머리카락을 묶어 공중에 매달아 놓은 것과 같았으니 자세로만 본다면 천성이 꽤나 반듯한 것을 좋아했지 않았나 싶다. 나는 지난날 나의 모든 잘못된 행동을 마치 일식과 월식 때 온 세상 사람들이 그 모습을 다 쳐다보듯이 세상 사람들에게 다 말해주고 싶은 생각이 들 때가 많다. 그러는 것이 마음이 편할 것 같기 때문이다. 그리고 작은 잘못도 행하고 나면 마음이 무겁고 기분이 편치 않음을 느끼곤 한다. 참으로 두려운 것은 사람들의 비난이 아니라 하늘에 죄를 짓는 것이라고 생각한다. 즉 만약 전지전능하신 분이 참으로 하늘 위에 계신다면 그분의 눈으로 봤을 때 내가 과연 몇 점짜리 인간 정도 되는가. 즉 얼마나 나쁜 짓을 많이 하고 부끄러운 짓을 많이 했으며, 또 얼마나 깨끗한 마음과 너그러운 마음과 성실한 마음으로 열심히 살아왔는가 하는 것이란 뜻이다. 그런 점에서 돌이켜 봤을 때 나는 그래도 어느 정도는 반듯하게 살아왔다고 생각되지만, 나 역시 사춘기와 청년기를 보낸 사람이고, 20세기 말에 태어나 21세기를 살아가는 사람이다. 그런데 어찌 잘못이 없겠는가? 세상 사람들은 반듯하게 살아가야 한다고 주장하는 사람들을 싫어하며 공격의 대상으로 삼는 경향이 있다. 그것은 물론 입으로만 선을 외치는 형편없는 속물들이 많기 때문이기도 하지만, 그렇다고 해서 반듯하게 살자고 주장하고 또 그렇게 살려고 노력했던 사람들이 저지른 한두 가지 과오 때문에 혹독한 공격을 받는다는 것은 매우 온당치 못하고 또 바람직하지도 않은 일이다. 다시 말하자면 10의 잘못을 저지른 사람들이 1의 잘못을 한 사람에게 바르게 사는 척하면서 그러한 과오를 범했다고 심하게 질책하는 것은 크게 잘못된 일이라고 생각한다는 것이다. 중요한 것은 솔직하고 떳떳하게 자신의 잘못을 인정하고 반성하면서 그 잘못을 고치고 일신우일신(日新又日新)하는 것이라고 생각한다. 또 솔직하게 잘못을 인정하고 반성하는 사람들의 말을 믿어주고 따뜻하게 포용하는 마음씨를 키워야 할 것이다. 그리고 옛 성현들처럼 철저하게 완벽함을 추구하기는 어려우나 매사에 임할 때 양심과 이성에 따라 어느 정도의 절제심과 자제심을 갖추고 살아가야 한다고 생각한다.

큰 포부를 품은 사람은 모름지기 어려서부터 언행에 조심해야 한다. 단 한 번의 과오도 치명적인 약점이 되어 평생을 따라다니며 사람을 괴롭히고 결국은 그 사람을 파멸시키는 법이다. 이 세 권의 책을 쓰기 위해 나는 많은 시간과 정성을 쏟았다. 그래서 그만큼 내용이 충실하다고 자부하지만, 세상 사람들이 이 책에 크게 관심을 가져주지는 않을 것이란 사실을 그 누구보다도 잘 알고 있다. 그렇다면 과연 나는 무엇을 위해서 날마다 밤늦도록 이 책의 집필에 그토록 매달린 것인가? 그것은 내가 이상주의자이며 동시에 혁명가적인 성품을 타고났기 때문이 아닌가 싶다. 나의 특이한 점이라면 세상의 부귀공명을 하찮게 여겼으며, 돈을 벌고 싶은 생각 자체가 없었고, 치부를 일삼는 무리가 측은하게 보였다. 그래서 누군가 많은 돈을 벌어서 그 돈의 대부분을 남을 위해서 쓰는 사람이 있다 해도 난 그런 사람조차 크게 보지는 않는다. 일찍이 맹자 님께서 전쟁 잘하는 병법가들을 매우 천하게 생각하셨으며 그런 자들은 모두 중벌에 처해야 마땅하다고 말씀하셨는데, 그들이 폭군을 제거하고 난세를 수습하여 좋은 세상을 만들 수도 있음에도 불구하고 왜 그런 말씀을 하셨겠는가? 그것은 전쟁을 그만큼 싫어하시고 살생을 그만큼 싫어하셨기 때문이다. 어려운 시절에 난 힘들고 궂은일도 마다하지 않고 살아왔는데 그럴 때 단 한 번도 그런 나 자신을 초라하게 생각해본 적이 없고, 또 단 한 번도 출세한 사람들을 부러워 해본 적도 없었다. 그리고 그런 힘든 생활을 용케 잘도 참고 견디었으며 그런 와중에서도 항상 자존감과 자신감을 갖고 살았으며, 밤으로는 청소년 시절부터 지금까지 항상 책을 가까이하면서 살아왔다. 그리고 평생의 꿈이 시대의 흐름을 정화하고 세상을 바꾸는 것이었으니 나와 함께 생활했던 사람들이나 나를 아는 사람들이 이러한 엄청난 내 말을 듣는다면 아마 다들 어이가 없어 하며 웃을 것이다.

　현실 속에서 난 누구에게도 그런 생각을 말한 적이 없고, 또 무엇을 아는 척하거나 잘난 척한 적이 없었으니 그들 역시 나의 얼굴만을 알고 있을 뿐 어찌 내 마음속에 든 것이 무엇인지 알 수가 있

진정한 유법천지有法天地를 향하여 하

겠는가? 또한 그들은 사람이 큰일을 하기 위해서는 반드시 어떤 경력이나 학력, 그리고 막대한 자금과 인맥이 있어야 한다고 굳게 믿고 있기 때문에 더욱더 그럴 것이다. 하지만 그런 것들은 중간관리자들에게나 필요한 것들일 뿐 하늘의 뜻을 대행할 천자(天子)의 자격을 갖춰야 하는 최고 통치자에게 있어 가장 중요한 것은 바로 세상을 바르게 경영할 수 있는 드높은 학덕인 것이다. 곧은 것을 들어 굽은 것 위에 놓으면 밑에 있던 것도 따라서 곧아지는 법이니 위에서 천인합일(天人合一)의 위대한 덕을 갖춘 최고 통치자가 모든 것을 이끌면 마치 바람에 풀들이 한 곳으로 눕듯이 모두 그 덕에 감화되어 세상이 점차 올바르게 돌아가게 되는 것이다. 나의 선친 (先親)께선 유학자로서 신구를 겸하신 분이었는데 젊어선 은행에도 근무하셨고 도교육위원도 하셨으며 나이 드신 후론 향교의 유도회장과 전교를 역임하셨고 문중에서나 원근 지역에서 큰 어른으로 존경을 받는 분이셨다. 행의가 전중하시고 다정다감하시며 사람들을 좋아하고 항상 많은 사람과 일상을 함께 하신 분이었다. 또 서예에 능하시고 풍채가 좋으시며 천의무봉한 친화력과 인품을 갖추신 분이었는데, 나는 비사교적이며 풍채도 보잘것없고 사회적 활동도 적어 우리 부자(父子)를 아는 사람들은 아마 다들 나를 보고 자기 아버지의 10분의 1도 따라가지 못하는 용렬한 아들이라고 말할 것이다. 나의 모친께선 본 데 있는 집안에서 자라나 18세에 시집을 오셨는데, 외며느리로 시부모님과 남편의 뜻을 잘 받들었고, 특히 104세까지 장수하셨던 시어머니(할머니)를 잘 봉양하여 그 부덕(婦德)이 원근에 자자하여 서울의 성균관에까지 알려져서 성균관장이 여성 유도회장을 대신 보내 효부상을 받으신 바 있다. 선친께선 집안일보다는 주로 사회적인 활동을 많이 하셨고 이재(理財)에는 어두워 어려워진 생활 형편이 되었는데 모친께서 밤낮으로 농사일과 (일꾼이 있었지만) 길쌈과 삯바느질을 하시어 남편의 출입을 돕고 제사를 정성껏 모시고 자식들을 뒷바라지하셨으니 어찌 훌륭하다고 하지 않을 수 있겠는가? 다행히 모친께선 지금까지 장수하시어 내게 크나큰 활력과 기쁨을 주고 계시니 자식으로서 이보다 더 큰 복은 없다고 생각한다. 조부께선 일제 때 끝내 창씨개명을 거부하셨고 "일본 놈들이 시키는 것이 기분 나빠서 나는 상투를 자르지 않겠다."라고 고집하셨던 분이며, 해방 후엔 경찰들이 마을 사람들을 모아놓고 어젯밤 누가 밤손님(좌익반란군)들에게 밥을 주었느냐고 물을 때 "산 밑에 사는 우리가 어찌 밥을 안 주고 배길 수 있겠느냐?"며 솔직히 말함으로써 눈을 가리고 총살 직전에 있던 마을 사람을 구한 적이 있으신 분이다. 이 모든 것이 조부께서 인덕이 높아 원근에서 모두에게 존경을 받던 큰 어른이었기 때문에 가능한 일이었던 것이다. 하지만 나 자신을 돌아보니 너무도 부끄럽다. 비록 늦었지만 이제라도 생사를 걸어놓고 평생에 품어왔던 나의 뜻을 펼치기 위해 이 책을 세상에 내놓으면서 그 첫발을 내딛고자 한다. 진인사대천명(盡人事待天命)이라 했으니 최선을 다하고 그 결과는 하늘에 맡길 뿐이다.

2016년 10월 10일
천강 문도연

샘물이 흘러서 끝까지 가려고 함이여

흙탕물이 섞이어 맑을 수가 없도다.

위로는 하늘의 밝은 명을 더럽힘이여

아래로는 사람의 윤리와 기강이 게으르도다.

즐거이 아래로 흐르면서 깨닫지 못함이여

수많은 악이 쌓이는 바로다

- 조광조의 춘부(春賦) 중에서

사람이 배우지 않으면 말과 소에게

옷을 입혀 놓은 것과 같다

- 한퇴지(한유)

사람이 나서 배우지 않으면 마치 어두운

밤길을 가는 것과 같다.

- 강태공

가시나무새

세상 어떤 명화도 한 송이 들꽃보다 못하고
세상 어떤 음악도 종달새 한 마리의 지저귐만 못하리.

푸른 대양을 누비는 흰빛 고래는 포경선의 작살 창을
두려워하지 않고 자기 삶을 계속하고
준봉거암은 천 년이 지나도 백설에 덮인 채 한마디 말이 없네.

깨어 있는 자의 가슴속은 언제나 휴화산처럼
진리를 향해서 뜨겁고, 가시나무새는 죽기 전에 단 한 번
세상에서 가장 아름다운 소리로 운다고 하네.

- 문도연

〈윗글에서 세 번째 연의 의미는 전태일 열사나 안중근 의사, 그리고 이순신 장군 등과 같은 분의 삶의 자세와 그 장렬한 최후를 말함이다〉

사람이 배우지 않으면 마침내 짐승만도 못한 존재가 되고 만다.

- 문도연